Heather Whitestone
mit Angela Elwell Hunt

Ich höre mit dem Herzen

Eine gehörlose junge Frau
wird Miss America

SCHULTE & GERTH

Die amerikanische Originalausgabe erschien im Verlag
Doubleday, New York, N Y
unter dem Titel „Listening With My Heart".
© 1997 by Heather Whitestone
© der deutschen Ausgabe 1998 Verlag Klaus Gerth, Asslar
Aus dem Amerikanischen übersetzt von Eva Weyandt

Best.–Nr. 815 550
ISBN 3-89437-550-7
1. Auflage 1998
Cover-Photo: © Kathlee A. Frank/CP News
Umschlaggestaltung: SPOON, Olaf Johannson
Satz: Die Feder GmbH, Wetzlar
Druck und Verarbeitung: Ebner Ulm
Printed in Germany

Inhalt

Hör auf dein Herz

von Deborah Craig-Claar und Mark Hayes

Du hast auf dein Herz gehört.
Es sang ein anderes Lied.
Eine tiefere, ehrlichere Stimme, die flüsterte,
daß du sehr wohl
entscheiden kannst,
ob du dich dem Wind beugst oder stark bleibst.
Und so wähltest du eine ferne Straße
und hast deine Ängste hinter dir gelassen,
denn wenn dein Herz Gott gehört
. . . und du zuhörst –
wirst du seine Stimme hören.

Einige Straßen sind immer steil,
aber es lohnt sich, sie zu erklimmen.
Eine Reise erfordert Geduld,
Geduld fleht um Zeit.

Hör einfach auf dein Herz.
Dann wirst du immer dieses Lied hören,
diese tiefe, aufrichtige Stimme, die sagt,
daß du sehr wohl entscheiden kannst,
deinen Träumen zu folgen . . .
Und wenn du von ganzem Herzen Gott vertraust . . .
und dann zuhörst –
wirst du nur seine Stimme hören.

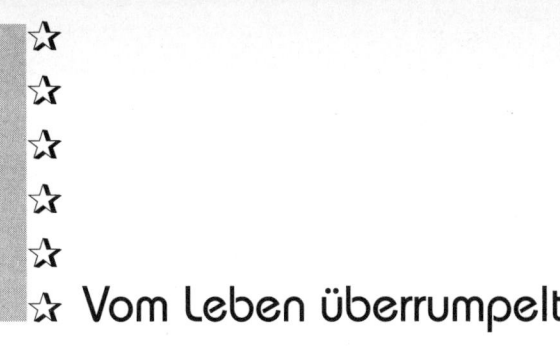

☆ Vom Leben überrumpelt

Manchmal werden wir vom Leben einfach überrumpelt.

Manchmal jedoch kündigen sich solche Überraschungen in unseren Träumen an.

Denken wir an David, den Hirtenjungen, der loszog, um im israelitischen Kriegslager nach seinen Brüdern zu sehen. Stellen wir uns vor, wie betrübt er war, als er ankam und feststellen mußte, daß die gesamte Armee Angst hatte – vor einem einzigen prahlerischen Riesen! David war noch sehr jung und zierlich und paßte deshalb noch nicht in die Rüstung eines Mannes hinein. Sie war eher ein Hindernis als ein Schutz. Mit fünf einfachen Steinen, der besten Waffe, die er kannte, ging er im Namen Gottes hinaus, tötete den Riesen und brachte seinem Land den lange ersehnten Frieden. David, der einzige, der Gott mit einem Tanz lobte, glaubte an seinen Traum – und an seinen Gott.

Vor knapp zwanzig Jahren träumte ein gehörloses Mädchen in einer kleinen Stadt in Alabama davon, vor einem begeisterten Publikum zu einer Musik, die sie nicht hören konnte, Ballett zu tanzen – und für ihre Bemühungen eine Krone zu bekommen. Am 17. September 1995 tanzte dieses gehörlose Mädchen vor vierzig Millionen Fernsehzuschauern zu dem Lied „Via Dolorosa" und wurde zur *Miss America* gekrönt. Sie glaubte an ihren Traum und an ihren Gott.

Dieses kleine Mädchen war ich. Ich glaube fest daran, daß Träume tatsächlich wahr werden können. Denn, wenn das nicht der Fall wäre, warum legt dann Gott die Sehnsucht nach bestimmten Dingen in unser Herz, die unser eigenes Vermögen übersteigen?

Ein Traum ist eine Reise, und obwohl ich Sie nicht persönlich kenne, weiß ich, daß Gott einen Plan und ein Ziel für unser Leben hat – auch für Ihres. Ich glaube daran, daß Gott für jeden von uns einen Traum hat, und für uns ist es eine große Herausforderung, diesen Traum zu finden und ihm zu folgen, egal wohin er uns führen wird. Ich selbst bin erst vierundzwanzig Jahre alt und noch unterwegs. Ich folge den Träumen, die Gott mir gegeben hat. Auf diesem Weg habe ich mein Gehör verloren, dennoch sprechen gelernt, die *Miss-America*-Wahl gewonnen, bin durch ganz Amerika gereist, habe einen wundervollen Mann geheiratet . . . und ich träume noch immer. Ich höre noch immer auf mein Herz. Es wäre wunderbar, wenn auch Sie die Freude kennenlernen würden, die man erlebt, wenn man auf sein Herz hört und den eigenen Träumen folgt.

Die Voraussetzung dafür jedoch ist die Überzeugung, daß die Erfüllung Ihrer Träume nicht unmöglich ist. Jemand hat einmal gesagt, die Menschen würden sich nur wenig voneinander unterscheiden, aber dieser kleine Unterschied sei entscheidend. Er meint damit ihre *Einstellung*. Sie können positiv oder negativ, voller Hoffnung oder ohne Hoffnung sein. Wenn Sie aber daran glauben, daß Gott sich um Sie kümmert und einen Plan für Sie hat und Sie auf dem Weg zur Verwirklichung Ihres Lebensplanes leiten wird, dann werden Sie Erfolg haben.

Sie und ich, wir unterscheiden uns nicht besonders voneinander. Wenn Sie dieses Buch zu Ende gelesen haben, werden Sie erkannt haben, daß ich äußerst menschlich und ganz und gar nicht vollkommen bin. Aber ich habe erfahren, daß Gott jeden Menschen gebrauchen kann – sogar mich –, um das Leben anderer zu beeinflussen.

Ich möchte Ihnen deshalb jetzt erzählen, wie meine Reise begonnen hat.

Die Entdeckung

Im September 1974 waren Bill und Daphne Whitestone aus Dothan im Bundesstaat Alabama stolze Eltern von drei kleinen Mädchen: Stacey, viereinhalb Jahre alt; Melissa, dreieinhalb Jahre alt, und ich, Heather, war achtzehn Monate alt. Der vierzehnte September begann wie jeder andere Tag, doch an diesem Tag sollte sich unser Leben für immer ändern. An diesem Tag wachte ich mit leichtem Fieber auf. Ich war ein normales, unternehmungslustiges Kleinkind, und meine Mutter hatte schon bei Stacey und Melissa alle möglichen Kinderkrankheiten durchgemacht. Deshalb war sie durch mein Fieber nicht besonders beunruhigt – zunächst.

Doch im Laufe des Vormittags stieg das Fieber an, und gegen Mittag war es so hoch, daß ich ins Krankenhaus gebracht werden mußte. Bis heute kennen die Ärzte und meine Eltern nicht die genaue Ursache für meine Krankheit. Aber ich war schwer krank, und das Fieber stieg auf über vierzig Grad. Es ging wirklich um Leben oder Tod; und obwohl ich schließlich überlebte, war diese Krankheit ein einschneidendes Erlebnis, das mein Leben und das meiner Familie für immer veränderte.

Um das Fieber zu senken, gaben mir die Ärzte zwei sehr starke Antibiotika, was ein großes Risiko war. Aber diese drastischen Maßnahmen waren notwendig, da ich bereits dem Tode sehr nahe war, und die Ärzte wußten, daß diese Medikamente mein Leben retten konnten. Leider waren als Nebenwirkungen Erblindung, Gehörlosigkeit oder eine geistige Behinderung nicht ausgeschlossen.

Die Antibiotika taten ihre Wirkung: Mein Fieber sank. Nach zwei Wochen im Krankenhaus waren sich die Ärzte sicher, daß ich mich auf dem Weg der Besserung befand, und meine Eltern konnten mich wieder mit nach Hause nehmen. Doch ich war noch nicht wieder vollständig gesund, und die starke Infektion hatte meinen Körper sehr geschwächt. Ich mußte anschließend wieder lernen zu laufen und mich mitzuteilen.

Als ich vor zwei Jahren über Weihnachten zu Hause war, sah ich mir die Videocassette mit einem Interview an, das Barbara Walters mit mir und meiner Mutter für eine ihrer Sendungen gemacht hatte. Darin wurde auch ein kurzer Ausschnitt aus einem Super-8-Film gezeigt, auf dem ich kurz nach meiner Entlassung aus dem Krankenhaus zu sehen war. Diesen Ausschnitt hatte ich bis dahin noch nie gesehen, und ich war über das, was ich da sah, derart betroffen, daß mir Tränen in die Augen stiegen. Ich konnte nicht selbständig essen, nicht mit meinen Schwestern umhertollen, wie ich es sonst getan hatte. Ich saß einfach nur fast reglos im Gras, gestützt von meiner Tante Stephanie, während meine Schwestern im Garten spielten.

Dieses kleine Mädchen, dachte ich, während ich mich selbst betrachtete, *sieht aus, als hätte es in seinem Körper keine Seele. Ich kann nicht glauben, daß ich das gewesen bin.*

Ich kann meiner Familie gar nicht genug danken für das, was sie alles für mich getan hat. Sie hat eine Menge dazu beigetragen, daß ich mich von dem Zustand, in dem ich mich damals befand, erholt habe. Über eine lange Zeit hinweg lastete ein enormer emotionaler Druck auf allen Mitgliedern meiner Familie. Meine Eltern haben zahllose Stunden damit zugebracht, mich zu pflegen. Sie mußten Gymnastikübungen mit mir machen, mir die Zähne putzen und mich füttern. Ich weiß, daß das nicht leicht für sie war, denn nicht nur mein Leben war plötzlich verändert; meine Krankheit war auch ein dramatischer Eingriff in ihr Leben. Und während sie mit mir arbeiteten, fragten sie sich sicher, ob sich ihre Bemühungen überhaupt lohnen würden – ob ich jemals wieder dasselbe kleine Mädchen werden würde, das ich vor meiner Erkrankung gewesen war.

Am Weihnachtstag 1974 zeigte sich schließlich, daß es eine wirklich tiefgreifende Veränderung in meinem Leben gegeben hatte. Meine Mutter war in der Küche beschäftigt. Sie öffnete einen Küchenschrank und warf dabei ein paar Töpfe und Pfannen herunter. Der Lärm war so ohrenbetäubend, daß alle im Wohnzimmer zusammenfuhren. Meine Großmutter, die mir mit meiner Tante Stephanie beim Spielen neben dem Weihnachtsbaum zugesehen hatte, rief besorgt meine Mutter ins Wohnzimmer.

„Daphne", sagte sie und blickte mich nervös an. „Ich glaube, mit Heathers Gehör stimmt etwas nicht. Stephanie und ich sind schrecklich zusammengefahren, als du die Töpfe hast fallen lassen, aber Heather sah nicht einmal auf."

Ich merkte die Angst in der Stimme meiner Großmutter nicht und spielte unbeirrt weiter, während Mom zurück in die Küche eilte und mit einer Pfanne und einem Kochlöffel wiederkam. Ich war fasziniert von den hübschen Lichtern am Weihnachtsbaum und dem bunten Geschenkpapier sowie von den wundervollen neuen Spielsachen, die neben mir auf dem Boden lagen.

Hinter mir trommelte meine Mutter verzweifelt mit dem Kochlöffel auf der Pfanne herum und übertönte mit ihrem Lärm die Weihnachtslieder im Radio.

Ich hatte keine Ahnung, daß sie überhaupt da war.

Da ich selbst noch keine Kinder habe, kann ich nur erahnen, was Eltern in dem Augenblick empfinden müssen, wenn sie entdecken, daß ihr Kind eine Behinderung hat. Mindestens neunzig Prozent der Eltern gehörloser Kinder haben vorher keinerlei Erfahrungen mit Gehörlosigkeit gemacht. Bei meinen Reisen durch Amerika und andere Länder habe ich gesehen, welches Herzeleid Eltern erleben, die sich fragen, warum Gott zugelassen hat, daß ausgerechnet ihr geliebtes Kind nicht hören kann.

Ich möchte euch eines versichern: Die meisten gehörlosen Kinder haben, wenn sie noch klein sind, keinen Grund, *unglücklich* zu sein. Als Kind sah ich mich nicht als gehörlos, ich war einfach „Heather". Ich wußte nicht, wie es war zu hören und konnte mich auch an mein Leben vor meiner Erkrankung nicht mehr erinnern, deshalb wußte ich auch nicht, was ich verpaßte. Aber nichts desto trotz konnte ich mich wie andere Kinder freuen und Träume haben. Ich bin fest davon überzeugt, daß es die schwierigste und traurigste Erfahrung gehörloser Kinder ist, mit ansehen zu müssen, wie ihre Eltern leiden und sich abmühen.

Gehörlosigkeit ist kein Unglück. Ich wiederhole gern das Sprichwort, das ich einmal gehört habe: „Freundlichkeit ist die Sprache, die der Gehörlose verstehen und der Blinde sehen kann." Und wie jedes andere Kind reagierte auch ich auf die liebevolle Zuwendung meiner Familie.

Anhand einiger Tests stellten die Ärzte fest, daß mein Gehör sehr stark geschädigt war. Ihrer Meinung nach würde ich niemals sprechen lernen. Sie bereiteten meine Eltern darauf vor, daß ich vermutlich nie mehr als den Bildungsstand eines Drittklässlers erreichen würde.

Wie froh bin ich, daß meine Eltern die Einschätzung der Ärzte nicht fraglos hingenommen haben. Aus Liebe waren sie fest davon überzeugt, daß sehr viel mehr möglich war; sie rechneten damit, daß ich mich nach den mir von Gott gegebenen Möglichkeiten entfalten würde. Sie gaben niemals auf und verloren niemals ihren Glauben. Immer hofften sie weiter, durchlitten mit mir jeden Rückschlag und freuten sich mit mir über jede schöne Erfahrung. Ihre positive Einstellung war absolut ansteckend.

Doch es war nicht immer alles eitel Freude und Sonnenschein. Ich weiß, daß meine Eltern sich immer wieder sehr viele Sorgen gemacht haben. Wie schwer es ihnen gefallen ist, ständig alle Möglichkeiten gegeneinander abzuwägen, um schließlich das zu tun, was das beste für mich war, kann ich nur erahnen. Als ich mich wieder vollkommen von meiner Krankheit erholt hatte, ergaben verschiedene Tests, daß ich selbst mit einem Hörgerät im rechten Ohr einen Gehörverlust von mindestens 120 Dezibel und im linken Ohr einen Gehörverlust von 90 Dezibel hatte. Wenn ich kein Hörgerät trage, höre ich auf keinem Ohr etwas.

Neulich abends fragte mich mein Mann, bevor ich beim Zubettgehen mein Hörgerät abnahm, ob ich ohne mein Hörgerät denn wenigstens meine eigene Stimme hören könnte. Die Frage erstaunte mich! Noch nie hatte ich darüber nachgedacht oder es ausprobiert. Aber ich mußte ihm sagen, daß ich meine Stimme nicht hören konnte. Ich spüre eine leichte Vibration meiner Lippen, meiner Nase und des Kehlkopfes, wenn ich spreche, aber ohne mein Hörgerät höre ich gar nichts.

Als heranwachsendes junges Mädchen war meine Gehörlosigkeit eine ständige Quelle der Frustration, weshalb in meinem Leben die Sorglosigkeit der frühen Kindheit viel zu schnell zu Ende ging. Jeden Nachmittag mußte ich sehr hart arbeiten und manchmal ein Wort zwanzigmal wiederholen, ehe ich es richtig ausgesprochen hatte. Meine Schwestern konnten nach dem Mittagessen draußen spielen, auch ich wollte gerne mitspielen, aber ich durfte nicht nach draußen, bevor ich nicht meine Sprachübungen gemacht hatte. Ich fand das ungerecht. Weil meine Gehörlosigkeit ein großes Maß an Disziplin verlangte, entwickelte ich einen extrem starken Willen und ein großes Bedürfnis nach Unabhängigkeit.

Mehr als alles andere wollten meine Eltern, daß ich in der „wirklichen" Welt lebte, in ihr lernte und in sie hineinwuchs. Von Doreen Polack, der Direktorin des Sprach- und Gehörzentrums im Porter Memorial Hospital in Denver hörten sie zum ersten Mal von *Akupädiatrie*. Mit dieser Methode wird gehörlosen Kindern beigebracht, ihr verbliebenes geringes Hörvermögen einzusetzen, um das Sprechen zu erlernen. Dadurch wird das Hörvermögen gehörloser Kinder verstärkt, und so können sie schließlich besser in der Welt der Hörenden leben und jede beliebige Schule besuchen.

Da meine Eltern davon überzeugt waren, daß diese Akupädiatrie der richtige Weg für mich war, meldeten sie mich zur Sprachtherapie an – und in einer staatlichen Grundschule.

Obwohl meine Mutter und ich lang und hart an meinen Sprach- und Hörfähigkeiten gearbeitet hatten, die für die meisten Kinder selbstverständlich sind, erinnere ich mich nicht daran, daß ich zunächst das Gefühl hatte, anders zu sein als die anderen. Bis zu einem Nachmittag in der zweiten Klasse. Während einer Feuerübung stürmten wir aus den Klassenräumen auf den Spielplatz hinaus. Ich war zu dem Augenblick mitten in meiner Gehörübung. Für diese Übung trug meine Lehrerin ein Mikrofon. Das elektronische Signal wanderte anschließend von einem schwarzen Empfänger an meinem Gürtel über ein Kabel in mein Gehörteil. Mrs. Walker hatte bis dahin nie vor der Klasse auch nur ein Wort über meine Gehörlosigkeit verloren, und nur wenige meiner Klassenkameraden wußten, daß ich „anders" war. Doch plötzlich befanden wir uns auf dem Spielplatz, und alle konnten uns sehen. Ich spürte, wie alle Kinder, die mein Hörgerät noch nie gesehen hatten, auf das lange Kabel starrten, das von meinem Ohr zu der schwarzen Schachtel an meinem Gürtel führte.

Ich war verlegen und wand mich unter ihren Blicken. „Sie starren mich an", flüsterte ich meiner Lehrerin zu.

„Oh Heather", versuchte sie mich zu beruhigen, „sie denken nur, du hättest ein Radio."

Sie war sehr freundlich, doch ich wußte, daß es nicht stimmte. Ich war anders, und ich wollte nicht anders sein.

Ich denke, dieses Gefühl des „Andersseins" hat dazu geführt, daß ich schneller als die anderen Kinder meines Alters erwachsen wurde, weil ich stets meine Behinderung kompensieren, härter arbeiten und mich anstrengen mußte, um Schritt zu halten. In den Jahren seit meiner Wahl zur *Miss America* bin ich vielen gehörlosen Kindern begegnet, und ihre häufigste Frage an mich war: „Behandeln dich die Leute anders als andere Menschen?" Ihre Augen blicken mich ernst und hoffnungsvoll an und warten auf eine Antwort. Und ich weiß, daß ich ihnen eine ehrliche Antwort geben muß: Sie behandeln mich tatsächlich anders. Wenn Kinder eine solche Frage stellen, haben sie die Sorglosigkeit der Kindheit bereits hinter sich gelassen.

Ich antworte ihnen dann: „Die Menschen behandeln euch vielleicht anders. Sie stellen womöglich auch keine hohen Erwartungen an euch. Aber ihr dürft nicht aufgeben; ihr müßt euren Träumen folgen. Und wißt ihr was? Ihr habt bereits sehr ausgeprägte Führungseigenschaften entwickelt, weil ihr beschlossen habt, euch den Hindernissen zu stellen und sie zu bewältigen. Ihr seid etwas Besonderes, weil ihr an euch selbst glaubt. Solange ihr fest daran glaubt, stets euren Träumen folgen zu können, werden die Zweifler langsam und allmählich ihre Meinung ändern."

Die Zuflucht

Ich aber hatte Glück; ich fand einen Zufluchtsort, einen Schutz vor dem Gefühl, ein Außenseiter zu sein. Der Platz, wo ich mich angenommen fühlte und „genau wie alle anderen" war, war seltsamerweise ein Tanzstudio. In der Hoffnung, meinen Sprachrhythmus verbessern zu können, hatte mich meine Mutter mit fünf Jahren zum Ballettunterricht angemeldet. In Dothan gab es nur vier Tanzstudios, von denen zwei nicht bereit waren, ein gehörloses Kind zu unterrichten. In der Dothan School of Dance wurde ich jedoch angenommen.

Als ich später als *Miss America* einmal einen recht kleinen Ort besuchte, erzählte man mir von einer Tanzlehrerin, die sich weigerte, zwei gehörlosen Mädchen Ballettunterricht zu geben. Diese beiden kleinen Mädchen hatten meine Vorführung im Fernsehen gesehen und sich daraufhin ins Tanzen verliebt. Als ich hörte, daß diese Lehrerin ihnen die Gelegenheit verweigerte, ihren Träumen zu folgen, konnte ich mir vorstellen, wie diese beiden kleinen Mädchen in ihren Zimmern weinten. Ihr Selbstwertgefühl hatte bestimmt einen schweren Schlag erlitten. Am liebsten hätte ich diese Tanzlehrerin aufgesucht und ihr gesagt, daß die Menschen auf der Welt, die sich durch negative Gedanken und geringe Erwartungen selbst begrenzen, viel eher behindert sind als Menschen mit einer körperlichen oder geistigen Behinderung.

Von dem Augenblick an, als ich durch die Tür dieses Tanzstudios trat, war ich ins Tanzen verliebt und in alles, was damit zusammenhing. Aber ich sah auch gern den anderen beim Tanzen zu. Sie teilten sich über die Körpersprache mit; Worte waren nicht notwendig. Ich schloß mich ihnen an, folgte ihren Bewegungen und war dankbar, daß ich meine Gefühle nicht in Worte fassen mußte. Außerdem gefiel es mir, mit ihnen zu wetteifern. Ich war entschlossen, die Beste zu sein. Keinesfalls wollte ich, daß die Schüler, die normal hören konnten, besser tanzten als ich.

Im Ballett lernte ich, die ich Sprachschwierigkeiten hatte und vom Lernen frustriert war, eine ganz wichtige Lektion: Ich lernte Geduld. In der Dothan School of Dance brachte mir meine Tanzlehrerin Patti Rutland bei, geduldig darauf zu warten, daß meine Muskeln sich ausbildeten. Ich mußte mir die Zeit nehmen, die Musik anzuhören und kennenzulernen; ich mußte geduldig darauf warten, daß die anderen Schüler ihren Tanz beendeten. Im Ballett lernte ich, daß man diszipliniert einen Lernprozeß durchlaufen muß.

Nach und nach schlich sich das Tanzen in meine Träume. Beim Tanzen konnten meine Gedanken davonfliegen. In jedem freien Augenblick träumte ich davon, mich im Scheinwerferlicht zu drehen. Wenn ich abends zu Bett ging, ließ ich mein Hörgerät an, damit ich klassische Musik hören und vom Tanzen träumen konnte. Das Tanzen war meine Flucht aus der Frustration des alltäglichen Lernens. Wenn ich in die Luft sprang und mich zur Musik drehte, konnte ich alle Verständigungsschwierigkeiten hinter mir lassen.

Nicht daß mein Leben nur frustrierend gewesen wäre. Zum Beispiel spielte ich sehr gern mit meiner Schwester Melissa. Wir waren die besten Freundinnen. Zusammen fuhren wir Fahrrad, erforschten die Wälder in unserer Umgebung, gingen schwimmen und dachten uns die verschiedensten Spiele aus. Außerdem waren wir beide in alle möglichen Tiere total vernarrt. Da wir zu Hause kein Haustier hatten, „adoptierten" wir häufig ein Tier aus der Nachbarschaft. Wir brachten Katzen mit nach Hause und gaben ihnen Milch. Manchmal zogen wir auch unseren Stofftieren Puppenkleider an und fuhren sie in unserem kleinen Kinderwagen spazieren. Auf unserem Weg steckten wir die Stofftiere in die Briefkästen der Nachbarn. Sobald wir alle Tiere „abgeliefert" hatten, taten wir so, als wären wir Busfahrer und unser Wagen sei der Schulbus. Dann klapperten wir erneut alle Briefkästen ab und sammelten unsere Passagiere wieder ein.

Wenn Melissa nicht da war, spielte ich allein auf dem kleinen Beet, das ich im hinteren Teil unseres Grundstücks angelegt hatte. Dort ließ ich all meine Fürsorge und Aufmerksamkeit, die ich gerne einem Haustier gegeben hätte, den Pflanzen zukommen. Schon immer habe ich die Natur geliebt. Wenn ich mit den Händen in der Erde wühlen konnte, fühlte ich mich Gott sehr nahe.

Ich bin nicht die einzige, die sich Gott in der Natur nahe fühlt. In ihrem Buch A *Gift for God* (Ein Geschenk Gottes) schreibt Mutter Teresa, daß Gott nicht in Lärm und Ruhelosigkeit zu finden ist. „Gott ist ein Freund der Stille. Seht, wie die Natur, die Bäume, die Blumen, das Gras in der Stille wachsen; seht die Sterne an, den Mond und die Sonne, wie sie sich geräuschlos bewegen . . . Wir brauchen Stille, um unser Inneres erforschen zu können."

Die Natur war mein Freund; und ich freute mich an ihrer Stille. Vor kurzem las ich, daß gehörlose Kinder häufig eine ganz besondere Bindung zu Tieren entwickeln, weil Tiere ohne Worte kommunizieren. Weil ich nun kein Haustier hatte, waren die Pflanzen sozusagen der Haustierersatz für mich. Ich lernte, daß jede Pflanze unterschiedliche Pflege brauchte – einige mögen die Sonne, andere bevorzugen eher den Schatten. Ich lernte zu erkennen, wann sie Durst hatten und wann ich ihnen Dünger geben mußte. Manchmal sah ich meine Pflanzen als Babys an, die sich noch nicht mitteilen konnten, aber jemanden brauchten, der für sie sorgte.

Als kleine Gärtnerin spürte ich irgendwie, daß Gott uns die Natur zum Geschenk gemacht hatte. Durch die Fürsorge für meine Pflanzen hatte ich das Gefühl, Gott zu ehren. Gott sorgte für mich, deshalb wollte ich ihm dienen, indem ich mich um seine Schöpfung kümmerte.

An jedem Wochenende fuhr mein Vater mit meinen Schwestern und mir zum Strand in Panama City. Dort spielten wir im Wasser oder fuhren mit seinem Boot hinaus. Es war eine wundervolle Zeit der Entspannung, und ich hörte auch dort auf Gottes Stimme, wenn ich die unendliche Weite des Meeres betrachtete oder mich an der Sonne freute. Blieben wir länger am Meer, schliefen wir auf dem Segelboot meines Vaters.

Ich erinnere mich daran, daß Melissa mich einmal, als wir auf dem Boot übernachteten, um zwei Uhr morgens geweckt hat. Sie fühlte sich durch Dads Schnarchen gestört, während ich friedlich schlief! Ich war wütend, weil sie mich aufgeweckt hatte. „Was soll das?" fuhr ich sie an.

„Ich kann nicht schlafen, weil Dad schnarcht. Aber du hast wie ein Baby geschlafen."

Neugierig stellte ich mein Hörgerät an. Du meine Güte, Dad war wirklich laut. Das hörte sich ja wie das Grunzen eines Schweines an! In diesem Augenblick war ich froh, nicht hören zu können.

„Zu schade, Melissa", sagte ich und stellte mein Hörgerät wieder ab. Ich drehte mich auf die andere Seite und zog mir die Decke über die Schultern. „Du mußt schon taub sein, um hier etwas Schlaf zu bekommen."

Wenn ich nicht tanzte, mein Beet pflegte oder meine Hausaufgaben machte, träumte ich. Noch immer lasse ich gern meine Phantasie spielen, da ich in diesen Augenblicken der Welt entfliehen, meine Gedanken sammeln und mir die Zukunft vorstellen kann. Glaubt ja nicht, das Träumen sei eine überflüssige und oberflächliche Zeitverschwendung. Schon lange Zeit vor 1995 stand ich oft im Badezimmer vor dem Spiegel, hatte ein Haarband auf den Kopf gesetzt und spielte *Miss America!* Während meine Schwestern an die Tür hämmerten, weil sie hinein wollten, beantwortete ich die imaginären Fragen von Reportern und anderen interessierten Leuten. Ich bin sicher, meine Schwestern waren nicht der Meinung, daß dieses Üben jemals zu etwas nütze sein würde.

Dann wieder verärgerte ich meine Schwestern, weil ich meine Ballettsprünge vor dem Fernsehgerät probte, während sie sich einen Film ansahen. Melissa und Stacey wurden dann jedesmal wütend. „Geh uns aus dem Weg", schrien sie. „Für wen hältst du dich eigentlich, für *Miss America?*"

Trotz unserer normalen, alltäglichen Zankereien unter Geschwistern war ich froh, zwei Schwestern zu haben, die mich ganz normal behandelten und nicht wie ein gehörloses Kind. Sie betrachteten mich als normale, nicht als behinderte Person. Stacey verhielt sich mir gegenüber, wie jedes Mädchen sich ihrer lästigen kleinen Schwester gegenüber verhält, und Melissa war meine beste Freundin. Meine Schwestern (beide sind bereits verheiratet und haben eine wundervolle Familie) haben mein Leben reich und bunt gemacht. Und auch fast alle meine anderen Beziehungen in meiner Kindheit waren alltäglich und normal.

Alle, außer einer. Die Beziehung zwischen meiner Mutter und mir war anders als die zwischen anderen Müttern und Töchtern. Als Kind bemerkte ich den Unterschied und war darüber verwirrt. Doch jetzt verstehe ich sie und bin dankbar für das, was meine Mutter für mich getan hat – sie hat mir das Nähen beigebracht, zeigte mir interessante Gegenden und machte mich mit der Musik bekannt –, aber in meiner Kindheit konnte ich nicht verstehen, warum meine Mutter und ich anscheinend ständig miteinander arbeiten mußten.

Nach dem Essen setzte sich meine Mutter mit mir hin, um mir bei den Hausaufgaben zu helfen, während sich Stacey und Melissa um den Abwasch kümmern mußten. Stacey und Melissa fanden das ungerecht, aber sie wußten nicht, wie oft ich alles dafür gegeben hätte, wenn ich die Bücher hätte fortlegen und ihnen am Spülbecken hätte Gesellschaft leisten können.

Die Hausaufgaben waren schwierig und extrem zeitaufwendig. Ich war langsam im Lesen und mußte mich vor allem auf die englische Grammatik konzentrieren. Bis heute schreibe ich nicht gern; es ist sehr schwer, eine Sprache, die man nie richtig hört, zu schreiben und zu lesen. Immer schien das Lernen eine Ewigkeit in Anspruch zu nehmen, und in der Schule mußte ich mich doppelt so stark konzentrieren wie die anderen Schüler. Da ich mir nicht gleichzeitig Notizen machen und von den Lippen ablesen konnte, nahm ich alle Schulstunden auf Kassette auf. Ein Familienmitglied hat dann die Kassetten abgehört und für mich Notizen gemacht, die dann die Grundlage für mein Lernen waren. Häufig war ich müde und litt unter Kopfschmerzen, die mit der vielen Anspannung und dem Druck zusammenhingen. Manchmal denke ich, daß ich wohl den größten Teil meiner Kindheit mit Hausaufgaben verbracht habe.

Meine Mutter tat mir oft leid. Denn nachdem sie mir bei den Hausaufgaben geholfen hatte, mußte sie noch bis spät in die Nacht hinein aufbleiben, um ihre eigene Arbeit zu erledigen. Während meiner Grundschulzeit unterrichtete sie an einer Realschule, und erst abends kam sie dazu, die Arbeiten ihrer Schüler zu korrigieren und ihre Stunden vorzubereiten. Deshalb tauchte sie dann morgens mit dunklen Ringen unter den Augen in der Küche auf.

Aber wenn ich auch hart gearbeitet habe, so muß ich doch sagen, daß ich keine Heilige bin. Häufig war ich frustriert, sogar wütend. Eigentlich wollte ich gerne lernen, aber durch meine Gehörlosigkeit wurde ich ständig gebremst und in meinen Ambitionen stark eingeschränkt. Es war, als würde ich durch dicken Schlamm waten, während alle anderen vor mir über trockenen Boden liefen. Ich wußte, daß ich intelligent war, ich konnte gut auswendig lernen, aber ich arbeitete bis zur Erschöpfung und schien trotz meiner Bemühungen wenig Fortschritte zu machen.

Ich war deprimiert. In der Schule verzehrte ich mein Mittagessen inmitten einer Schar umhertollender Kinder, die lachten, sich unterhielten, lächelten und gestikulierten, während ich nicht die leiseste Ahnung hatte, warum sie lachten, lächelten und gestikulierten. Ich zog mich in meine Tagträume zurück und stellte mir dann immer wieder vor, wie ich im hellen Scheinwerferlicht tanzte.

Ein Blick in die Welt der Gehörlosen

Beth Walker, meine Sprachlehrerin in der Grundschule, lieh mir ein Buch über eine gehörlose Tänzerin, die eine besondere Gehörlosenschule besucht hatte und die Gebärdensprache beherrschte. Ich las auch ein Buch über Helen Keller – es war die Pflichtlektüre für alle meine Klassenkameraden. Die Geschichten dieser beiden Frauen haben mir klargemacht, daß es auch noch andere gehörlose Menschen auf der Welt gibt, und ich wollte sie kennenlernen. Zudem begann ich mich für die Gebärdensprache zu interessieren. Meine Eltern hatten mir nicht erlaubt, zu Hause die Gebärdensprache zu verwenden, da ich in der Lage sein sollte, mich mit allen Menschen auch so zu verständigen. Zwar hatte ich noch bevor ich fünf Jahre alt war in einem besonderen Kindergarten für gehörlose Kinder einige Zeichen gelernt, mit elf Jahren jedoch alle Zeichen wieder vergessen.

Ich verstehe jetzt, warum meine Eltern mir nicht erlaubten, mich zu Hause mit der Gebärdensprache verständlich zu machen, und ich bin dankbar, daß ich jederzeit mit jedem kommunizieren kann – ich muß nicht darauf warten, daß zuerst ein Übersetzer auftaucht und zu meiner Stimme wird. Ich kann jedes Restaurant betreten und mir allein einen Hamburger und ein Getränk bestellen.

Ich bediene mich nur sehr selten der Gebärdensprache. Sie ist relativ leicht zu lernen; das Sprechen zu lernen ist dagegen sehr viel schwieriger. Für Eltern und ihr gehörloses Kind ist es eine sehr teure und zeitaufwendige Möglichkeit. Noch heute muß ich dann und wann einen Sprachtherapeuten aufsuchen. Es ist wie beim Sport. Um fit zu bleiben, muß man eisern daran arbeiten.

Als ich elf Jahre alt und in der vierten Klasse war, merkte ich, daß ich in Englisch ständig schlechter wurde und wollte unbedingt den Leistungsstand meiner Klassenkameraden einholen. So gern hätte ich eine Gehörlosenschule besucht, und ich verstand nicht, warum meine Eltern damit nicht einverstanden waren. Natürlich hatte ich keine Ahnung, daß solche Schulen sehr viel Geld kosten. Ich konnte auch nicht verstehen, wie schwierig es für Eltern ist, ein noch so kleines Kind in ein Internat weit weg von zu Hause zu schicken. Wenn ich selbst in diesem Punkt auch keine Schwierigkeiten sah, für meine Eltern war es eine schwere Entscheidung.

Für mich war dies eine sehr wichtige Zeit. Bis zu diesem Zeitpunkt hatte ich mich ausschließlich innerhalb der sicheren Grenzen meiner Familie bewegt, doch wie alle Kinder begann ich, meinen Blick nach außen schweifen zu lassen. Ich sah mich unter meinen Klassenkameraden um und betrachtete mich dann selbst. Ich trug ein Hörgerät. Kein anderer brauchte einen solchen Apparat. Ich mußte enorme Anstrengungen unternehmen, um zu lernen, mich verständlich zu machen, während alle anderen dies ganz natürlich und mit Leichtigkeit taten. Die meisten anderen Kinder hatten eine Menge Freunde, ich hatte nur meine Schwestern und Claudia, eine Freundin aus der Nachbarschaft. Alle anderen um mich herum schienen ihren Platz gefunden zu haben. Doch ich hatte niemanden, der meine Erfahrungen teilte, und es fiel mir schwer, mir ohne andere Kinder in ähnlichen Lebensumständen eine Identität zu schaffen. Ich war gehörlos; kein anderer teilte mein Schicksal.

Meine Antwort auf dieses Problem war: eine Gehörlosenschule. In einer solchen Schule konnte ich lernen, mir selbst Notizen zu machen und eine unabhängige Schülerin zu werden. Meine Familie hätte ein normales Leben führen können. Und endlich würde ich andere Mädchen und Jungen in derselben Situation kennenlernen können.

Auch meine Eltern kamen schließlich trotz ihrer Bedenken zu der Ansicht, daß dieser Weg das beste für meine Zukunft sei. Nachdem sie über verschiedene Schulen Erkundigungen eingezogen hatten, meldeten sie mich beim Central Institut for the Deaf (CID) in St. Louis, Missouri, an. Dr. Jean Moog, die damalige Direktorin, führte ihre Schule nach einem ausgezeichneten Konzept.

Dr. Moog und ihre Lehrer waren von der Methode des Lippenlesens als Alternative zur reinen Gebärdensprache überzeugt. In ihrem Programm wurde außerdem sehr großer Wert auf das Schreiben gelegt. Unter anderem lernte ich dort, selbständig Notizen zu machen, den Aufbau eines Absatzes zu verstehen und konzentriert zu lernen. Als ich in das CID eintrat, war ich elf Jahre alt und beim Lesen auf dem Stand eines Zweitklässlers. Während der drei Jahre dort strengte ich mich mächtig an und schaffte es, die Jahre, die ich hinter den anderen zurücklag, aufzuholen. In jedem Jahr kam ich schulisch gesehen zwei Jahre weiter.

Das CID ist nicht nur einzigartig, weil es für gehörlose Schüler konzipiert ist, sondern auch, weil es eine internationale Schule ist. Meine Zimmerkollegin Grace Lee war Kanadierin koreanischer Abstammung. Ein Junge, Fadi (den ich besonders nett und süß fand), kam aus Kuwait. Ich freundete mich mit Blanca, einer Latino aus Chicago, und Bola aus Nordafrika an. Wenn wir auch aus unterschiedlichen Orten zum CID gekommen waren, sah ich in meinen Klassenkameraden niemals Menschen unterschiedlicher Rassen, weil wir dasselbe Herz und denselben Geist hatten. Wir alle gaben unser Bestes, und wir alle mußten gegen ähnliche Hindernisse ankämpfen. Jeder meiner Klassenkameraden erzählte mir Dinge, die ich in meiner kleinen Heimatstadt in Alabama niemals hätte erfahren können. Ich war begeistert, in St. Louis, einer Großstadt, zu leben, und ich konnte es kaum erwarten, die neuen Welten zu entdecken, die sich mir dort auftun würden.

Mit den anderen Schülern des CID bewohnte ich ein Wohnheim in der Innenstadt von St. Louis. Unsere Klassen waren klein, nur drei oder vier Schüler pro Lehrer, und wir wurden auf alle mögliche Art und Weise ermutigt, so unabhängig wie möglich zu werden. Nach dem Unterricht besuchten wir die vielen Museen und Tierparks von St. Louis oder nahmen an Sport– oder Tanzkursen teil. Während meines Aufenthalts am CID konnte ich meinen Ballettunterricht zwar nicht fortsetzen, doch obwohl ich das Tanzen sehr vermißte, wußte ich, daß die Zeit in dieser Schule für mich sehr wichtig war.

Jim Marco, der Sportlehrer am CID, übte einen großen Einfluß auf mich aus. Er machte mich mit Fußball, Baseball, Volleyball, Hockey, Eislaufen, Basketball und anderen Sportarten bekannt. Da ich aus dem Familienverbund herausgerissen war, vermißte ich die Erwachsenen in meinem Leben. Jim Marco wurde in dieser Zeit für mich zu einer Art Ersatzvater und war mir eine unglaubliche Hilfe. Beständig förderte er meinen Geist der Unabhängigkeit, auf den im CID großen Wert gelegt wurde. Mr. Marco war der Ansicht, daß gehörlose Schüler es durchaus mit Menschen, die ein normales Hörvermögen haben, aufnehmen konnten. Er glaubte an uns, und wir waren ihm derart wichtig, daß er uns sogar Dinge beibrachte, die mit Sport nichts zu tun hatten.

Ich erinnere mich an einen Nachmittag, an dem ich mich mit meinen Freundinnen gestritten habe – ein typischer Streit unter Mädchen. Mr. Marco, der zufällig vorbeikam und uns hörte, blieb stehen und ließ uns alle an einem Tisch im Wohnheim Platz nehmen. „Ich möchte euch etwas über das Leben erzählen", sagte er und sah uns der Reihe nach an. „Ich selbst habe auf die harte Tour lernen müssen, daß Streiten nur eine Vergeudung von Zeit und Energie ist."

Auch wenn er uns viele solcher Lektionen beigebracht hat, so hat er uns doch nie von oben herab behandelt. Er sprach mit uns wie mit reifen Erwachsenen und nicht wie mit einer Gruppe von dummen Zwölfjährigen. Er glaubte an uns, und deswegen begannen auch wir, an uns selbst zu glauben. Und er hatte recht mit dem, was er darüber sagte, wie wir unser Leben verbringen sollten. Jemand hat einmal gesagt: „Das Leben ist wie eine Münze. Du kannst es so oder so gestalten, aber du kannst es nur einmal ausgeben." Mr. Marco machte genau dies seinen Schülern klar, und er zeigte mir, daß das Leben kostbar ist und nicht vergeudet werden sollte.

Mr. Marco hat mir nicht nur Dinge über das Leben beigebracht, er hat mich auch an den Orientierungslauf herangeführt. Hier handelt es sich um einen Wettkampf, bei dem man mit einer Karte und einem Kompaß in einem unbekannten Wald abgesetzt wird. Der Sportler muß dann so schnell wie möglich eine Reihe von bestimmten Stationen passieren und schließlich das angegebene Ziel erreichen.

Mir gefiel diese Sportart besonders, weil ich den Wald so liebte. Hier war es so friedlich! In gewisser Weise war ich es gewohnt, allein

zu sein, darum machte mir die Stille im Wald nichts aus. Und eigentlich habe ich mich auch nie allein gefühlt, weil ich den Wald immer
wie eine Kirche empfunden habe, in der ich Gottes Gegenwart besonders stark spüren konnte.

Glaubt es oder nicht, ich habe mich bei diesen Orientierungsläufen
niemals richtig verlaufen. Manchmal bin ich ein wenig herumgeirrt,
aber ich habe immer den Rückweg gefunden, und nie mußte jemand
losgehen, um mich zu suchen. Obwohl ich weiß, daß das nicht die
richtige Einstellung war, war ich im geheimen immer ein wenig stolz,
wenn andere sich verirrten und von den Erwachsenen gesucht werden
mußten. Ich war stolz und aufgeregt zugleich, weil ich etwas gefunden
hatte, das ich trotz meines Alters und meiner Gehörlosigkeit wirklich
gut konnte. Ich sonnte mich in meinen Triumphgefühlen und stellte
fest, daß ich wirklich allein zurechtkommen konnte.

Ich begann, an Orientierungswettkämpfen teilzunehmen, weil
diese Sportart mein Selbstwertgefühl steigerte. Außerdem stellte ich
fest, daß mir die Aufregung des Wettkampfs gefiel. Die Tatsache, daß
ich in einen gleichberechtigten Wettkampf mit normal hörenden
Menschen eintrat, zeigte mir, daß mein Verstand und mein Herz sich
nicht von ihrem unterschieden, und als ich die Landesmeisterschaft in
dieser Disziplin gewann, war ich unglaublich stolz. Ich bin sicher, daß
Gott damals diesen Wettkampf gebrauchte, um mich auf den Weg zur
Erfüllung meines Traumes zu bringen, denn als ich später anfing, an
Schönheitswettbewerben teilzunehmen, hatte ich bereits ausgiebige
Wettkampferfahrungen. Ich war nicht halb so nervös wie ich es sicher-
lich ohne diese Abenteuer gewesen wäre.

Eine der schönsten Erfahrungen während meiner Schulzeit in
St. Louis war die Freundschaft mit meiner Zimmerkollegin Grace
Lee. Grace war zwar ein Jahr jünger als ich, aber sie war so intelligent
und clever, daß sie mich unablässig motivierte, mehr zu erreichen.
Wir lernten gemeinsam und stritten uns wie Schwestern, aber unsere
Streitereien waren immer schnell wieder vergessen. Wir nannten uns
„Busenfreundinnen", weil wir uns so nahestanden wie Anne und
Diana in *Anne auf Green Gables*. Eines Tages gingen wir in den Park
vor der Schule und flochten Blumenkränze, die wir als Kronen trugen
und unsere Freundschaft symbolisieren sollten. Wir trösteten und
ermutigten einander, während wir uns gleichzeitig gegenseitig ansta-

chelten, noch mehr zu erreichen. Ständig fragten wir uns: „Wer ist klüger, du oder ich?" Obwohl ich wußte, daß Grace sehr viel klüger war als ich, wetteiferten wir miteinander, um zu sehen, wer die besten Noten bekam. Wir beide waren entschlossen, unsere Gehörlosigkeit nicht als Entschuldigung vorzuschieben, sondern die Verwirklichung unserer Träume anzustreben. Grace war eine außergewöhnlich begabte Künstlerin, und ich konnte mir vorstellen, daß sie eines Tages eine bekannte Modedesignerin werden würde. Also mußte ich etwas ebenso Großartiges finden, und nun träumte ich nicht mehr nur davon, Ballerina zu werden, nein, ich wollte eine *bekannte* Ballerina werden.

Auch wenn wir stets hart arbeiteten, haben wir doch immer viel gelacht. Nie werde ich den Nachmittag vergessen, an dem unser Lehrer sich im Mathematikunterricht einen Augenblick entschuldigte und den Raum verließ. Wir hatten zu diesem Zeitpunkt wieder einmal Gehörtraining und trugen unser „akustisches Ohr" – das Gehörteil und den Empfänger, der die verstärkte Stimme unseres Lehrers von seinem Mikrofon in unser Gehörteil übertrug. Nachdem unser Lehrer, der noch immer sein Mikrofon trug, den Raum verlassen hatte, blickte Grace mich an. „Was ist das?" fragte sie und zog die Nase kraus. „Das hört sich ja an, als würde es regnen." Sie sah zum Fenster hinaus und war verwirrt, weil draußen die Sonne vom strahlend blauen Himmel schien.

Ich biß mir auf die Lippen und mußte ein Lachen unterdrücken. Mein Gehör war noch etwas besser als das von Grace, und ich hatte die Schritte des Lehrers gehört, als er in der Toilette verschwunden war. Das laute Rauschen in unserem Gehörteil einen Augenblick später verwirrte Grace, und wir fingen an zu kichern, nachdem ich sie aufgeklärt hatte. Wir lachten noch immer, als unser Lehrer zurückkam und wir ihm sagten, er hätte vergessen, sein Mikrofon abzustellen.

Ich habe viele gute Erinnerungen an das CID – doch es gab auch einige nicht so schöne Erlebnisse. Ich erinnere mich besonders an meinen dreizehnten Geburtstag, als ich mit einer Grippe aufwachte und den Rest des Tages stöhnend im Bett verbringen mußte, während Grace und meine Freunde meinen Geburtstagskuchen verzehrten!

Mit vierzehn schloß ich das CID ab. Ganz ehrlich kann ich sagen, daß ich meinen späteren Erfolg zum größten Teil dieser Schule und

Dr. Moog verdanke. Ohne das, was ich dort gelernt habe, hätte ich unmöglich später die Highschool schaffen können, geschweige denn das College. Ganz bestimmt wäre ich nicht *Miss America* geworden, weil Voraussetzung für die Teilnahme an diesem Wettkampf gute Zensuren sind! Das CID war der Anfang meiner akademischen Reise, der Beginn der Erfüllung eines Traumes.

Nachdem ich in St. Louis eine Menge gelernt hatte, hatte ich keine Angst mehr, nach Dothan zurückzukehren und die dortige Highschool zu besuchen. Allerdings gefiel es mir überhaupt nicht, mich von meinen vielen Freunden zu verabschieden. Und auch der Abschied von der Schule an sich fiel mir besonders schwer, weil ich dort sehr viel über mich selbst gelernt hatte. Ich wußte, daß ich nicht mehr dasselbe Mädchen war, das drei Jahre zuvor Dothan verlassen hatte, und ich hatte Angst, daß meine Freunde in Alabama inzwischen ebenfalls erwachsen geworden waren und ich mit ihnen nichts mehr würde anfangen können.

In dem Sommer nach meinem Abschluß fuhren meine Familie und ich nach Panama City in Urlaub. Die Ruhepause tat mir gut, weil ich mich gedanklich auf die Highschool vorbereitete. In der *Northview High* würden viele Herausforderungen auf mich warten.

Rückkehr in eine staatliche Schule

Nachdem wir von Panama City zurückgekehrt waren, mußte ich feststellen, daß meine Ängste in bezug auf meine alten Freundinnen nicht unbegründet waren. Claudia, die meine beste Freundin gewesen war, bevor ich nach St. Louis ging, besuchte nun die achte Klasse und hatte sich vollkommen verändert. Natürlich gab ich nicht ihr die Schuld an der Veränderung, denn auch ich hatte mich verändert. Altersmäßig gehörte ich eigentlich auch in die achte Klasse, doch im CID war ich mit meinem Stoff so weit gekommen, daß ich bei meiner Rückkehr in die neunte Klasse eingestuft wurde. Als die Schule begann, schlenderte ich allein durch die Flure, umgeben von fröhlich plaudernden Mädchen und Jungen und Lärm, den ich nicht unterscheiden konnte. Die Mittagspause schien sich endlos hinzuziehen. Zu sehen, wie alle anderen lachten und sich miteinander amüsierten, während ich ganz allein saß, ließ mich meine Zeit in St. Louis vermissen, wo auch ich zur fröhlichen Masse gehört hatte. Während des Unterrichts machte ich mir Notizen aus den Büchern, da ich bemerkt hatte, daß die Lehrer häufig einfach nur das Material aus den Büchern wiederholten. Ich erinnere mich noch, wie ich damals gedacht habe, daß meine Lehrer – und Mitschüler – die Schule viel weniger ernst zu nehmen schienen als die Leute, die ich im CID kennengelernt hatte. Meine Mitschüler interessierten sich sehr viel mehr für die außerschulischen Aktivitäten, Sport, Football, Autos und so weiter, als für ihre Leistungen.

Im Vergleich zu der strengen Disziplin am CID erschienen mir die Schüler der *Northview High* regelrecht ungezügelt. Natürlich nicht alle, doch oft sah ich einige der Schüler in aller Öffentlichkeit Bier trinken und rauchen.

Zudem gab es an dieser Schule Rassenprobleme. Ich konnte es kaum fassen, wie gefährlich das Leben dort war. Manchmal kam es aufgrund von Rassenvorurteilen zu wilden Kämpfen, woraufhin nicht weniger als fünfzig Polizisten in der Schule für Ruhe und Ordnung sorgen mußten. Für mich war die Schule ein Ort, an dem ich etwas lernte und nicht wo gekämpft wurde. Außerdem hatte ich am CID gelernt, allen Menschen aller Rassen und Länder freundlich zu begegnen. Die Hautfarbe einer Person war mir egal, deshalb machte es mir sehr zu schaffen, daß die Schüler unterschiedlicher Rassen nicht miteinander auskamen.

Aber so war die Welt nun einmal, und in Dothan lernte ich, mich mit der Realität abzufinden. Zum ersten Mal in meinem behüteten Leben erkannte ich, daß Gefahren nicht nur irgendwo „dort draußen" zu finden sind, sondern überall.

Nur sehr wenige Schüler auf der *Northview* nahmen sich die Zeit und machten sich die Mühe, sich mit mir zu unterhalten. Das machte meine Zeit dort sehr schwierig. Aber ich nahm meine Ballettstunden wieder auf, und erneut wurde das Tanzstudio mein Zufluchtsort. Während ich tanzte, standen mir meine Träume wieder vor Augen. Warum konnte ich nicht Berufsballerina werden? Ich beschloß, dieses Ziel mit allen Kräften zu verfolgen. Das Leben als Tänzerin erschien mir wunderschön und friedlich, eine Flucht aus der rauhen und gefährlichen realen Welt.

Einige Leute waren der Meinung, ich würde es nie schaffen können, doch ich war entschlossen, auf die positive Einstellung meines Herzens zu hören und mich nicht von den geringen Erwartungen anderer beeinflussen zu lassen. Immerhin waren Tänzerinnen ganz normale Menschen mit einem Kopf, mit Armen, Füßen und einem Herzen – und das alles hatte ich auch. Ich tanzte zu der Musik, die aus meinem Herzen kam, die ich nicht durch meine Ohren aufnahm, und zunächst mußte ich besonders hart arbeiten, um die Musik von meinem Hörgerät in mein Herz einsinken zu lassen.

Der Modedesigner Ralph Lauren sagte einmal in einem Interview der *International Herald Tribune:* „Die Leute fragen sich immer wieder, wie ein Jude aus der Bronx derart elegante Mode kreieren kann. Hat Modemachen denn etwas mit der Herkunft eines Menschen und Geld zu tun? Es hat einzig und allein mit Träumen zu tun."

Ballerina zu werden, war mein Traum, und ich war entschlossen, ihn mir von niemandem nehmen zu lassen. Das Leben eines Kindes ist eine noch unbeschriebene Seite, voller Gelegenheiten, doch traurigerweise überlassen viele Kinder den Erwachsenen in allem das letzte Wort und vertrauen nicht auf ihre eigenen Wünsche und Sehnsüchte. Wenn ihnen gesagt wird, eine bestimmte Sache sei für sie unmöglich, dann versuchen sie es erst gar nicht. Aber wir alle haben ein Recht zu träumen.

Doch unsere Träume müssen realistisch sein, wenn wir in der realen Welt leben wollen. Es gab immer wieder Tage, an denen ich mich fragte, ob ich jemals einen Job bekommen, eine eigene Familie haben und ein unabhängiges Leben führen würde. Ganz bestimmt wollte ich nicht für den Rest meines Lebens von meiner Familie abhängig sein. Mein Ziel war, eine erfolgreiche Ballerina zu werden, und doch fragte ich mich, was für ein Leben mich wohl erwartete. Die Schule kostete mich viel Zeit und hinderte mich daran, durch Nebenjobs Erfahrungen in der Arbeitswelt zu sammeln. Und außerdem war ich gehörlos. Warum sollte jemand eine Gehörlose ohne Erfahrung anstellen?

Wenn mich solche düsteren Gedanken plagten, war ich oft niedergeschlagen. Ich sorgte mich um meine Zukunft, und mir wurde bewußt, welche Last ich meiner Familie bereits gewesen war. Verzweifelt wünschte ich mir, erfolgreich zu sein, weil ich nur dann wirklich unabhängig sein konnte. Denn keineswegs wollte ich meiner Familie mein ganzes Leben zur Last fallen.

Wenn ich auch alles darum gegeben hätte, die Schule verlassen und mich einer Balletttruppe anschließen zu können, wußte ich doch, daß eine Ausbildung unglaublich wichtig war. Ich wollte meinen Traum weiterverfolgen, doch auch gleichzeitig realistisch sein, und es war klar, daß ich die beste Ausbildung brauchte, die ich bekommen konnte. Immer wieder betonten auch meine Eltern, wie wichtig eine Ausbildung sei, und drängten mich, aufs College zu gehen. Häufig war ich frustriert, weil ich nicht mehr Zeit für das Tanzen übrig hatte. Wirklich große Ballerinas treten bereits im Teenageralter in eine Balletttruppe ein. Mir wurde ständig gesagt, das Tanzen könne warten, aber das konnte es nicht, nicht wirklich. Eine Tänzerin muß früh anfangen und hart trainieren. Wie konnte ich also beides schaffen?

Doch auch wenn mir nicht so ganz klar war, wie ich eine Ausbildung absolvieren und mir gleichzeitig meinen Traum erfüllen sollte, so klammerte ich mich noch fester an meine Vision. Ich würde vor Millionen von Zuschauern tanzen. Ich würde es schaffen . . . irgendwie. Und da Gott mir diesen Traum des Tanzens gegeben hatte, war ich fest davon überzeugt, daß er ihn auch in Erfüllung gehen lassen würde.

Schwierige Zeiten

Damals tanzte ich nicht nur, um der Schule zu entfliehen, sondern auch meinem Elternhaus. Als ich vom CID nach Hause kam, hatte sich nicht nur meine schulische Umgebung verändert, sondern auch zu Hause war alles anders geworden. Zum ersten Mal fühlte ich mich zu Hause richtig einsam. Melissa, meine Schwester und beste Freundin, und ich, wir hatten uns in unterschiedliche Richtungen entwickelt.

Wie Stacey engagierte Melissa sich nun in der Politik. In den Jahren, in denen ich in St. Louis gelebt hatte, war Stacey zur Jugendgouverneurin des Staates Alabama ernannt worden. Dieser Erfolg versetzte mich in Erstaunen, und ich erinnere mich noch, wie ich gedacht habe: *Aber Stacey ist doch ein ganz normales Mädchen! Wenn meine Schwester Jugendgouverneurin werden kann, dann kann eigentlich jeder Erfolg haben!*

In diesem Augenblick wurde mir klar, daß man keine reichen oder bekannten Eltern haben muß, daß man auch nicht unbedingt hören können muß, um seine Träume zu verwirklichen. Ich folgte also dem Beispiel meiner Schwestern und trat ihrer Jugendorganisation bei, merkte jedoch schon sehr bald, daß es mir nicht zusagte. Hier wurde kaum etwas anderes getan als geredet, und da ich das meiste nicht verstand, verlor ich sehr bald das Interesse daran.

Unser Haus erschien mir leer und still. Melissa setzte auch weiterhin alles daran, in die Fußstapfen ihrer Schwester zu treten. Stacey hatte bereits das Haus verlassen, um an der Air Force Academy zu studieren, und wenn Melissa nicht für die Schule arbeitete, ging sie mit ihren Verehrern aus. Ich vermißte Stacey und war tief enttäuscht, festzustellen, daß Melissa nicht mehr die liebevolle Schwester war, die sie noch vor meiner Abwesenheit gewesen war. Mutter war ständig mit der Arbeit für ihren Unterricht beschäftigt, und Dad saß stundenlang vor dem Fernseher. Ich zog mich deshalb häufig auf mein Zimmer zurück und begann in der Bibel zu lesen.

Meine Schwestern und ich sind von Kindheit an immer mit in die Gemeinde meiner Eltern gegangen, doch in der Sonntagsschule und im Gottesdienst verstand ich nicht ein einziges Wort von dem, was gesagt wurde. Und obwohl Gott für mich real war und ich wußte, daß er mich liebte, hatte ich kaum eine Vorstellung von ihm.

Damals war Gott für mich dem Wind vergleichbar, den ich am Strand spürte. Ich konnte seine Macht fühlen, ich sah die Auswirkungen seiner Kraft, und ich fühlte mich durch seine Nähe getröstet, so wie ich die Meeresbrise auf meinem Gesicht mochte. Aber nie war mir in den Sinn gekommen, daß er für mich ganz persönlich sorgen konnte.

Während jener stillen Stunden zu Hause entstand in mir der Wunsch, Gott besser kennenzulernen. Je mehr ich von Jesus erfuhr, desto mehr wollte ich über ihn wissen. Darum begann ich in der Bibel zu lesen. Ich hatte bis dahin gedacht, ich könnte Gott gefallen, wenn ich ein gutes Mädchen wäre und Gutes täte. Ich hatte gedacht, wenn ich nur gut genug sei, würde Gott mich schon annehmen. Ich versuchte, seine Gebote zu halten und stellte fest, daß das sehr viel schwieriger war, als ich angenommen hatte.

In der Zwischenzeit stritten sich meine Eltern sehr viel. Ich war erstaunt, von Melissa zu erfahren, daß ihre Beziehung schon lange nicht mehr in Ordnung war. Während meines Aufenthaltes in St. Louis hatte ich davon natürlich nichts mitbekommen. Aber auch jetzt konnte ich nicht verstehen, worum es bei ihren Auseinandersetzungen ging. Ich erinnere mich noch, wie ich während eines Streites meiner Eltern einmal in Melissas Zimmer gegangen bin. Melissa hatte ihre Stereoanlage lauter gestellt, um ihre Stimmen zu übertönen. Ich bat sie, mir zu sagen, worüber unsere Eltern stritten, aber sie wollte es nicht sagen – sie erklärte mir sogar, sie hätte schon lange aufgehört, sich dafür zu interessieren. Sie hätten sich schon immer gestritten, sagte sie, aber in letzter Zeit sei es noch schlimmer geworden.

Ich nehme an, auch in dieser Hinsicht war meine Gehörlosigkeit ein Segen, weil ich die Streitereien meiner Eltern nicht mitbekam. Ich wollte wissen, was vorging, aber niemand wollte es mir sagen.

Wie ernst ihr Konflikt war, wurde sehr bald deutlich. Eines Tages war ich erstaunt zu sehen, daß Mom schon vor uns aus der Schule nach Hause gekommen war, und als ich das Haus betrat, bemerkte ich, daß ein Teil unserer Möbel fehlte. Ich war total geschockt. Während meiner Zeit am CID hatten mich einige meiner Freundinnen gefragt, ob meine Eltern geschieden seien, und ich war immer darauf stolz gewesen, antworten zu können: „Nein, meine Eltern sind immer noch zusammen." Und nun war es genau wie bei meinen Freundinnen – ich war ein Kind geschiedener Eltern. Nie wieder würden meine Eltern zusammenleben.

Wie bei allen Kindern in ähnlichen Situationen veränderte die Scheidung meiner Eltern mein Leben für immer. Mom und Dad hatten auch in der Vergangenheit Schwierigkeiten miteinander gehabt. Doch als ich Dad dieses Mal sagte, er müsse die Schwierigkeiten ausräumen, antwortete er mir: „Glaub mir, Heather, das geht nicht. Es ist zu schmerzlich und einfach hoffnungslos. Wir können es nicht." Mom sagte mir dasselbe. Aber tief in meinem Innern war ich der Meinung, daß sie ihre Schwierigkeiten würden überwinden können, wenn sie es nur versuchten.

Ich weiß noch, daß ich in dieser Zeit sehr viel gebetet habe. Ich ging sogar so weit, meiner Mutter zu sagen, Gott würde eine Scheidung nicht gutheißen. Doch sie wandte sich ab. Es gefiel ihr überhaupt nicht, daß ihre Tochter begann, sie anzupredigen. Bei dieser Gelegenheit erkannte ich, daß ich die Gefühle anderer nicht kontrollieren konnte und daß mein Traum von einer Versöhnung meiner Eltern sich nicht erfüllen würde. Doch wenn es mir auch sehr weh tat, so sprach Gott zu mir und tröstete mich, wie er jeden tröstet, der sich an ihn wendet, weil ein geliebter Traum sich auflöst wie der Atem auf einem Spiegel.

Das Schmerzlichste an der Scheidung meiner Eltern war wahrscheinlich, daß ich, wie fast alle Kinder geschiedener Eltern, mich gezwungen fühlte, mich für eine Seite zu entscheiden. Vor der Scheidung brauchte ich nicht aufzupassen, was ich zu wem sagte. Nach der Scheidung mußte ich entscheiden, mit wem ich die Ferien verbringen wollte, und ich hatte das Gefühl, daß der benachteiligte Elternteil über meine Entscheidung aufgebracht sein würde. Früher waren die Ferien immer herrlich gewesen, doch nun waren sie kompliziert und bereiteten mir Schuldgefühle.

Bald nach der Scheidung meiner Eltern beschloß meine Mutter, wieder in ihre Heimatstadt Birmingham zu ziehen, wo ihre Familie wohnte. Sie nahm auch wieder ihren Mädchennamen, Daphne Gray, an. Der Umzug riß uns aus unserer gewohnten Umgebung heraus, doch ich muß gestehen, die Möglichkeiten, die ich in einer größeren Stadt haben würde, begeisterten mich. Ich wußte, daß sich in Birmingham die *Alabama School of Fine Arts* befand. Es war eine staatliche Schule, nicht so teuer wie eine private Kunstakademie, die ich unbedingt besuchen wollte. Die bekannte Sonia Arova, die mit Rudolf Nureyew getanzt hatte, unterrichtete an dieser Schule. Ich konnte mich sogar ohne das übliche Vortanzen anmelden, da mich Sonia Arova bei einem Sommertanzlager hatte tanzen sehen. Das reichte ihr. Natürlich war ich begeistert!

The Alabama School of Fine Arts

Die Zulassung zur *Alabama School of Fine Arts* zu bekommen, war, als hätte ich eine Goldmedaille gewonnen. Meine Mutter war beunruhigt, weil sich diese Schule in einem Stadtteil mit hoher Kriminalitätsrate befand, doch ich war so darauf versessen, Ballerina zu werden, daß sie schließlich nachgab. Besonders freute mich, daß die Lehrer meine Behinderung ignorierten und ihnen nur meine positive Einstellung wichtig war. Bei ihnen fühlte ich mich akzeptiert.

Die *Alabama School of Fine Arts* war genau so, wie ich sie mir vorgestellt hatte – und doch auch wieder ganz anders. Es war eine kleine Schule, an der sehr viele künstlerische Fächer unterrichtet wurden. Die üblichen Fußballmannschaften mit ihren Cheerleadern gab es nicht. Der Ballettunterricht war hervorragend. Ich war begeistert, drei bis vier Stunden pro Tag tanzen zu können. Früher hatte ich während des Unterrichts immer vom Ballett geträumt, wenn ich eigentlich hätte aufpassen sollen. Jetzt brauchte ich nicht mehr zu träumen, weil ich immerzu mit dem Tanzen beschäftigt war!

Doch der normale Unterricht erwies sich als sehr schwierig für mich. Die Wände der Klassenzimmer waren dünn und reichten nicht einmal bis an die Decke. Der Lärm der anderen Klassen glitt deshalb darüber hinweg, und aufgrund der vielen Nebengeräusche konnte ich den Lehrer nur schlecht verstehen. Ich weiß nicht, ob ihr jemals die Gelegenheit hattet, ein Hörgerät auszuprobieren. Ein mechanisches Ohr nimmt jedes Geräusch auf und verstärkt es, genau wie ein Kassettenrekorder, der jedes Zirpen eines Vogels und jedes Fahrgeräusch von einem Auto aufnimmt, und die Nebengeräusche sind unglaublich laut. In den akademischen Fächern Schritt zu halten, fiel mir deshalb sehr schwer. Meine Mutter, Tante Stephanie und ich mußten darum jeden Nachmittag hart arbeiten, damit ich die Hausaufgaben schaffte, und nach wenigen Monaten waren wir alle erschöpft.

Die Weihnachtsferien waren deshalb in mehr als einer Hinsicht eine willkommene Pause. Einer der Höhepunkte dieses Jahres war, daß die Schüler der *Alabama School of Fine Arts* ausgewählt worden waren, bei der jährlichen Aufführung des *Nußknackers* von Tschaikowsky des Alabama-Balletts mitzutanzen. In jenem Jahr tanzte ich ein Zuckerrohr, und obwohl ich mich riesig freute, bei dieser Produktion mitzutanzen, war ich doch gleichzeitig enttäuscht, weil ich keine wichtigere Rolle bekommen hatte. So gerne hätte ich die Clara oder eines der kleinen Mädchen beim Weihnachtsfest getanzt. Meine Rolle war leicht, jeder hätte sie übernehmen können. Ich fragte mich sogar, ob der Grund dafür, daß ich keine größere Rolle bekommen hatte, meine Gehörlosigkeit war, doch diesen Gedanken schob ich schnell beiseite. Es ist nicht gut, negative Gedanken hochkommen zu lassen.

Also schluckte ich meine Enttäuschung hinunter und versuchte mich auf die positiven Aspekte der Produktion zu konzentrieren. Sicher, meine Rolle war klein und unwichtig, aber wenigstens konnte ich mich hinter der Bühne aufhalten! Jeden Abend durfte ich den Berufstänzerinnen zusehen, und so setzte ich mich hinter der Bühne auf den Boden und beobachtete das hektische Treiben. Es war eine wundervolle Erfahrung.

Doch nur zu schnell waren die Ferien vorbei, und schon bald verlor die *School of Fine Arts* wieder ihren Zauber. Ich beendete das Jahr, doch die anstrengende Arbeit hinterließ ihre Spuren bei meiner Mutter, meinen Verwandten und mir. Deshalb wechselte ich im folgenden Jahr auf die *Berry High School* und begann in der *Briarwood Presbyterian Church* zu tanzen.

Barbara Barker hatte das *Briarwood Ballet* als christliche Tanzgruppe gegründet, die das Tanzen als eine Form der Anbetung praktizierte. Als ich gemeinsam mit den anderen Mitgliedern der Gruppe tanzte, erkannte ich, daß sie verstanden, was ich mein ganzes Leben lang gefühlt hatte: Das Tanzen ist eine natürliche Form des Ausdrucks, um Gott zu loben und zu preisen.

Zu dieser Schlußfolgerung war ich bereits als kleines Mädchen gekommen. An einem Weihnachtsabend hatte ich gewartet, bis alle im Haus eingeschlafen waren. Dann war ich ins Wohnzimmer geschlichen und hatte die Lichter am Weihnachtsbaum angezündet. Gefangen von dem Zauber und dem Geist der Weihnacht, stellte ich mir vor, die Jungfrau Maria zu sein. Mit der Babypuppe im Arm, die das Jesuskind darstellen sollte, tanzte ich um den Weihnachtsbaum, um Gott anzubeten und zu loben. Dieser Tanz wurde von da an zu meiner geheimen persönlichen Tradition. Ich wiederholte ihn jedes Jahr und hatte immer das Gefühl, daß es Gott gefiel.

Das Tanzen in *Briarwood* machte mir viel Spaß, aber in der *Berry*

High fühlte ich mich genauso einsam wie in der *Northview*. Ich war so still und schüchtern, daß nur wenige Schüler sich die Mühe machten, mich kennenzulernen. Also investierte ich meine Zeit und Energie in meine Schularbeiten und das Tanzen. Aber selbst in der Tanzschule schien ich ein Fremdkörper zu sein, denn ich war das älteste Mädchen in der Gruppe – immerhin besuchte ich bereits die elfte Klasse und die anderen Mädchen waren in der Mittelstufe oder hatten gerade mit der Highschool begonnen. Außerdem hatten die meisten meiner Altersgenossinnen zu anderen, „erwachseneren" Aktivitäten übergewechselt, wie Cheerleading und Ausgehen mit Freunden.

Meine Einsamkeit wurde jedoch abgemildert, weil ich zu jener Zeit entdeckte, was es bedeutet, eine persönliche Beziehung zu Jesus Christus zu haben. Seit ich klein war, hatte ich von Jesus gehört, aber ich hatte nie verstanden, daß ich eine ganz persönliche Entscheidung für Jesus treffen mußte. In meinem Bemühen, Gott zu gefallen und ein guter Mensch zu sein, hatte ich mich der Jugendgruppe der *Shades Mountain Baptist Church* angeschlossen. Eines Sonntags fragte mich die Gruppenleiterin, ob ich eigentlich schon getauft sei. Ich sagte ihr, ich sei als Baby in der Gemeinde meiner Eltern getauft worden und hätte gedacht, ich sei dadurch „gerettet". Aber auch wenn ich Jesus liebte und seit meiner Kindheit von ihm sprach, hatte ich bis zu diesem Zeitpunkt in meinem Leben, als ich ihm mein Leben ganz bewußt übergab, nicht regelmäßig in der Bibel gelesen und gebetet. Ich hatte an seine Existenz geglaubt, an seine Güte und Liebe. Doch endlich war ich bereit, so bedingungslos an ihn zu glauben, daß ich ihm mein Leben und meine Zukunft anvertraute.

Ich erfuhr, daß es nicht ausreichte, einfach nur gut zu sein. Außerdem kannte ich meine Schwachpunkte, und es war ausgeschlossen, jemals so gut zu sein, daß ich vor einem vollkommenen und heiligen Gott bestehen konnte. Ich mußte aufhören, mich auf meine eigenen Bemühungen zu verlassen und anfangen darauf zu vertrauen, daß Jesus bereits alles für mich getan hatte.

In der Highschool brauchte ich einen übernatürlichen Freund an meiner Seite. Zwar stand ich einem Mädchen aus meiner Klasse, das die Gebärdensprache beherrschte, recht nahe, doch ansonsten fand ich dort nur wenige wirkliche Freunde. Wie schon früher saß ich in der Cafeteria mit Jugendlichen zusammen, die sich seit dem Kindergarten kannten. Ich versuchte, ihnen von den Lippen abzulesen, doch da sie alle gleichzeitig sprachen, bekam ich nur wenig von ihren Unterhaltungen mit. Ständig mußte ich fragen: „Was hat sie gesagt?", und ich nahm an, daß es meinen Klassenkameraden lästig war, alles für mich wiederholen zu müssen. Nach einer Weile gab ich auf und lachte einfach nur, wenn sie lachten und lächelte, wenn sie lächelten, auch wenn ich keine Ahnung hatte, worum es ging. Während sie sich über ihre Verabredungen, Hobbys, Clubs, Aktivitäten und das unterhielten, worüber Teenager eben so reden, träumte ich von Scheinwerferlicht und Spitzentanzschuhen.

Diese Angewohnheit, mich in mich selbst zurückzuziehen, habe ich nie abgelegt. Ich nehme an, diese Neigung ist darauf zurückzuführen, daß ich mich immer so verzweifelt danach gesehnt habe, wie alle anderen zu sein. Jeder, der schon einmal irgendwo ausgeschlossen worden ist, weiß, wie stark der Wunsch ist, dazuzugehören. Als gehörloser Mensch hat man sein Leben lang damit zu kämpfen.

Als ich einmal in meiner Klasse in der *Berry High* saß, hatte ich besonders mit Eifersucht zu kämpfen, als ich beobachtete, wie eines der beliebten Mädchen mit ihren Freundinnen lachte. In diesem Augenblick hätte ich alles dafür gegeben, den Platz mit ihr zu tauschen, aber ich wußte, daß ich es nicht konnte. Auch wenn ich niemals mein Ballett aufgegeben hätte, wäre ich doch gerne einmal Cheerleader gewesen oder irgend etwas anderes, das mir das Gefühl gegeben hätte, von allen akzeptiert zu sein und sogar bewundert zu werden. Es war sehr schwierig für mich, mich von dem Leben ausgeschlossen zu fühlen, das alle anderen zu führen schienen. *Eines Tages*, sagte ich zu mir selbst, *werde ich ihnen beweisen, daß ich doch jemand bin. Ich werde etwas finden, das besser ist als Beliebtheit, das herausragender ist als cheerleading...*

Manchmal war ich wütend. *Warum nehmen sie sich nicht die Zeit, meine Freundin zu sein? fragte ich mich. Warum sprechen sie nicht mit mir? Ich habe doch auch einen Verstand, ich kann von ihren Lippen ablesen, aber zuerst muß jemand mit mir sprechen!*

Doch selbst in meinem Ärger hatte ich das Gefühl, ihre Freundschaft nicht verdient zu haben. Ich sehnte mich nach etwas, das mich in ihren Augen akzeptabel machen würde. Und dann eines Tages blätterte ich ein altes Jahrbuch meiner Schule durch und stieß auf den

Teil der Aufzeichnungen, in dem die besten Leistungen der einzelnen Schüler vermerkt waren: die bestangezogensten, die sportlichsten, beliebtesten Schüler usw. Hier entdeckte ich auch das Bild der Mädchen, die an den jährlichen Schönheitswettbewerben der Schule teilgenommen hatten.

Mehr als alles andere wollte ich in irgendeinem Bereich die Beste sein. Meine Highschoolzeit näherte sich dem Ende, und ich hatte mich nur in einem Club engagiert, dem Junior Civitan Club. Aber ich wollte im Jahrbuch nicht nur auf einem Klassenfoto zu finden sein. Noch nach Jahren sollten die Leute auf mein Bild zeigen und sagen: „Ja, ich erinnere mich an sie. Das gehörlose Mädchen."

Da auch ich später einmal meinen Kindern etwas Besonderes zeigen wollte, beschloß ich, an einem Schönheitswettbewerb teilzunehmen – der Wahl der *Shelby County Junior Miss*. Auch wenn ich den Wettbewerb nicht gewann – immerhin wurde ich Zweite –, so war es dennoch eine gute Erfahrung für mich, weil sie mich aus meiner Isolation herausholte und mir half, Kontakt zu Mädchen meines Alters zu knüpfen.

Zum Pflichtprogramm des Wettbewerbs gehörte unter anderem eine Tanzdarbietung, und einige der Mädchen hatten Probleme mit den Schritten. Nur zu gern half ich ihnen beim Einstudieren. Ich war begeistert, mich nützlich machen zu können, und ich glaube, sie waren erstaunt, festzustellen, daß es durchaus möglich, sogar sehr leicht war, sich mit mir zu unterhalten. Ich nahm mir viel Zeit, ihnen zu helfen, und ihre Dankbarkeit stärkte mein Selbstwertgefühl in einer Weise, wie ich es noch nie erlebt hatte. Als dann am Abend der Miss-Wahl die Juroren bekanntgaben, daß ich den *Spirit Award* gewonnen hatte, ein Stipendium, das die Teilnehmerinnen untereinander vergaben, war ich so glücklich, als wäre ich das beliebteste Mädchen von einem Dutzend Schulen gewesen.

Nach der Miss-Wahl schwebte ich auf einer Wolke höchsten Glücks. Ich hatte nicht nur eintausendvierhundert Dollar für mein Studium am College gewonnen, sondern auch den Talentwettbewerb. Es war einfach herrlich, soviel Anerkennung für mein Tanzen zu bekommen. Mein Selbstwertgefühl stieg nun stetig an. Außerdem lernte ich, daß Gott einen eigenen Weg hat, seine Kinder zu loben. Das beliebteste Mädchen der Schule zu sein, war nicht sein Plan für mich. Er hatte etwas anderes für mich im Sinn.

Die Wahl der *Shelby County Junior Miss* erregte die Gemüter nur kurz. In unserer Schulzeitung wurde ein kleiner Artikel darüber veröffentlicht, und auch in der Lokalzeitung stand etwas über die Miss-Wahl, in dem mein zweiter Platz und auch mein Talent erwähnt wurde. Doch zu unserem Schulbezirk gehörten die Schüler von zwei Countys, dem *Shelby County* und dem *Jefferson County*, darum hatte nur noch ein anderes Mädchen von meiner Schule an demselben Schönheitswettbewerb wie ich teilgenommen. Die überwiegende Mehrheit der Mädchen meiner Schule hatte sich an der Wahl der *Miss Jefferson County* beteiligt, darum hatte ich nicht die Gelegenheit gehabt, einige von meinen Mitschülerinnen richtig kennenzulernen.

Wenn ich auch bei dem Schönheitswettbewerb neue Freundinnen kennengelernt hatte, in der Schule war ich genauso einsam wie immer. Mein Ziel hatte ich erreicht – als Teilnehmerin an einer Junior-Miss-Wahl würde mein Bild im Jahrbuch erscheinen, aber ich hatte noch immer kaum Freunde. Als meine Mutter in den Wochen nach der Miss-Wahl mein langes Gesicht sah, dachte sie, ich sei traurig, weil ich nicht Erste geworden war. Ich versicherte ihr, daß das nicht der Fall sei. Ich war nur einsam.

Wenn ich auch darauf vertraute, daß Gott einen liebevollen Plan für mein Leben hatte, so war es nicht immer leicht, geduldig darauf zu warten, daß er sich erfüllte. Wie alle anderen Teenager machte ich mir Gedanken – manchmal mehr, manchmal weniger –, weil die Jungen nicht gerade vor meiner Tür Schlange standen, um mit mir auszugehen. Wie vermutlich alle Mädchen in diesem Alter dachte ich, die Jungen würden nicht mit mir ausgehen, weil ich häßlich, dick und dumm sei, obwohl ich tief in meinem Innern eigentlich genau wußte, daß sie sich wegen meiner Behinderung nicht mit mir verabredeten. Es sah so aus, als wollten meine Mitschüler nur mit nichtbehinderten Gleichaltrigen zusammen sein, und in dieses Bild paßte ich ganz bestimmt nicht hinein.

Trotzdem bescherte mir die Junior-Miss-Wahl eine unerwartete Verabredung. Kein Junge von der *Berry High* hatte mich je gebeten, mit ihm auszugehen – ich weiß nicht, ob sie Angst vor meiner Gehörlosigkeit hatten oder ob sie meine Schüchternheit verwirrte, doch nach der Junior-Miss-Wahl und den nachfolgenden Zeitungsartikeln hatte ich zwei Verabredungen mit hörgeschädigten Jungen. Die erste Verabredung wurde von der Schwester des jungen Mannes arrangiert, und ich wurde vor Verlegenheit ganz rot, als ich erfuhr, daß ich ihn abholen sollte. Ich fuhr nur hin, weil ich seine Gefühle nicht verletzen wollte, doch dieser Abend war nicht im mindesten so romantisch, wie ich es mir von meiner ersten Verabredung vorgestellt hatte. Wo war der Ritter auf dem weißen Pferd, der mit mir davonjagen würde? Ich konnte ihn nirgendwo entdecken.

Danach bat mich ein gehörloser Footballspieler von einer anderen Schule, der von mir in einem der Zeitungsartikel gelesen hatte, mit ihm auszugehen. Er war ein netter junger Mann, aber er war nicht der Richtige für mich, darum verabredeten wir uns danach nicht mehr.

Als sich meine Highschoolzeit schließlich dem Ende näherte, hatte ich noch keine Verabredung für das wichtigste Ereignis der Schulzeit, den Ball der Abschlußklasse. Im vorherigen Jahr hatte ich während des Balles zu Hause gesessen, doch ich war entschlossen, das große Ereignis in diesem Jahr nicht zu versäumen, da ich später meinen Kindern so gern von diesem zauberhaften Abend erzählen wollte. Der Abend des Balls rückte immer näher, und niemand lud mich ein. Schließlich fragte ich meine Mutter um Rat. Sie riet mir, selbst die Initiative zu ergreifen.

Also ging ich ins Schulbüro und fragte die Sekretärin, die ich recht gut kannte: „Kennen Sie einen netten gläubigen Jungen, mit dem ich zum Ball gehen könnte?" Sie grinste und schlug mir einen schüchternen rothaarigen Jungen mit Namen David Bush vor.

Später begegnete ich ihm in der Pausenhalle. Ich nahm all meinen Mut zusammen und ging vorsichtig auf ihn zu.

„David", sagte ich, während ich sein Gesicht aufmerksam beobachtete, „gehst du auch zum Ball?"

„Nein, ich gehe nicht", antwortete er zurückhaltend.

Das war gut. Er war nicht davongelaufen, und ich war nicht in Ohnmacht gefallen. „Ich auch nicht", fuhr ich fort und brachte ein nervöses Lächeln zustande. „Aber ich würde gern mit einem Freund hingehen. Hättest du Lust, mich zu begleiten?"

Der arme David wurde rot wie eine Tomate, und er tat mir richtig leid. Ich dachte, ich hätte ihn in Verlegenheit gebracht, weil er wegen meiner Gehörlosigkeit nicht mit mir zum Ball gehen wollte, aber später wurde mir klar, daß er einfach nur sehr schüchtern war. Er atmete tief durch und nahm meine Einladung an. Wir lächelten beide, und ich schlug vor, daß wir, um Geld zu sparen, das obligatorische gemeinsame Mittagessen vor dem Ball auslassen könnten, doch ein paar Tage später fragte mich David, ob ich mit ihm essen gehen wollte. Ich war angenehm überrascht und nahm seine Einladung an.

Ich war sehr aufgeregt wegen des Balles, aber es gab noch etwas, über das ich vorher mit David sprechen wollte. An diesem Abend schrieb ich ihm einen kurzen Brief:

> *David, es gibt etwas, das Du wissen solltest. Ich habe die wichtigste Entscheidung in meinem Leben getroffen und Jesus Christus als meinen Erlöser angenommen. Ich habe Gott versprochen, an diesem Abend nichts zu tun, was ihm nicht gefallen würde. Mein Leben und meinen Körper habe ich Gott geweiht. Ich werde warten, bis ich mein Eheversprechen abgelegt habe. Ich möchte den Ball genießen und ihn mir nicht durch eventuelle Unstimmigkeiten verderben lassen. Ich hoffe, Du verstehst meine Empfindungen, David. Wirst Du mir helfen, mein Versprechen an Gott zu halten?*

Bevor ich David diesen Brief gab, betete ich, Gott möge ihm helfen zu verstehen, wie wichtig mir Jesus Christus war. Und David verstand mich tatsächlich.

Meine ganze Familie half mir bei den Vorbereitungen für dieses besondere Ereignis. Meine Großmutter Whitestone und Tante Gloria gingen mit mir ein Kleid kaufen, und ich war begeistert von meinem neuen fuchsiaroten Paillettenkleid, meinem ersten Abendkleid.

Meine Tante Stephanie gab mir gute Ratschläge in bezug auf mein Verhalten an diesem ganz besonderen Abend. Sie schlug vor, ich sollte David einen Gutenachtkuß geben. „Nur einen flüchtigen Kuß auf die Wange, um ihm dafür zu danken, daß er dich respektvoll behandelt hat", sagte sie und hob frustriert die Hände, als ich darauf bestand, ich würde bei der ersten Verabredung keine Küsse verteilen.

Doch am Ende des Abends beugte ich mich, wenn auch mit zitternden Knien, vor und gab David einen flüchtigen Kuß auf die Wange. David wurde so rot wie eine Tomate – und ich verschwand schleunigst im Haus.

Mein Mann John neckt mich gern mit dieser Geschichte – ihn ließ ich sechs Monate warten, bevor ich ihm einen Kuß gab, und auch dann bekam er nur einen Kuß auf die Wange! Aber ich habe ihm erklärt, daß ich zuerst sicher sein mußte, daß er wirklich mich mochte und nicht die *Miss America!*

Der Ball fand im Mai 1991 statt. Sobald die Aufregung danach abgeklungen war, konzentrierte ich mich wieder auf mein Tanzen. Im Juni sollte die Wahl der *Miss Deaf Alabama* (der Gehörlosen *Miss Alabama*) stattfinden, und ich mußte noch proben, planen und trainieren.

Mir war klar geworden, daß ich bei Schönheitswettbewerben Bekanntschaften schließen und Geld verdienen konnte. Ein Schönheitswettbewerb könnte meinen Traum in Erfüllung gehen lassen, so dachte ich.

☆ Auf dem Weg nach Atlantic City

Tagebucheintrag vom 29. November 1989:

Mit Gott ist alles möglich. Heute abend habe ich einen Film mit dem Titel „Prancer" gesehen. Das Mädchen im Film glaubte an den heiligen Nikolaus und sein Rentier „Prancer". Da ihre Freunde nicht daran glaubten, wurde dieses Mädchen böse und sagte ihnen, daß nichts unmöglich sei. Sie rettete Prancer und brachte zudem ihre auseinandergebrochene Familie wieder zusammen.

Ich weiß, daß dies eine erfundene Geschichte ist, aber nichts ist unmöglich. Wenn ich tanze, obwohl ich nicht hören kann, höre ich „stille" Musik in meinem Herzen. Ich bin fest davon überzeugt, daß diese stille Musik von Gott kommt. Danke, lieber Gott, daß du mir stille Musik geschenkt hast . . .

Was ist stille Musik? Ich denke, es ist die Musik, die ich durch mein Hörgerät höre und durch meine Phantasie verstärke. Aber warum sollte man etwas so Wundervolles in Worte fassen? Helen Keller sagte einmal: „Man sollte sich niemals damit zufriedengeben zu kriechen, wenn man den Drang hat zu schweben." Als Kind wollte mein Geist schweben, und mein Hörgerät ermöglichte es mir, Melodien, Rhythmus und Harmonien zu unterscheiden. Dies, zusammen mit meinem Drang zu tanzen, zu springen und zur Musik zu schweben, ließ mich stundenlang Pirouetten drehen.

Ich war Gott sehr dankbar für sein Geschenk der stillen Musik. Noch während meiner Highschoolzeit nahm ich in den Sommerferien in Jackson, Mississippi, an einem Workshop teil, der von einer christlichen Tanzgruppe, dem *Ballet Magnificat*, veranstaltet wurde. Zwei Wochen verbrachte ich mit diesen leidenschaftlichen Tänzerinnen und Tänzern und schloß während dieser Zeit viele Freundschaften. Sie wollten, genau wie ich, Gott durch ihren Tanz anbeten. In ihrer Gesellschaft fühlte ich mich wie ein ganz normales Mädchen. Das Ballett hatte uns zusammengebracht, und in diesen zwei Wochen konnte ich meine Behinderung beinahe vergessen.

Als ich nach Hause kam, erzählte ich meiner Mutter, ich hätte den Eindruck, Gott wolle, daß ich dem *Ballet Magnificat* als Berufstänzerin beitrete. Wenn es nach mir gegangen wäre, hätte ich mich sofort nach meinem Highschoolabschluß dieser Gruppe angeschlossen, aber meine Eltern waren der Meinung, eine fundierte Ausbildung müsse an erster Stelle stehen. Doch das College kostete Geld.

Wir brauchten finanzielle Hilfe, und die Stipendien, die durch die Miss-Wahlen vergeben wurden, schienen eine gute Lösung für unsere finanziellen Probleme zu sein. Immerhin hatte ich bei der Wahl der *Junior Miss Shelby County* eintausendvierhundert Dollar gewonnen. Da ich bei der Junior-Miss-Wahl beim Talentwettbewerb gut abgeschnitten hatte und das Feld der Konkurrentinnen bei der *Miss Deaf Alabama* kleiner sein würde, war ich ziemlich sicher, gute Chancen auf den Titel zu haben. Diese Erfahrung würde mir guttun und mir vielleicht den Weg zu ähnlichen Veranstaltungen öffnen.

Die Wahl der Miss Deaf Alabama

Ich konnte es kaum erwarten, wieder in einen Wettkampf einzutreten, doch auf die Wahl der *Miss Deaf Alabama* freute ich mich noch aus ganz anderen Gründen als damals auf die Wahl der *Junior Miss Shelby County*. Die Zeit am CID hatte ich derart genossen, daß ich es kaum erwarten konnte, wieder unter gehörlosen Menschen zu sein. Als meine Mutter und ich zur Miss-Wahl in der Gehörlosenschule in Talledega aufbrachen, blickte ich sie an und grinste. „Ich fühle mich in der Welt der Hörenden immer ausgeschlossen", sagte ich. „Jetzt wirst du verstehen, wie ich mich fühle. Du wirst dich bestimmt in der Welt der Gehörlosen ausgeschlossen fühlen, weil du die Gebärdensprache nicht kennst."

Ich war ein wenig schadenfroh, weil ich wirklich der Meinung war, daß nicht einmal meine engsten Familienangehörigen verstehen konnten, wie ich mich selbst bei Treffen im kleinsten Familienkreis fühlte. Wenn sich die Familie zum Festessen um den Tisch versammelte, kam ich mir immer betrogen vor – stets verpaßte ich die neusten Neuigkeiten. Es war kaum anders als in der Schule. Ich hatte es satt, ständig zu fragen: „Warum lacht ihr alle?" Immer fühlte ich mich wie ein kleines Mädchen, das einen anderen am Ärmel zupft und fragt: „Würdest du das bitte wiederholen, damit ich deine Lippen sehen kann?" Deshalb nahm ich mir bei solchen Gelegenheiten häufig ein Buch oder setzte mich mit meinem kleinen Cousin Trey vor den Fernseher. Sogar im kleinsten Familienkreis kann eine einfache Kommunikation für einen gehörlosen Menschen sehr frustrierend sein.

Deshalb wollte ich unbedingt, daß meine Mutter am eigenen Leibe erfuhr, wie isoliert und einsam ich mich ständig fühlte. Aber es sollte anders kommen. Als wir den Campus der *Alabama School for the Deaf* erreichten, erkundigten wir uns nach unserem Zimmer. Ich benutzte die Gebärdensprache, die ich gelernt hatte – die englische Gebärdensprache –, doch der gehörlose Mann, den ich angehalten hatte, konnte mich nicht verstehen. Die meisten gehörlosen Menschen verwenden die amerikanische Gebärdensprache, die eine vollkommen andere Grammatik hat.

Da hatte ich meiner Mutter nun erzählt, wie isoliert sie sich vorkommen würde, und ich konnte mich nicht einmal in der Gehörlosensprache verständlich machen! Der Mann versuchte, meine Frage zu beantworten, indem er eine Kombination von Zeichen und Gesten verwandte, und meine Mutter verstand seine Gesten und seine Körpersprache sehr viel besser als ich! Sie dankte ihm und wies mir den Weg, und ich war unsagbar frustriert. Aus dieser kurzen Begegnung hätte ich eigentlich etwas lernen sollen – diese Miss-Wahl würde durchaus nicht so verlaufen, wie ich sie mir vorgestellt hatte.

Schon bald lernte ich die sechs anderen Mädchen kennen, die mit mir zusammen an der Miss-Wahl teilnahmen. Die Mädchen waren ganz anders als meine Klassenkameradinnen am CID. Sie konnten nicht sehr gut sprechen und betrachteten mich als Außenseiter.

Eines der Mädchen, das sich mit mir bereits zuvor einmal unterhalten hatte, fragte mich, warum ich meine Mutter mitgebracht hätte. „Sie gehört nicht hierher", sagte sie mir ganz offen. Verärgerung blitzte in ihren Augen auf. „Sie kann hören, und dies ist die Welt der Gehörlosen."

Damals konnte ich nicht verstehen, warum sie so wütend war, doch jetzt, glaube ich, kann ich es. Einige der Schüler waren von ihren hörenden Familien in diese Gehörlosenschule gebracht worden, als sie noch sehr klein waren. Und diese Familien bemühen sich nicht im geringsten, die Gebärdensprache zu erlernen. Ich fürchte, sehr viele dieser gehörlosen Kinder wachsen in dem Glauben auf, daß hörende Menschen die Gehörlosen nicht mögen. Als ich in die blitzenden blauen Augen dieses Mädchens blickte, erkannte ich plötzlich, daß meine eigenen Gefühle im Vergleich zu der Wut dieses Mädchens unbedeutend waren, wenn ich mich auch häufig ausgeschlossen fühlte! Manche dieser Schüler waren vollkommen von ihrer Familie abgeschnitten, nicht nur durch die räumliche Entfernung, sondern auch, weil sie sich nicht miteinander unterhalten konnten.

Noch vor dem Ende dieses ersten Abends wußte ich, daß ich diese Miss-Wahl niemals gewinnen würde. Die meisten Mädchen hatten sich beim Talentwettbewerb für Musik eingetragen, aber ihre Bewegungen waren einfach und von der Melodie losgelöst. Ich war die einzige, die Ballett tanzte, und für die, die die Musik nicht durch ihre Ohren und in ihren Herzen hören konnten, muß das Ganze wohl ... ziemlich sinnlos gewirkt haben.

Der Teil, der das Auswahlgespräch der Miss-Wahl beinhaltete, verlief katastrophal. Alle Juroren bedienten sich der amerikanischen Gebärdensprache, und ich konnte sie nicht verstehen. Das Vokabular der amerikanischen Gebärdensprache ist begrenzt, sehr viel kleiner als das der gesprochenen Sprache. Außerdem geben die Sprecher nur Gedanken und keine ganzen Sätze weiter. Da stand ich nun und versuchte, jedes Wort sorgfältig in der englischen Gebärdensprache zu vermitteln – bei der die genaue englische Grammatik verwendet wird und das Vokabular sehr viel umfangreicher ist –, also starrten mich die Juroren verständnislos an und runzelten die Stirn.

Ich war durchaus nicht verärgert, als ich sah, wie die Dinge liefen. Ein Grund dafür war sicher auch, daß bei dieser Miss-Wahl keine

Stipendien vergeben wurden. Und es kam für mich auch nicht über-raschend, daß ich nicht gewann und mich nicht einmal plazierte. Nach der Miss-Wahl dankte ich meiner Familie und meinen Freun-den für ihre Unterstützung und ging mit den anderen Mädchen in eine Pizzeria zum Essen.

Ich hatte gehofft, wir könnten Freunde werden, statt dessen brachte mich ihr Verhalten in Verlegenheit. Da sie nicht sprechen und sich normal hörenden Menschen nicht verständlich machen konnten, wollten sie dem Kellner im Restaurant unbedingt über die Gebärden-sprache klarmachen, was sie bestellen wollten. Sie hätten es ihm ein-fach auf der Speisekarte zeigen können, aber sie beharrten darauf, ihre Bestellung über die Gebärdensprache aufzugeben, und sie wurden richtig ärgerlich, als der Kellner sie nicht verstehen konnte. Mir gefiel nicht, wie respektlos sie ihn behandelten, und ich erklärte dem Kellner schließlich, was sie haben wollten. Sofort starrten mich alle empört an.

Für den Rest des Abends war ich eine unerwünschte Person an die-sem Tisch. Die Mädchen ignorierten mich vollkommen. Ich hatte das Gefühl, mich wieder in der Cafeteria in der Highschool zu befinden, nur daß die Mädchen, die meinen Blick mieden, sich nun über Gebär-densprache verständigten und nicht laut sprachen. Ich hatte ihnen den Spaß und ihre *Rache* an der hörenden Welt gründlich verdorben.

Mir kam die atemberaubende Erkenntnis, daß ich, ein gehörloses Mädchen, von gehörlosen Menschen diskriminiert wurde! Nur weil ich sprechen und meine Familie hören konnte, weil ich Ballett tanzte und die englische Gebärdensprache beherrschte, waren sie der Mei-nung, ich würde nicht in die Kultur der Gehörlosen hineinpassen, ich sei gar keine *richtige* gehörlose Person.

Ich hatte mich der hörenden Welt immer entfremdet gefühlt.

Und nun hatte ich das Gefühl, daß ich auch nicht in die Welt der Gehörlosen paßte.

Wer bin ich?

Meine Mutter und ich fuhren wieder nach Hause und führten wie gewohnt unser Leben fort, doch diese Miss-Wahl hinterließ ein uner-klärliches Gefühl der Leere in mir. Immer wieder betete ich: „Gott, wer bin ich? Gehöre ich zu den Hörenden oder zu den Gehörlosen? Warum muß ich mein ganzes Leben allein sein?" Ich war einerseits unglaublich traurig, aber auch sehr wütend. Negative Gedanken bedrängten mich wo ich ging und stand. Ich wollte nicht mehr in Einsamkeit weiterleben. Wir Menschen sind auf Gesellschaft angelegt, wir brauchen einander. Sogar Gott ist eine Dreieinigkeit . . .

Václav Havel hat einmal gesagt: „Es gibt Zeiten, wo wir bis zum Grund unseres Elends hinuntersinken müssen, um die Wahrheit zu verstehen, so wie wir bis zum Grund eines Brunnens hinuntersteigen müssen, um die Sterne im hellen Tageslicht zu sehen." Ich sank so tief, wie es tiefer nicht mehr ging, und eine Zeitlang war ich gar nicht sicher, ob ich weiterleben wollte. Die Zukunft erschien mir dunkel und hoffnungslos, die Vergangenheit als vergeudete Mühe.

Aber Gott zog mich vom Abgrund der Verzweiflung zurück, indem er mich dazu brachte, in der Bibel zu lesen. Wenn ich mich auch von der Welt isoliert fühlte, so las ich, was Jesus zu dem zweifelnden Thomas gesagt hat: „Selig sind, die nicht sehen und doch glauben!" Als ich das las, wurde mir klar, daß niemand Jesus sehen oder hören kann; *alle* müssen ihn spüren und seine Stimme in ihren Herzen hören. In Gottes Augen gab es keinen Unterschied zwischen mir und den anderen. Wie beruhigend! Stundenlang zog ich mich in mein Zimmer zurück, las in der Bibel und hörte auf die Stimme Gottes.

Und ich hörte sie. Nicht hörbar natürlich, aber genau so, wie ich die Musik in meinem Herzen hörte. Und Jesus versicherte mir, daß er mich liebte und mich nicht anders behandeln würde als alle anderen. Seine Liebe bestätigte mir, daß ich von ihm angenommen war. Ich suchte Trost in meiner Bibel und fand Frieden in der Liebe Gottes. Wenn ich meinen Platz in dieser Welt auch noch nicht gefunden hatte, so hatte ich doch die Gewißheit, daß mein Leben in Gottes Händen lag.

Als ich anfing, Gottes Stimme in meinem Herzen und in seinem Wort zu hören, öffnete sich mir eine vollkommen neue Welt. Eines Abends sah ich hinauf zum Sternenhimmel und bemerkte, daß alle Sterne anders aussahen. Später entdeckte ich, daß es in der Bibel heißt, die Sterne hätten einen anderen Glanz als die Sonne und der Mond, „denn ein Stern unterscheidet sich vom anderen durch seinen Glanz" (1. Korinther 15,41). Gott ist so groß, daß er die Sterne zählen kann und sie sogar bei ihrem Namen kennt (Psalm 147,4)!

Das ist für mich unheimlich tröstlich. So wie Gott die Sterne beim Namen kennt, kennt er auch jeden von uns Menschen. Gott hat jeden von uns mit unendlich vielen Eigenschaften geschaffen, die uns zu einem einzigartigen Individuum machen und durch die wir uns von jedem anderen Menschen unterscheiden, der je gelebt hat. Wir haben unterschiedliche Talente, Fähigkeiten, Persönlichkeiten, Vorlieben und Abneigungen; wir sind alle Produkte verschiedener Umstände – unterschiedlicher Familien, Nationen, Rassen, Kulturen und Zeiten. Und doch kennt Gott uns besser, als wir selbst uns kennen. Er weiß, welche Fähigkeiten wir haben, und er hält eine herrliche und doch *realistische* Zukunft für jeden von uns bereit.

Während ich in der Stille meines Zimmers in der Bibel las, erkannte ich, daß meine positive Haltung – von der im Augenblick leider nichts mehr zu spüren war – nicht ausreichte, um Erfolg zu haben. Ich würde mir auch über meine Fähigkeiten und Grenzen klarwerden und meinen Blick auf einen realistischen Traum richten müssen. Was konnte ich werden? Was konnte ich mit meinem Leben anfangen? Ich hatte keine Ahnung, aber ich beschloß, Gott zu vertrauen und auf seine Antworten zu warten.

Jemand hat einmal gesagt: „Wenn wir an den Rand des Lichtkegels treten und uns hinaus in die Dunkelheit des Unbekannten wagen, müssen wir ganz fest daran glauben, daß dort ein sicherer Boden sein wird, auf dem wir stehen können, oder daß wir lernen zu fliegen." Dieser Satz beschreibt sehr gut meine Gefühle der damaligen Zeit.

Ich wußte nicht, wo oder wie ich in diese Welt hineinpassen würde. Aber Gott gefiel es ganz sicher, wenn ich meine Eltern ehrte, indem ich mich ihren Wünschen beugte und eine Ausbildung anstrebte. Das Tanzen war, was Gott für mich vorgesehen hatte – denn schließlich hatte er die Sehnsucht in mich hineingelegt, ihn durch mein Tanzen zu ehren. Also mußte ich nur Gott vertrauen und den Mut nicht verlieren. Ein Traum ist gleichbedeutend mit einer Reise, und wenn ich auch nicht sicher war, wohin mich diese Reise bringen würde, so rechnete ich doch fest damit, daß Gott mir einen Weg zeigen würde. Und wenn der Weg vor meinen Augen verschwinden würde, so würde ich halt das Fliegen lernen.

Eines war mir nun ganz klargeworden – ich wollte der Welt der Hörenden angehören, und meine Familie und Lehrer hatten sich mit mir soviel Mühe gegeben, daß ich in dieser Hinsicht recht zuversichtlich war.

Während ich mich noch von der Erfahrung mit den gehörlosen Kandidatinnen für die Miss-Wahl erholte, setzte sich meine Mutter einmal neben mich und sagte: „Heather, ich habe dich in meiner Welt behalten, weil ich dich so sehr liebe. Du gehörst zu unserer Familie. Du bist ein Teil von uns, du gehörst nicht zur Welt der Gehörlosen."

Ihre Worte waren mir eine große Hilfe.

Jacksonville State University

Nachdem ich die Schule abgeschlossen hatte, beschloß ich, an die *Jacksonville State University* (JSU) in Jacksonville, Alabama, zu gehen. Dort wurde ein besonderes Programm angeboten, das es gehörlosen Studenten ermöglichte, den regulären Unterricht zu besuchen. Voraussetzung war jedoch, daß ein Gebärdenspracheübersetzer an meinem Unterricht teilnahm. Weil auch ich in den Seminaren immer einen Übersetzer neben mir hatte, mußte ich bald feststellen, daß meine hörenden Kommilitonen, die auch die Gebärdensprache beherrschten, davon ausgingen, sie sei mein bevorzugtes Kommunikationsmittel.

Ich jedoch haßte es, mich auf diese Weise zu unterhalten.

Verstehen Sie mich bitte nicht falsch. Es gibt Zeiten, wo ein Übersetzer sehr wichtig ist. Aber wenn sich ein gehörloser Mensch auf ihn verläßt, wird dieser Übersetzer zu einem weiteren Hindernis zwischen ihm und der Welt der Hörenden. Ich stellte außerdem fest, daß die Leute, wenn ich mit meinem Übersetzer unterwegs war, sich mit ihm unterhielten, als sei ich überhaupt nicht anwesend. Sie sagten zum Beispiel: „Fragen Sie sie bitte, ob sie irgend etwas braucht", anstatt mich persönlich anzusprechen. Nicht daß ich die Gebärdensprache an sich nicht mag, ich wünschte mir nur, daß die Leute direkt mit mir sprachen.

Zu meinen Zielen im Leben gehört es deshalb, daß ich der Welt zeige, daß auch gehörlose Menschen Individuen sind. Marlee Matlin und Helen Keller haben sich durch die Gebärdensprache hervorgetan. Aber nicht alle gehörlosen Menschen können sich nur auf diese Art verständlich machen. Ich zum Beispiel kann sprechen, und das ist ein wichtiger Teil meiner Persönlichkeit. Ich möchte allen Hörenden zeigen, daß es auch einige gehörlose Menschen gibt, die sprechen und nicht nur über die Gebärdensprache kommunizieren können.

Doch was hat der Beginn meines Studiums an der Universität von Jacksonville mit meiner Reise nach Atlantic City und dem dortigen Wettbewerb zur *Miss America* zu tun, werden Sie sich jetzt sicher fragen. Nun, eine ganze Menge, denn bereits während meines ersten informativen Besuches in Jacksonville fielen mir im Sekretariat der Uni die Fotos von vier außergewöhnlich hübschen jungen Frauen ins Auge. Die Sekretärin folgte meinem Blick und erklärte mir, daß diese Frauen, Studentinnen der JSU, *Miss Alabama* geworden waren.

„Das hier", sagte sie und deutete auf das Foto einer besonders hübschen Frau, „ist Teresa Strickland, die Frau, die Sie herumführen wird. Sie ist nicht nur *Miss Alabama* geworden, sondern hat auch den zweiten Platz bei der Wahl der *Miss America* belegt."

Wow, sie ist so hübsch! dachte ich. *Diese Frau ist wirklich etwas Besonderes.* Teresa Cheatham Strickland sah wirklich aus wie ein Model, und ich konnte es kaum glauben, daß sie es sein würde, die mir die JSU zeigen wollte. Ihre Bescheidenheit beeindruckte mich. Sie war zwar sehr hübsch und charmant, doch sie strahlte auch einen inneren Frieden und eine besondere Ruhe aus.

Ich konnte es kaum erwarten, im Herbst 1991 mein Studium an der *Jacksonville State University* zu beginnen. Ich war begeistert, endlich studieren zu können! Alle meine Lehrer gefielen mir sehr gut. Sie waren überaus hilfsbereit. Ich nehme an, sie waren daran gewöhnt, gehörlose Studenten in ihrem Unterricht zu haben, denn sie wußten, daß auch gehörlose Studenten durchaus in der Lage waren, ihr Studium erfolgreich abzuschließen.

Die erste Woche meines Studiums war sehr anstrengend. Ich wußte nicht, welche Gangart ich einlegen sollte. Für mich war es ein enormer Druck, vollkommen unabhängig und selbst für meine Ausbildung, meine Gesundheit, meine Beziehungen und mein Ballettraining verantwortlich zu sein. An der Uni würde ich größere Freiheit haben als in der Highschool, doch wie sollte ich mit ihr umgehen? Wie sollte ich nur das riesige Arbeitspensum schaffen?

Obwohl ich alles daransetzen wollte, mein Studium erfolgreich zu absolvieren, plagten mich auch Unsicherheit und Zweifel. Ich hatte keine Ahnung, ob ich die Uni überstehen würde. Eines Nachmittags, nachdem ich gerade extrem viele Aufgaben aufbekommen hatte, mußte ich einige Tränen unterdrücken. Ich war todmüde, weil ich fast die ganze Nacht wachgelegen und mir Gedanken darüber gemacht hatte, was der kommende Tag bringen würde. Ich konnte einfach nicht aufhören, mir Sorgen zu machen. War es nicht doch ein Fehler gewesen, die Uni einer Mitarbeit beim *Ballet Magnificat* vorzuziehen? Vielleicht hätte ich aber auch lieber das Gallaudet besuchen sollen, Amerikas führende Universität für Gehörlose. Vieleicht gehörte ein gehörloses Mädchen doch nicht in eine Uni, an der nur Hörende studierten . . .

Doch nach der ersten Woche ließ der innere Druck etwas nach. Ich stellte fest, daß meine Lehrer bereit waren, mir jederzeit zu helfen, wenn ich sie darum bat. Algebra gefiel mir von allen meinen Fächern am besten – Mathematik war schon immer mein Lieblingsfach gewesen –, und ich brauchte auch niemanden, der in diesem Fach für mich mitschrieb, weil alle Aufgaben im Lehrbuch standen. Das Leben im Wohnheim dagegen war sehr anstrengend – mein Hörgerät verstärkte auch das kleinste Geräusch, deshalb fiel es mir schwer, mich auf das Lernen zu konzentrieren. Außerdem war es seltsam, plötzlich mit einer Zimmerkollegin zusammenzuwohnen, nachdem ich zu Hause ein eigenes Zimmer gehabt hatte.

Da ich entschlossen war, mir in allem große Mühe zu geben, begann ich, mich um Bekanntschaften zu bemühen. Meine Mutter und Tante Stephanie hatten während ihrer eigenen Studienzeit einer weiblichen Studentenverbindung angehört und mir erklärt, welche Vorteile die Mitgliedschaft in einer solchen Organisation haben kann. Meine Mutter war damals Mitglied der ZTA gewesen, aber diese Gruppe hatte sich in den vergangenen Jahren sehr verändert, so daß ich nicht den Eindruck hatte, daß dies das richtige für mich war.

Sie sehen, damals wußte ich noch nicht, was die Zukunft mir bringen würde, aber ich glaubte an Gottes Traum, den er für mich hatte und wollte nichts tun, das meiner Zukunft schaden konnte. Meine größte Sorge galt dem Alkohol. Ich hatte schon häufig gehört, daß das Image bekannter Persönlichkeiten durch ihr Verhalten unter Alkoholeinfluß großen Schaden genommen hatte. Keinesfalls wollte ich von Gottes Weg abkommen. Und schließlich konnte alles mögliche passieren, wenn ich selbst Alkohol trank oder mich in der Nähe von Menschen aufhielt, die Alkohol tranken.

Ich sah mich deshalb bei allen Studentenverbindungen an der JSU um und stellte immer nur eine Frage: „Ist es den Mädchen erlaubt, bei ihren Veranstaltungen Alkohol zu trinken?" Nur bei einer Organisation bekam ich ein „Nein" zur Antwort: bei der *Alpha Omicron Pi*. Ich bewarb mich und wurde sofort in einen Strudel von Aktivitäten hineingezogen.

In dieser Verbindung lernte ich Denise kennen, ein talentiertes, intelligentes Mädchen, das seit zwei Jahren an der JSU studierte. Denise und ich besuchten gemeinsam die *First Baptist Church*, und mir gefielen die Gottesdienste dort sehr gut. Ich saß dort stets in der ersten Reihe vor einem Übersetzer für Gehörlose und konnte so jedes Wort des Pastors verstehen.

Dort lernte ich auch einen ganz besonderen Freund kennen, Fred Bueto, einen sehr lieben und gläubigen jungen Mann.

Doch für alle Dinge, die ich zu erledigen hatte, hatte der Tag einfach nie genügend Stunden. Ende November beschloß ich deshalb, meinen Aufnahmeantrag in die Verbindung zurückzuziehen. Durch meine Freundschaft mit Denise und Fred arbeitete ich aktiv bei der *Baptist Campus Ministry* (Studentenorganisation der Baptisten) mit und hatte einfach nicht die Zeit, neben dem Studium und dieser Arbeit auch noch an den Aktivitäten von *Alpha Pi* teilzunehmen. Aber zu diesem Zeitpunkt wußte ich noch nicht, daß noch andere, sehr viel zeitaufwendigere Aktivitäten auf mich warteten.

Es gibt immer eine Möglichkeit

Welchen Traum Sie auch immer vor Augen haben, der Weg zu seiner Erfüllung wird Ihnen durch Hindernisse verbaut werden. Ohne den Wind, der Ihre Segel bläht, und den Strom, der Ihr Schiff vorantreibt, werden Sie auf der Stelle treten! Um letztlich Erfolg zu haben, müssen Sie das Hindernis, das Ihnen im Weg steht, verstehen und es dann zu Ihrem Vorteil nutzen. Finden Sie also heraus, in welcher Hinsicht Sie durch dieses Hindernis stärker werden können. Lernen Sie daraus. Beginnen Sie, zu wachsen.

Meine Begegnung mit Teresa Strickland schon vor Beginn meines Studiums hatte zwar meine Gedanken auf die Wahl der *Miss Alabama* gelenkt, doch erst im September 1991 kam mir die Idee, auch an der Wahl zur *Miss America* teilzunehmen. Ich war übers Wochenende nach Hause gefahren und verfolgte dort im Fernsehen die Übertragung der Wahl zur *Miss America* in Atlantic City. An diesem Abend gewann Carolyn Sapp den Wettstreit. Sie war die erste *Miss Hawaii*, die die Krone errang.

Die erste. Diese Worte stachelten meine Phantasie an.

Während die letzten Musikakkorde verklangen und die neugekrönte *Miss America* unter donnerndem Applaus von der Bühne abging, wandte ich mich an meine Mutter. „Ich möchte auch eine solche Chance haben", sagte ich. „Ich möchte im Fernsehen Ballett tanzen. Vielleicht wird jemand von einer Ballettgruppe oder einer Universität mit Schwerpunkt Ballett auf mich aufmerksam. Und ich könnte vielleicht ein Stipendium gewinnen . . ."

„Heather", unterbrach mich meine Mutter, „an solchen Miss-Wahlen können nur reiche Mädchen teilnehmen. Das kostet eine Menge Geld."

„Das kann doch nicht sein", widersprach ich. „Die Kandidatinnen sind doch alles Mädchen, die ein Stipendium brauchen, wie können sie also viel Geld haben?"

Aus mir sprach die Stimme der Unerfahrenheit! Meine Mutter hatte recht; alle Miss-Wahlen kosten Geld. Eine Kandidatin muß Kleider kaufen und sich einen Coach suchen, der ihr bei ihrer Talenteinlage und der Vorbereitung auf das Gespräch mit den Juroren hilft. Außerdem muß sich eine Kandidatin in den verschiedensten Bereichen sozial engagieren, und natürlich müssen alle Reisekosten selbst getragen werden. Einige Mädchen suchen sich außerdem eine Kosmetikerin, die sie bei der Auswahl ihrer Kleidung berät, ihr mit dem Make-up, der richtigen Ernährung und der Gymnastik hilft.

Ich hatte gerade die erste steife Brise des Widerstandes zu spüren bekommen – das liebe Geld.

Für eine durchschnittliche Mittelklassefamilie wie unsere waren Miss-Wahlen, selbst auf regionaler Ebene, sehr teuer. Aber meine Mutter erkannte, wie sehr ich auf meinen Traum vom Tanzen fixiert war und half mir, wo sie nur konnte. Sie nahm eine weitere Stelle an, und in dem Jahr, in dem ich aktiv kandidierte, hatte sie sogar drei Jobs.

Wir versuchten zu sparen, wo es nur ging. Ich fragte zum Beispiel andere Mädchen, ob ich mir ihre Kleider leihen könnte. Die meisten taten das nur sehr ungern, und ich muß zugeben, daß ein geliehenes Kleid wirklich nicht ideal ist. Viele der Kleider, die ich anprobierte, standen mir nicht besonders gut – sie waren einfach nicht für mich geeignet. Einige waren zu tief ausgeschnitten; darin fühlte ich mich nicht wohl. Andere waren wieder zu hoch geschlossen. In jenen Jahren waren perlenbestickte Kleider modern, aber die gefielen mir nicht besonders.

Da Stacey einen sehr guten Geschmack hat, half sie meiner Mutter und mir beim Einkaufen der notwendigen Kleider, Badeanzüge und aller anderen Utensilien. Bei meiner ersten Miss-Wahl, der *Miss St. Clair*, fanden Stacey, Mom und ich ein im Preis heruntergesetztes Kleid. Wir kauften außerdem einen ganz normalen schwarzen Badeanzug – einen, den ich niemals im Schwimmbad angezogen hätte – und mußten dazu noch schwarze hochhackige Schuhe besorgen. Für das Gespräch mit den Juroren trug ich dasselbe Kostüm, das ich bereits bei der Wahl der *Junior Miss Shelby County* getragen hatte, und für den Talentwettbewerb reichte mein altes Ballettkostüm. Ich war damals froh, daß diese Miss-Wahl meine Mutter nur wenig Geld gekostet hat.

Teresa Strickland hatte mir geraten, neben der Wahl der *Miss JSU* auch an der Wahl der *Miss St. Clair* teilzunehmen. Anfang des Jahres hatte ich sie im Sekretariat besucht, weil ich mein Ballett so schrecklich vermißte und hoffte, sie würde meinen brennenden Wunsch, Gott mit meinem Tanzen zu loben, verstehen. Denn bereits bei unserer ersten Begegnung hatte ich den Eindruck gehabt, daß auch Teresa Strickland Christ war.

Teresa hörte mir freundlich und mitfühlend zu, als ich ihr mein Herz ausschüttete. Ich erzählte ihr, daß ich mich an der JSU noch immer sehr einsam fühlte. Ich war ziemlich verschlossen, und es fiel mir schwer, auf Menschen zuzugehen. Schon während meiner Schulzeit hatte ich bei der Wahl der *Junior Miss Shelby County* einige Freundschaften geschlossen, warum sollte ich also nicht für den Titel der *Miss JSU* kandidieren und auch so an der Uni Freundinnen gewinnen?

Teresa lehnte sich zurück und überlegte. Dann stellte sie mir eine einfache Frage: „Heather, welches Talent haben Sie?"

„Ich tanze Ballett."

Sie lächelte – das stille Lächeln, mit dem eine Mutter ihr Kind bedenkt, wenn sie es in einem unmöglichen Traum nicht entmutigen möchte. Und dann gab sie mir einen Rat: „Sie haben nicht viel Erfahrung", meinte sie leise. „Warum versuchen Sie es nicht bei der Wahl der *Miss St. Clair*? Sie ist kleiner als die *Miss JSU*, und die Erfahrung wird Ihnen guttun."

Ich war nicht gerade wild darauf, an diesem Schönheitswettbewerb teilzunehmen, weil ich eigentlich den Titel der *Miss JSU* haben wollte, aber ich beschloß, ihren Rat zu befolgen. Teresa hatte recht – ich hatte noch nie an einer Miss-Wahl auf dem Weg zur *Miss America* teilgenommen, und die Erfahrung wäre sicher sehr wertvoll für mich.

Ich hatte erfahren, daß Teresa die Junior-Miss-Wahl ihres Bundesstaates gewonnen hatte, deshalb ging ich einige Tage später mit den Bildern von der Wahl der *Junior Miss Shelby County* in ihr Büro. Teresa warf einen Blick auf die Farbfotos, auf denen ich beim Spitzentanz zu sehen war, und ließ sie verblüfft sinken.

„Ich hatte ja keine Ahnung", sagte sie, während sie mich anblickte. „Ich konnte mir nicht vorstellen, daß ein gehörloses Mädchen tanzen kann – bis jetzt."

„Die Musik", erklärte ich und drückte die Hand auf meine Brust, „ist hier drin. Ich höre mit meinem Herzen."

Von diesem Augenblick an entwickelte sich zwischen Teresa und mir eine einzigartige Beziehung. In ihrer Nähe empfand ich keine Hemmungen. Nie kritisierte sie, was ich tat, aber sie korrigierte mich auf positive und ehrliche Art und Weise. Sie wurde mein Vorbild. Genau wie sie wollte ich den Menschen freundlich und liebevoll begegnen.

Teresa machte mir nicht nur Mut, sie machte sogar von sich aus den Vorschlag, mir zu helfen. Ich hatte noch nie an einem Schönheitswettbewerb wie dem der Wahl der *Miss St. Clair* oder der *Miss Alabama* teilgenommen, und deshalb erklärte sie mir haarklein, was mich in dem Gesprächsteil und in den anderen Wettbewerbskategorien erwarten würde.

Als Teil meiner Vorbereitung auf den Wettbewerb schlug mir Jane

Rice Holloway vor, ich solle sie zur Wahl der *Miss Wallace State* begleiten, bei der sie der Jury angehörte. 1973 war Jane selbst zur *Miss Alabama* gekrönt worden, und ich hatte ihr von meinem Traum erzählt.

Als wir auf dem Campus der *Wallace State Universität* ankamen, stellte mich Jane Dr. Karen Drinkard, der Vorsitzenden der Jury vor. Wir trafen uns im Umkleideraum, wo alle Kandidatinnen hektisch hin- und hereilten.

Mein Blick fiel auf einen glänzenden Gegenstand: Die Krone, die in einer einfachen Pappschachtel aufbewahrt wurde, glitzerte wie ein Stern und zog mich in ihren Bann. Ich sagte nicht ein einziges Wort, aber Karen muß in meinen Augen gelesen haben, wovon ich träumte.

Mein Atem stockte, als sie mich ansah.

„Sie könnten die Richtige dafür sein", sagte sie, als sie nach der Krone griff.

Ich konnte mich nicht rühren, als sie mir die Krone auf den Kopf setzte. *Träume ich? Ich, ein gehörloses Mädchen, das sie überhaupt nicht kennt, und sie sagt mir, ich könnte die Siegerin sein . . .*

Ich wurde rot; ich gehörte ja noch nicht einmal zu den Kandidatinnen. Schnell nahm ich die Krone wieder ab und murmelte etwas vor mich hin. Niemand sollte denken, ich würde mich meinem ungezügelten Ehrgeiz hingeben.

Doch wenn ich auch die Krone zurückgab, so spürte ich trotzdem noch immer ihren Druck auf meinem Kopf . . . ihr Gewicht . . . die Verheißung eines erfüllten Traumes.

Oh Gott, laß diesen Traum wahr werden. Ich werde versuchen, eine positive Einstellung zu haben; ich denke, es ist ein realistischer Traum. Und ich bin bereit, sehr hart dafür zu arbeiten . . .

Ich bereitete mich so gut es ging auf die bevorstehende Miss-Wahl vor. Auf dem Campus gab es keine Tanzstudios, doch im Keller meines Wohnheims fand ich einen leerstehenden Raum. Mit seinen gelben Wänden war er sehr häßlich. Hohe Betonpfeiler unterbrachen die Muster der alten Bodenfliesen, doch ich bemühte mich, um diese Pfeiler herumzutanzen. Der Raum war derart kalt, daß ich sogar im Frühling einen Pullover tragen mußte, und immer wieder rutschte ich auf dem glatten Boden aus. Aber ich trainierte an fünf Tagen in der Woche zwei oder drei Stunden lang. Das ständige Üben wurde mir langsam zuviel, doch ich mußte daran festhalten, damit ich die Schritte im Schlaf beherrschte. Und jeder Tag brachte mich der Erfüllung meines Traumes näher.

Einige Zeit später starrte ich auf eine andere Krone – die Krone der zukünftigen *Miss St. Clair*. Jane Holloway und Teresa Strickland hatten sich meiner angenommen, und ich war bereit, die erste Hürde auf dem Weg zur *Miss America* zu nehmen. Im Tanzen fühlte ich mich sicher, und auch vor dem Auftritt im Badeanzug hatte ich keine Angst. Magenschmerzen bereitete mir nur das Gespräch mit den Juroren. Und mein Haar.

Mein Haar ist mein Feind. Meiner Mutter gefällt es, wenn ich es hochstecke, weil ich dadurch älter und reifer wirke. Aber ich kann es nur in einem Knoten hochstecken, und diese Frisur paßt nicht zu einem Abendkleid. Ich wußte deshalb nicht, wie ich mein feines, widerspenstiges Haar passend frisieren sollte.

Als das große Ereignis immer näherrückte, stritten meine Mutter und ich ständig über meine Frisur, während Tante Stephanie als Schiedsrichterin fungierte. Ich wollte mein Haar offen tragen, Mutter beharrte darauf, daß ich es hochstecken sollte. Ein Knoten stand außer Frage, ebenso das Haar glatt über die Schultern fallen zu lassen. Also schlossen wir einen Kompromiß: Ich steckte mein Haar mit einer Plastikspange in Form einer Banane zurück, damit es mir nicht über die Schultern fiel. Wenn auch eine Bananenspange nur geringfügig kleidsamer ist als ein Knoten, fand meine Mutter es doch offensichtlich immer noch besser, als das Haar glatt und offen zu tragen. Die Spange ließ sich leicht befestigen, und meine Mutter war zufrieden.

Wenn auch meine Haarprobleme für den Augenblick gelöst waren, so hatte ich noch Probleme mit dem Gesprächsteil. Schon immer ist es mir sehr schwergefallen, mich in einer Gruppe plaudernder Menschen zu bewegen, und so war ich sehr nervös, als ich den Raum betrat, in dem das Gespräch mit der Jury stattfinden sollte. Ich hatte Angst, ich würde die Fragen der Juroren vielleicht nicht verstehen, sie dadurch verärgern und mir somit jede Chance auf einen Sieg in diesem Wettbewerb zunichte machen.

Die drei Juroren an dem großen Tisch waren außerdem keine liebevollen Verwandten, sondern sehr kritische Profis, die mich nicht kannten. Es war nicht anzunehmen, daß sie von meiner Gehörlosigkeit wußten, und ich würde es ihnen ganz bestimmt nicht erzählen.

„Hallo, ich bin Heather Whitestone, Kandidatin Nummer zehn", verkündete ich. Dann setzte ich mich und wartete auf ihre Fragen.

Eine der Schiedsrichterinnen stellte eine Frage, während sie vor sich auf den Tisch sah. Ich konnte ihr dadurch nicht von den Lippen ablesen und sie auch durch mein Hörgerät nicht verstehen. Nun wurde ich immer nervöser, weil ich nun auch noch mit meiner Verlegenheit zu kämpfen hatte. Da stand ich nun, ein gehörloses Mädchen, das beweisen wollte, daß es alles erreichen konnte, was jeder normal hörende Mensch erreichen konnte, aber ich versagte auf ganzer Linie.

Am letzten Abend des Wettbewerbs wurde alles sogar noch schlimmer, obwohl Teresa Strickland die Moderation hatte. Das Wissen, sie in meiner Nähe zu haben, machte mich jedoch zunächst ruhig. Als wir uns hinter der Bühne umzogen, hörte ich sie singen, und ich nahm mir einen Augenblick Zeit, um zu entspannen und die Klarheit ihrer Stimme zu bewundern.

Doch bei dem Abendkleidwettbewerb, als ich auf die Bühne trat, um Teresas Frage zu beantworten, lag mir ein dicker Stein im Magen. Aber ich beobachtete aufmerksam Teresas Lippen und verstand ihre Frage: „Heather, welches ist Ihr Lieblingstänzer und warum?"

„Mikhail Baryshnikov ist mein Lieblingstänzer", erwiderte ich und dachte sogar daran, ins Publikum zu lächeln. „Weil er so hoch springen kann."

Weil er so hoch springen kann? Mir fiel nichts anderes mehr ein. Er springt hoch, das war es. Ich ballte die Fäuste und unterdrückte den Drang, mir gegen die Stirn zu schlagen und zu stöhnen. Das Publikum starrte mich verwirrt an; sogar Teresa schien verblüfft. Schließlich wurde einigen aus dem Publikum klar, daß ich schon fertig war. Sie begannen zaghaft zu applaudieren, während Teresa mir dankte. Meine Wangen brannten wie Feuer, als ich in die Reihe der anderen Bewerberinnen zurücktrat.

Ich mußte mich meinen Grenzen stellen

Überflüssig zu sagen, daß ich nicht *Miss St. Clair* wurde. Ich kam nicht einmal in die letzte Runde. Diese Erfahrung hatte mir einen schrecklichen Schlag versetzt, und ich fühlte mich als Versagerin. Teresa hatte viel Zeit geopfert, um mir zu helfen, meine Mutter hatte so hart gearbeitet, um das Geld für ein neues Kleid zu beschaffen, und ich hatte ganz umsonst trainiert und geprobt! Bei der Wahl der *Junior Miss Shelby County* hatte ich mit halb soviel Aufwand viel besser abgeschnitten.

Ich redete mir ein, meine Gehörlosigkeit sei schuld daran, daß ich so schlecht abgeschnitten hatte. Die Wahl der *Miss Deaf Alabama* hatte ich nicht gewinnen können, weil ich in der Welt der Hörenden lebte und arbeitete; die Miss-Wahl der Hörenden konnte ich nicht gewinnen, weil ich gehörlos war. Beim Talentwettbewerb, bei der Abendkleidshow und beim Badeanzugwettbewerb hatte ich einigermaßen gut abgeschnitten, aber das Gespräch war eine Katastrophe gewesen.

Ich war mit dem Wunsch, wie jede andere Kandidatin behandelt zu werden, in dieses Gespräch gegangen. Das Problem bestand aber nun einmal darin, daß ich nicht so gut hören konnte wie jede andere Kandidatin. Aber es war nicht nur meine Gehörlosigkeit, die mich niederdrückte, es war auch meine Unfähigkeit, diese Situation zu meistern. Meine Familie mußte mir dabei helfen, die Wahrheit zu erkennen und dieses große Hindernis zu überwinden.

In der Woche nach der Miss-Wahl rief mich meine Familie in unser Wohnzimmer. Ein offenes Gespräch über den Verlauf des Wettbewerbs war dringend erforderlich, da die Wahl der *Miss JSU* bereits in zwei Wochen stattfinden sollte und ich mich nun fragte, ob ich überhaupt daran teilnehmen sollte.

Tom Vera, Staceys Mann, gab mir einen wundervollen Rat. „Heather", sagte er und sah mich eindringlich an, „du mußt den Gesprächsteil des Wettbewerbs als Einstellungsgespräch betrachten. Du mußt dich verkaufen. Du mußt die Schiedsrichter überzeugen, daß du den Aufgaben einer *Miss Jacksonville State University* gewachsen bist."

Die Schiedsrichter überzeugen? Ich war nicht einmal sicher, ob ich überhaupt mich selbst überzeugen konnte.

Dann gab Stacey mir einen Rat: „Heather, zuallererst mußt du selbst Spaß daran haben. Wenn dir die Miss-Wahlen keinen Spaß machen, dann tust du weder dir noch der Welt einen Gefallen. Wenn du deine Teilnahme jedoch genießen kannst, dann mach weiter! Aber wenn dir das Ganze keinen Spaß macht, laß es bleiben."

Und schließlich war Mutter an der Reihe. „Heather, die Schiedsrichter wußten nicht, wie sie sich verhalten sollten, weil du ihnen nicht gesagt hast, wie sie mit dir sprechen können. Sie müssen wissen, daß sie dich ansehen müssen, wenn sie mit dir reden. Sag ihnen, sie sollen langsam sprechen. Du kannst nicht erwarten, daß sie von sich aus wissen, wie sie mit dir umgehen sollen. Wenn die Barrieren fallen sollen, mußt du den ersten Schritt dazu tun."

Nachdem ich so gestärkt und ermutigt worden war, wie konnte ich da aufhören? Ich mußte mich meinen Problemen stellen und sie verstehen. Ich mußte daraus lernen und an ihnen wachsen. Ich mußte den Schiedsrichtern gegenüber ehrlich sein . . . und vor allem mir selbst gegenüber.

Sofort machte ich mich an die Arbeit. Janet White, eine meiner Professorinnen, setzte sich sehr für behinderte Studenten ein, und ich vertraute ihrem Gefühl. Janet und ich hatten bereits viele Gespräche über Gott und unsere Beziehung zu Jesus Christus geführt. Eines Tages hatte ich mich mit einer engen Freundin gestritten, und ich war mit diesem Problem zu Janet gegangen, die mir einen guten Rat gab.

„Heather, ich könnte jetzt ein Vierteldollarstück in die Höhe halten", meinte sie und tat so, als würde sie ein Geldstück hochhalten. „Und ich könnte sagen: ‚Ich sehe den Kopf eines Mannes', während Sie darauf beharren könnten, daß Sie einen Adler sehen. Wir beide wären hundertprozentig davon überzeugt, daß wir recht haben, und wir hätten auch recht, weil wir die Münze aus zwei unterschiedlichen Perspektiven betrachten. Anstatt Zeit für einen Streit zu vergeuden, ist es besser zu versuchen, die Dinge aus der Perspektive des anderen zu betrachten."

Janets Rat habe ich nie vergessen, und ich begann, mein Gespräch mit den Juroren aus deren Perspektive zu betrachten. Wie konnte ich ihnen ihre Arbeit erleichtern? Und wie konnte ich mich auf ihre Fragen vorbereiten? Ich bat Janet, mir bei der Vorbereitung auf das Gespräch zu helfen, und sie versprach mir, mit mir aktuelle Themen durchzusprechen. Sie bat auch eine Geschichtsprofessorin um Hilfe, die mit mir über Weltereignisse, Regierungsfragen und Politik sprach. Diese beiden Frauen halfen mir zu üben, indem sie mir improvisierte Fragen stellten. Sogar Fred, mein damaliger Freund, stellte mir Fragen, wenn ich keinen Unterricht hatte oder mit den beiden Professorinnen arbeitete. Am Ende der beiden Wochen war ich zuversichtlich.

Collegestudenten haben die Tendenz, sich auf ihre Arbeit und auf das Vergnügen zu konzentrieren und alles andere zu vergessen, aber als die Wahl der *Miss JSU* näherrückte, wußte ich sehr gut, was in der Welt vorging. Ich rechnete nicht mit einem Sieg, doch den Rat meiner Familie würde ich beherzigen: Das Gespräch würde ich so ernst nehmen wie ein Vorstellungsgespräch und alles andere als Spaß betrachten. Das Tanzen und die Kleidervorführungen bei der Miss-Wahl machten mir viel Freude, und ich redete mir ein, ich könnte lernen, auch die Gespräche mit den Schiedsrichtern zu mögen.

Während ich darauf wartete, daß ich an die Reihe kam, betrachtete ich die anderen Kandidatinnen, die ebenfalls warteten. Ihre Gesichter waren angespannt, und einige von ihnen rutschten nervös hin und her. Sie wirkten so verängstigt, als müßten sie vor Gericht erscheinen. *Warum haben sie solche Angst? Die Preisrichter werden sie schon nicht beißen.* Einige von ihnen übten leise die Antworten auf Fragen, die sie vermutlich gestellt bekommen würden.

Ich war vollkommen entspannt, denn mir machte das Ganze fast nichts aus. Außerdem hatte Gott mir gesagt: „Sei einfach du selbst, Heather, sei natürlich, und sie werden dich ernst nehmen." Und dieses Mal hörte ich darauf.

Als ich den Raum betrat, begrüßte ich die Mitglieder der Jury lächelnd, so als wären wir alte Freunde. Ich ging zu dem leeren Stuhl, setzte mich und blickte sie alle einzeln an. Daraufhin folgte ich dem Rat meiner Mutter und sagte: „Hallo, ich bin Heather Whitestone. Ich kann nicht hören, aber ich kann von den Lippen ablesen. Wenn Sie also langsam sprechen und mich dabei ansehen, werde ich verstehen können, was Sie sagen. Es ist ganz leicht, darum keine Angst. Sollte ich Sie trotzdem nicht verstehen können, schreiben Sie die Frage ganz einfach auf ein Blatt Papier, und ich werde Sie Ihnen gern beantworten."

Alle lächelten mich an. Meine Ehrlichkeit hatte ihnen – und auch mir – die Befangenheit genommen. Sie wußten meine Offenheit zu schätzen und öffneten mir ihr Herz. Es war ein wundervolles Gespräch, wir lachten und gingen wie Freunde bei einer normalen Unterhaltung miteinander um. Ich glaube, dies war das beste Gespräch, das ich je geführt habe, besser noch als das bei der Wahl zur *Miss America*.

Die Frage, an die ich mich noch besonders deutlich erinnere, lautete: „Heather, was halten Sie davon, daß Kondome an Kinder in staatlichen Schulen ausgegeben werden?"

Ohne nachzudenken erwiderte ich: „In der Schule sollte den Kindern beigebracht werden, keinen Sex zu haben!" In diesem Punkt hatte ich eine so ausgeprägte Meinung, daß meine Stimme wie die eines Politikers geklungen haben muß. Die Schiedsrichter lachten und nickten. An diesem Punkt hatte ich ihre Herzen gewonnen, ob sie mir nun zustimmten oder nicht.

Der Rest des Wettbewerbs verlief unproblematisch. Vor meinem Tanzauftritt war ich so entspannt, daß ich sogar ein Nickerchen machte. Ich war nicht nervös und gab einfach mein Bestes.

Am letzten Abend, als die Moderatorin Teresa Strickland die Siegerin ankündigen sollte, machte sie einen Fehler. Sie gab die Siegerin des vierten Platzes bekannt, doch dann fiel ihr ein, daß sie vergessen hatte, zuerst die Gewinner des Talent- und des Badeanzugwettbewerbs zu nennen. Sie entschuldigte sich beim Publikum und sagte: „Die Siegerin beim Talentwettbewerb ist Heather Whitestone. Ihr werden die Gebühren für Kost und Logis für ein Semester erlassen."

Von ihrer Erklärung hatte ich kein Wort verstanden. Da sie bereits den vierten Platz bekanntgegeben hatte und alle mich ansahen und applaudierten, dachte ich natürlich, ich hätte den dritten Platz belegt. Ich lächelte, stellte mich neben die Kandidatin, die den vierten Platz belegt hatte, und wartete darauf, daß jemand mir Blumen brachte.

Miss JSU 1991 eilte daraufhin zu mir hin, nahm mich an der Hand und führte mich in die Reihe zurück. Ich war nun sehr verwirrt und hätte mich am liebsten versteckt, aber ich mußte stehenbleiben, während Teresa die Siegerin des Badeanzugwettbewerbs bekanntgab. Erst jetzt konnte ich mir das Ganze erklären.

Als sie schließlich den Namen der *Miss JSU* verkündete, blickte ich gerade den anderen Mädchen ins Gesicht. Diese starrten mich jedoch entgeistert an, und das Mädchen hinter mir tippte mir auf die Schulter.

Ich atmete erstaunt durch, doch dann konnte ich mein Glück kaum fassen: Ich, ich hatte gewonnen!

Ich begab mich in die Mitte der Bühne und spürte das Gewicht der Krone, als sie auf *meinen* Kopf gesetzt wurde. Überströmende Freude strahlte aus meinen Augen. Als ich meine Familie im Publikum suchte und ihnen zuwinkte, war ich erstaunt zu sehen, daß das Publikum sich erhob und mir stehend Beifall klatschte.

In diesem Augenblick dachte ich nicht an *Miss America* oder auch nur an *Miss Alabama*. Ich dachte daran, daß mir die *Miss JSU* Türen öffnen und die Gelegenheit geben würde, Leute auf dem Campus kennenzulernen. Mit dem Titel wurde außerdem ein Stipendium für meine Ausbildung vergeben, und vielleicht konnte ich endlich meine Kontakte ausweiten und mehr Freunde gewinnen. Dies war die Miss-Wahl, die mir von allen am meisten bedeutet hat.

Als ich an jenem Abend schließlich in mein Zimmer im Wohnheim zurückkehrte, stellte ich die Krone auf meine Kommode vor den Spiegel und bereitete mich innerlich auf den nächsten Schritt vor. Ich würde den Wunsch, *Miss Alabama*, vielleicht sogar *Miss America* zu werden, pflegen müssen. Offen gesagt, damals war ich nicht besonders reif, denn immer wieder mußte ich kichern und denken: *So fühlt man sich also als Schönheitskönigin.* Ich hatte nie viel darüber nachgedacht, was es bedeutete, ein Vorbild zu sein, aber wenigstens hatte ich beschlossen, als Zeugnis für Jesus zu dem Lied „How Beautiful" zu tanzen. Dieser Abend war einfach die Erfüllung des Traumes eines kleinen Mädchens.

Der Titel der *Miss JSU* öffnete mir in der Uni viele Türen. Nach diesem Abend kannten viele Studenten meinen Namen, und ich, belebt durch mein neues Selbstvertrauen, wurde ein wenig offener. Ich schloß einige Freundschaften, doch mein Sieg bei der Wahl der *Miss JSU* bestärkte mich in meinem Wunsch, noch weiterzukommen. Drei Monate später fand die Wahl der *Miss Alabama* statt, und ich nahm meine Vorbereitung auf diese Wettbewerbe so ernst, daß ich mich während meiner Studienjahre um kaum etwas anderes kümmerte.

Miss Alabama

Da ich nun die erste Hürde auf dem Weg zur *Miss America* genommen hatte, beschloß ich, mich um den Titel der *Miss Alabama* zu bewerben, was wieder eine ganz neue Erfahrung für mich war. Ich hatte beinahe das Gefühl, dem Footballteam einer Universität anzugehören; das Publikum nahm meinen „Sport" wirklich sehr ernst! Der gesamte Staat, so schien es mir, wollte die Siegerin sponsern, eine Königin, die er stolz der Nation bei der Wahl der *Miss America* präsentieren konnte.

Die anderen Kandidatinnen verhielten sich in der Wettbewerbswoche mir gegenüber freundlich und hilfsbereit. Da ich nicht alles verstehen oder aus der Entfernung von den Lippen ablesen konnte, erklärten sie mir immer, was vorging. Einige von ihnen waren „Neulinge" wie ich, andere hatten sich vorher schon einmal um den Titel der *Miss Alabama* beworben, und sie schienen das Ganze sehr viel ernster zu nehmen.

Während der Wettbewerbswoche wurde mir klar, wie wichtig es war, daß die Kandidatin sich für das Wohl der Allgemeinheit engagierte. Seit 1989 ist die jeweilige *Miss America* eine Fürsprecherin für einen bestimmten sozialen Bereich. In dem einen Jahr ihres Dienstes reist sie durch das ganze Land und hält Vorträge über das Problemthema, das sie sich selbst ausgesucht hat. Und auch die Kandidatinnen für die Wahl der *Miss Alabama* engagierten sich in der Öffentlichkeit für eine caritative Einrichtung oder eine bestimmte Randgruppe. Mir wurde klar, daß die Miss Alabama nicht nur die Chance hatte, ein größeres Stipendium zu gewinnen, sondern auch die Möglichkeit, auf einer Vortrags- und Unterhaltungstournee durch Alabama zu reisen. Mein Herzschlag setzte aus, als ich an die Gelegenheit dachte, ein ganzes Jahr lang in ganz Alabama zu tanzen!

Bei meinem ersten Versuch, *Miss Alabama* zu werden, wurde ich Zweite. Gott wußte, daß ich zu diesem Zeitpunkt nicht bereit war, weiterzukommen – noch nicht. Aber ich war glücklich und fühlte mich geehrt, Zweite zu sein. An diesem Abend nahm ich mir vor, sehr hart zu arbeiten, um im nächsten Jahr erneut an der Wahl der *Miss Alabama* teilzunehmen. Mein Wunsch, zur *Miss Alabama* gekrönt zu werden, wuchs nun immer mehr.

Aber im zweiten Jahr war es noch schwieriger. Die Studenten an der JSU kannten nun meinen Namen, und ich lebte nicht mehr in der Isolation, die mir geholfen hatte, mich auf meinen ersten Erfolg vorzubereiten. Ich hätte sehr viel Abwechslung haben können, doch ich beschloß, trotzdem mein Ziel nicht aus den Augen zu verlieren. Zwei Wochen nach der Wahl der *Miss Alabama* stellte ich mich zur Wahl der *Miss Point Mallard* in Decatur, die ich auch gewann. Decatur ist zwei bis drei Stunden von Jacksonville entfernt. Nach meiner Wahl verbrachte ich dort einige Wochenenden mit öffentlichen Auftritten. Doch an jedem der Wochenenden, die ich mich nicht in Decatur aufhielt, fuhr ich die eineinhalb Stunden nach Birmingham zu Monica Smiths Tanzstudio. Außerdem sah ich mir auch weiterhin jeden Tag im Fernsehen die Nachrichten an, die als Vorbereitung für die nächste Miss-Wahl unerläßlich waren.

Meine ohnehin knapp bemessene Freizeit verbrachte ich mit sozialem Engagement. Freiwillig begleitete ich verschiedene Chöre und übersetzte bei ihren Konzerten für die Gehörlosen ihre Lieder in die Gebärdensprache. Während der Darbietungen sah ich die Reaktionen der Leute, das Lächeln auf den runzligen Gesichtern in Pflegeheimen, glückliche Kinder in Grundschulen und das kritische Publikum in Kirchen und der *Alabama School for the Deaf.*

Doch ein solches soziales Engagement ist nicht leicht durchzuhalten. Einige der Studenten, die in einer von mir geleiteten Projektgruppe mitarbeiteten, stellten meine Autorität in Frage, und ich hatte sehr mit ihrem respektlosen Verhalten mir gegenüber zu kämpfen. Ich dachte schon daran, mein soziales Engagement ganz aufzugeben, aber ich wollte unbedingt *Miss Alabama* werden und wußte, daß diese Arbeit auf dem Weg dorthin äußerst wichtig war.

Wieder einmal wandte ich mich an meine Professorin Janet White. Janet machte mir klar, daß es auf der Welt keine Person gibt, die in jedem Punkt mit mir einer Meinung sein würde. Und die Tatsache, daß ich die Gruppe leitete, bedeutete noch lange nicht, daß ich allein die Verantwortung für alles tragen mußte, was die Gruppe tat. Um meine Ziele zu erreichen, mußte ich die anderen als Mitglieder eines Teams behandeln. Ich mußte ihnen Verantwortung übertragen und ihnen dann auch zutrauen, daß sie ihr gerecht würden. „Wenn du ein großer Führer sein willst", sagte sie, „sei eine große Dienende."

Zuerst hielt ich das für einen Witz. Wie konnte ein Führer gleichzeitig ein Dienender sein? Bedeutete zu führen nicht, der Boß zu sein?

„Lieber Gott", betete ich an diesem Abend in meinem Zimmer, „wie kann ich eine Dienende sein? Wie kann ich den anderen das Vertrauen entgegenbringen, daß sie die Dinge auch wirklich tun, die sie von mir aufgetragen bekommen?"

Gott verwies mich wieder einmal auf die Bibel. In Matthäus 23,11–12 las ich: „Der Größte unter euch soll euer Diener sein. Denn wer sich selbst erhöht, der wird erniedrigt; und wer sich selbst erniedrigt, der wird erhöht."

Und dann las ich, wie Jesus, der vollkommene und geliebte Sohn Gottes, die Füße seiner Jünger wusch. Eine leise Stimme in meinem Innern erinnerte mich an etwas, das ich einmal gehört hatte: „Die größten Erfolge sind die, die anderen nützen. Niemanden interessiert es, wieviel du weißt, bis sie sehen, daß du dich für sie interessierst."

Daraufhin entschuldigte ich mich bei unserem nächsten Gruppentreffen bei meinen Kommilitonen dafür, daß ich so herrisch gewesen war. Ich bat sie, mir zu helfen, unser Ziel, eine Brücke zwischen der Welt der Hörenden und der Welt der Gehörlosen zu bauen, zu erreichen und übertrug ihnen bestimmte Aufgaben, für die sie allein verantwortlich waren. Ich motivierte sie, ihre Ziele zu erreichen und sagte ihnen nicht mehr haarklein, was sie tun sollten. Und sehr zu meinem Erstaunen taten alle ihre Arbeit gern und gut. Für mich bedeutete es harte Arbeit – und sehr viel Übung in Demut –, meine Führungseigenschaften zu entwickeln!

Teresa Strickland war auch weiterhin mein freiwilliger Coach. Sie half mir besonders bei den Gesprächen, die noch immer mein Schwachpunkt waren. Sie machte mir den Vorschlag, meine Stofftiere als Jury aufzubauen. In der Abgeschiedenheit meines Wohnheimzimmers übte ich, vor ihnen zu sprechen, versuchte jedes „äh" zu vermeiden und zwang mich dazu, nicht nervös mit den Füßen zu scharren oder mit meinen Fingern zu spielen.

Als ich erneut bei der Wahl zur *Miss Alabama* antrat, hatte ich nicht soviel Spaß wie beim ersten Mal. Die meisten der Kandidatinnen, die ich im Vorjahr kennengelernt hatte, nahmen auch in diesem Jahr teil. Doch dieses Mal war der Konkurrenzkampf größer, weil wir alle gewinnen wollten. Und dieses Mal tanzte ich zu einem neuen Lied, dem Lied „Via Dolorosa", ein sehr viel schwierigeres als im Jahr zuvor. Meine Ballettvorführung war noch nicht so ganz ausgereift, und nur die ermutigenden Worte meiner Tanzlehrerin halfen mir durch den Talentwettbewerb hindurch. Früher hatte auch sie einmal an der Wahl der *Miss Alabama* teilgenommen und drei Jahre hintereinander den Talentwettbewerb gewonnen. Sie war ebenfalls Christ, und ich sprach sehr gern mit ihr über den Glauben.

Bei der Wahl der *Miss Alabama* 1992 war ich extrem nervös. Ich nahm alles viel zu ernst. Außerdem spürte ich nur allzu deutlich den Druck zu gewinnen. Weil ich im Vorjahr Zweite geworden war, erwarteten nun viele, daß ich in diesem Jahr Erste werden würde. Dazu kam natürlich, daß ich sehr hart gearbeitet und deshalb meine privaten Kontakte sehr vernachlässigt hatte. Ganz bestimmt würde Gott mich dafür mit der Krone belohnen.

Als die Moderatorin die zweite Siegerin bekanntgab, sagte mir mein Herz: „Du bist es."

Sei still. Ich will das nicht hören. Ich möchte nicht schon wieder Zweite sein.

„Den zweiten Platz belegt *Miss Point Mallard*, Heather Whitestone!"

Nein, nicht schon wieder ich!

Als ich losging, um meine Blumen in Empfang zu nehmen und den Platz der Zweiten einzunehmen, dachte ich: *Wie kann das sein? Wie kann ich so dicht vor dem Ziel stehen und nicht gewinnen? Was ist nur mit mir los?*

An diesem Punkt begann ich meine Fähigkeit, Erfolg zu haben, in Frage zu stellen. Zweifelte die Jury vielleicht daran, daß ich den Anforderungen, die an eine *Miss Alabama* gestellt wurden, gewachsen war? Waren die Juroren vielleicht der Meinung, eine gehörlose Frau wäre damit überfordert? Lange Zeit behielt ich diese Gedanken für mich, weil ich sie nicht glauben wollte.

An diesem Abend beschloß ich, nicht zum dritten Mal zur Wahl der *Miss Alabama* anzutreten. Ich wollte nicht schon wieder Zweite werden. Ich wollte nun endlich wieder meine privaten Kontakte pflegen, wollte mich ausruhen und meine Freiheit haben.

Meine Wut und meine Enttäuschung hielt ich in meinem Herzen verschlossen. Als ein Fotograf Bilder von den drei Siegerinnen machte, lächelte ich gezwungen in die Kamera und versuchte, Haltung zu bewahren. Doch als ich meine Familie und Freunde sah, die mich so tatkräftig unterstützt hatten, konnte ich die Tränen nicht mehr länger zurückhalten. Eigentlich hatte ich vor ihnen nicht weinen wollen, weil ich kein Mitleid wollte. Aber es war zu spät. Ich konnte nicht mehr gegen die Tränen ankämpfen.

Meine Enttäuschung war sehr groß. Ich hatte so hart gearbeitet, und wenn ich auch wußte, daß ich dadurch sehr viel gelernt und mein soziales Engagement viel Gutes bewirkt hatte, konnte ich nicht erkennen, inwiefern sich die harte Arbeit gelohnt haben sollte. Doch oft wissen wir gar nicht, was wir im Leben eines anderen Menschen alles bewirken. Nach dieser zweiten Wahl der *Miss Alabama* bekam ich einen Brief von einer Frau, die im Publikum gesessen und meine Tanzvorführung gesehen hatte.

„Ich wollte Ihnen nur schreiben, daß sich bei mir ein gehörloser Mann um einen Job beworben hat", schrieb sie. „Ich wußte nicht, ob ich ihn einstellen sollte oder nicht, bis ich Sie auf der Bühne gesehen habe. Ich sah, wie Sie Ihre Situation bewältigt und Ihre Probleme überwunden haben. Das hat mir gefallen. Und deswegen habe ich beschlossen, dem gehörlosen Mann eine Chance zu geben."

Auch wenn Sie daran zweifeln, daß sich Ihr Traum je erfüllen wird, denken Sie immer daran, daß Sie bei dem Versuch immer etwas lernen und im Leben anderer etwas bewirken können.

Ein letzter Versuch

Ich habe dreimal an der Wahl der *Miss Alabama* teilgenommen. Es war ein schwieriger Weg zum Erfolg, doch ich habe dabei gelernt, daß die Arbeit der *Miss America* wirklich sehr wichtig ist. Im zweiten Jahr der Vorbereitung auf die Wahl der *Miss Alabama* gab mir Teresa ein Buch, das ich in den Weihnachtsferien las. Darin fand ich das folgende Zitat von Colleen Kay Hutchins:

Sagt dem Mädchen, das den Titel erringt, sie solle daran denken, daß sie sich die Krone nur für ein Jahr ausleiht. Sagt ihr, sie hat sie nicht geschaffen, und sagt ihr, jede Miss America, *die sie vorher*

getragen hat, hätte ihr einen Edelstein hinzugefügt. Sagt ihr, sie
übernimmt eine große Verantwortung, eine Verantwortung sich
selbst gegenüber, ihren Eltern, der Miss-America-Organisation,
den Einwohnern von Atlantic City, ihrem Staat und ihrem Volk
gegenüber. Sagt ihr, das Land und die Welt werden Amerika nach
ihr beurteilen.

Dieses Zitat lernte ich auswendig und wiederholte es nach meiner Wahl zur *Miss Alabama* im Jahr 1995 jeden Morgen, wenn ich aufwachte. Außerdem arbeitete ich auch weiterhin sehr hart an mir – während ich tanzte, während ich lernte und während ich mich bei verschiedenen sozialen Einrichtungen engagierte. Ich wollte in allen drei Bereichen mein Bestes geben.

Zuweilen wurde ich von den unterschiedlichsten Organisationen gebeten, zu jungen Leuten zu sprechen, um sie zu motivieren, doch wenn ich sie wenig später fragte, was sie behalten hatten, blickten sie mich in der Regel verständnislos an. Mein Wunsch, Schülern und Studenten zu helfen, regte mich an, mein STARS-Programm zu entwickeln (Success Through Action and Realization of your dreamS – Erfolg durch dein Handeln und das Erkennen deiner Träume).

Mit der Hilfe meiner Familie und Freunde formulierte ich fünf Prinzipien, die mir selbst zu meinem Erfolg verholfen hatten. Stacey und Tom Vera, meine Schwester und mein Schwager, hatten die Idee, diese fünf Prinzipien mit den fünf Zacken eines Sternes zu vergleichen.

Das erste Prinzip beinhaltet eine *positive Einstellung.* Gott hat jedem von uns ein Herz und einen Verstand gegeben, doch jeder von uns ist einzigartig und etwas ganz Besonderes. Das eine Kind bringt hervorragende Leistungen, ein anderes gibt sich mit der Mittelmäßigkeit zufrieden. Woran liegt das? Der Grund ist meines Erachtens die positive Einstellung. Ich bin der festen Überzeugung, daß wir unsere Einzigartigkeit feiern, daß wir unsere Stärken erkennen und ausbauen sollten.

Als ich begann, an Schönheitswettbewerben teilzunehmen, machte ich mir Gedanken um meine Stimme – würden die Leute mich verstehen, wenn ich mich auf der Bühne vorstellte? Schließlich klingt meine Stimme ein wenig anders als die der normal hörenden Menschen. Als wir einmal in einem Restaurant aßen, in dem ein französischer Kellner arbeitete, blickte er mich erstaunt an, nachdem ich meine Bestellung aufgegeben hatte. „Kommen Sie aus Frankreich?" fragte er und zog eine Augenbraue in die Höhe. „Sie sprechen mit französischem Akzent!"

Wow. Ich spreche mit französischem Akzent und habe noch nie Französischunterricht gehabt!

Von da an nahm ich die Sache mit meiner Stimme nicht mehr so ernst und versuchte statt dessen, all meine Erfahrungen bezüglich meiner Stimme in ein positives Licht zu rücken, auch wenn ich mich fragte, ob sich die Amerikaner wohl mit einer *Miss America* mit einem französischen Akzent abfinden konnten!

Wir alle erleben Fehlschläge, doch ich bin der Meinung, eine negative Einstellung ist das schlimmste Hindernis auf dem Weg zum Erfolg überhaupt. Wenn ich einen Fehlschlag erleide, kann ich nicht Gott, dem Schicksal oder den speziellen Umständen die Schuld daran geben – in der Regel ist meine negative Einstellung dafür verantwortlich. Manchmal versagen wir, weil wir nicht genügend vorgeplant haben, manchmal versuchen wir, uns unsere Träume zu erfüllen, bevor wir uns ausreichend auf die große Herausforderung vorbereitet haben. Manchmal läßt Gott einen Fehlschlag zu, damit wir es erneut versuchen. Aber wenn wir unsere positive, vom Glauben bestimmte Einstellung beibehalten, können wir auch den schlimmsten Fehlschlag überstehen.

Der zweite Punkt besteht darin, daß wir *einen Traum haben*. Eine Ausbildung ist ein lohnendes Ziel. Mein Erfolg bei den Miss-Wahlen war nicht etwa auf meine Gehörlosigkeit zurückzuführen, sondern auf meine harte Arbeit. Ich mache deshalb allen jungen Leuten Mut, zunächst die Schule zu beenden und dann an der Erfüllung ihrer Träume zu arbeiten, dabei jedoch immer einen Schritt nach dem anderen zu tun.

Manchmal ändern sich im Laufe der Zeit unsere Träume und werden vielleicht etwas realistischer, aber dadurch sollten wir uns nicht entmutigen lassen. In den ersten drei Jahren meines Studiums war ich entschlossen, Buchhalterin zu werden, doch später zog ich eher eine Stelle in einer Verwaltung in Betracht. Während ich dies hier schreibe, weiß ich nicht genau, wohin mich meine Träume führen werden, aber ich bin sicher, ich werde weitermachen. Meine Lebensumstände haben sich geändert, doch noch immer suche ich den Willen Gottes für mein Leben. Und darum weiß ich, daß die Zukunft einen anderen aufregenden Traum für mich bereithält.

Der dritte Punkt im STARS-Programm ist die *Bereitschaft, hart zu arbeiten*. Wir alle müssen hart arbeiten. Ich wünschte, meine Mutter hätte früher, wenn sie mit mir sprach, nicht ihre Lippen hinter ihrer Hand verbergen müssen, damit ich lernte, mich auf mein Hörgerät zu verlassen. Aber jetzt bin ich froh, daß sie es getan hat. Und ich habe nur gelernt, weil sie hart mit mir gearbeitet hat.

Es gab Zeiten in meinem Leben, wo ich zu Gott gerufen und gesagt habe: „Oh Gott, warum ist für mich alles nur so schwer?" Aber Gott hat mich immer wieder daran erinnert, daß es für jedes Problem einen Grund gibt. Die Schwierigkeiten und Probleme sollten mich stärker machen und mir helfen, mich auf Gott zu verlassen, wenn meine Kraft zu gering ist. Wenn Gott Ihnen also eine Aufgabe stellt, sollten Sie sich mit Ihrer ganzen Energie auf sie einlassen.

Jemand hat mir einmal eine Geschichte aus der Bibel erzählt, die meinen Gedanken sehr gut verdeutlicht: David, der König von Israel, wollte Gott ein Opfer darbringen. Er ging zu Arauna, einem Mann, der eine geeignete Opferstätte besaß, und bot ihm an, seine Tenne zu kaufen. „Warum sollte der König für meine Tenne bezahlen?" fragte Arauna. „Ich werde ihm geben, was er braucht – sogar die Rinder und die Dreschschlitten und das Geschirr der Rinder als Brennholz."

„Nein, ich bestehe darauf, es zu kaufen", erwiderte David. „Denn ich will dem Herrn, meinem Gott, nicht Brandopfer darbringen, die ich umsonst habe."

Verstehen Sie den Sinn dieser Geschichte? Wir dienen Gott, indem wir anderen dienen, und alles, was wir tun, ob wir nun zur Schule gehen, uns um unsere Kinder kümmern oder in einem Büro arbeiten, ist Arbeit, die wir für Gott tun. Wenn Sie Gott nun ein Opfer bringen wollen, so muß es Sie etwas kosten – Ihre Zeit, Ihre Hingabe, Ihre Kraft, Ihre Energie. Es lohnt sich, alles, was wir tun, gut zu tun.

Damit Ihre Träume in Erfüllung gehen können, müssen Sie hart arbeiten. Und je härter Sie arbeiten, desto mehr werden Sie später Ihren Erfolg zu schätzen wissen.

Der vierte Punkt besagt, *daß wir lernen, unsere Grenzen zu akzeptieren*. Ich mußte wirklich erst meine Grenzen akzeptieren, um später

Miss America zu werden – erinnern Sie sich noch an all die Übungs-interviews, die ich mir selbst auferlegt habe? Als *Miss America* mußte ich ganz neue Grenzen akzeptieren und wieder andere, als ich meine Krone an eine neue *Miss America* weitergab. Ich bin davon überzeugt, daß jede unserer Lebensphasen wieder ganz neue Herausforderungen für uns bereithält!

Auf keinen Fall sollten Sie sich aufgrund einer realistischen Ein-schätzung Ihrer eigenen Möglichkeiten zu niedrige Ziele setzen, weil Ihnen die Hindernisse zu groß erscheinen. Aber Sie sollten sie den-noch realistisch bewerten, um sie letztlich überwinden zu können. Man überwindet ein Hindernis aber auch nicht dadurch, daß man so tut, als sei es gar nicht vorhanden.

Nachdem ich meine Krone weitergegeben hatte, war ich auf mich allein gestellt und hatte mehr als nur ein wenig Angst. Ich mußte mein Leben nun selbst in die Hand nehmen, und das war für mich ganz neu. Ich hatte keine Ahnung, was die Zukunft für mich bereithalten würde. Noch immer riefen Leute aus dem ganzen Land bei mir an, um mich für Vorträge und öffentliche Auftritte zu verpflichten, doch ich hatte nun keine Sekretärin mehr, niemanden, der mir half, meine finanziellen Angelegenheiten im Blick zu behalten und niemanden, der meine Termine plante. Ich mußte mich diesem Problem stellen und mir eingestehen, daß ich Hilfe brauchte – sehr viel Hilfe. Nach einigen katastrophalen Erfahrungen stellte ich schließlich jemanden ein, der mir diese Dinge abnahm.

Wir alle haben in unserem Leben eine Menge Hindernisse zu über-winden, aber wie ich bereits gesagt habe, Helen Keller war mir ein leuchtendes Vorbild. Wie ich kam auch sie aus Alabama. Sie wurde blind und taub geboren und in ihren frühen Lebensjahren in keiner Weise gefördert, weil man damals noch der Meinung war, sie könne ohnehin nichts lernen. Ihr standen viel mehr Hindernisse im Weg als mir, aber immer wieder versetzt sie mich mit ihrer Weisheit in Erstau-nen. Sie konnte keine gesprochenen Worte hören oder in Büchern lesen, doch schrieb sie wundervolle Geschichten. „Erkennt eure Pro-bleme, aber laßt euch nicht von ihnen bestimmen", sagte sie häufig. „Lernt durch sie Geduld, Güte und Freundlichkeit, weil ihr nie wißt, welche Wunder ihr in eurem eigenen Leben oder im Leben anderer bewirken könnt."

Ich bin gerade von einem Vortrag bei der *Alabama Power*, einer großen Elektrizitätsgesellschaft, zurückgekehrt. Dort hat mich Elmer Harris, der Präsident der Gesellschaft, mit einem Geschenk überrascht – einem finanziellen Beitrag für die Gründung der Heather-Whitestone-Stiftung, einer Organisation, die anderen Menschen helfen soll, ihre Träume zu verwirklichen. Während ich in stummem Staunen vorne auf der Bühne stand, hörte ich mit angehaltenem Atem der Geschichte zu, die Elmer Harris erzählte. Eine Angestellte seiner Firma hatte mich zwei Jahre zuvor, als ich noch *Miss America* war, am Flughafen gesehen, und eine Begebenheit hatte sie so stark bewegt, daß sie die Geschichte ihrem Vorgesetzten erzählte. Sie wurde zum Beweggrund für diese Spende, mit der ich letztlich eine Wohltätigkeitsorganisation ins Leben rufen konnte.

An diesem Tag vor zwei Jahren hatte ich keine Ahnung gehabt, daß mein Verhalten Auswirkungen auf andere Menschen haben könnte. Ich erinnere mich noch, daß wir auf ein verspätetes Flugzeug warteten, und aus irgendeinem Grund trug ich die *Miss-America*-Krone in einer kleinen Holzkiste bei mir. Ein krankes Mädchen im Rollstuhl erkannte mich, und seine Mutter kam zu mir und sprach mich an. Ich erinnere mich nicht mehr an die ganze Unterhaltung, aber irgendwie handelte ich aus einem Impuls heraus. Ich nahm die Krone aus ihrer Kiste und setzte sie dem Mädchen auf den Kopf.

Sie freute sich unbändig darüber, und ich habe das gern getan. Doch als dieser Manager von *Alabama Power* mir diese Geschichte erzählte, wurde mir klar, daß andere Leute diese kleine Szene auf dem Flughafen beobachtet hatten. Es war nur eine kleine Geste gewesen, und doch bedeutete sie soviel! Das ist das Schöne daran, wenn wir Gott auf unserer Reise zur Erfüllung unseres Traumes folgen. Man weiß nie, wie er einen gebrauchen wird!

Wenn Sie sich dessen vielleicht auch nicht bewußt sind, so bin ich sicher, daß Sie im Leben eines anderen Menschen schon etwas bewirkt haben. Die Lehrer, die mir meine Ausbildung gegeben haben, meine Familie, die ihre Zeit und Energie geopfert hat, um mir zu helfen, sie alle haben Wunder in meinem Leben bewirkt. Ohne die Hilfe und Unterstützung vieler Leute, die sich die Zeit genommen haben, um mir zu helfen, ein Vorbild des STARS-Programms zu werden, hätte ich nicht *Miss America* werden können.

Und damit komme ich zum fünften Punkt des STARS-Programms: *Sucht und nehmt Hilfe in Anspruch.* Ich glaube nicht, daß ein Mensch ohne Hilfe glücklich und erfolgreich sein kann. Meine Familie war der stärkste Teil meiner Hilfsmannschaft. Sie half mir, meine Probleme aus einem anderen Blickwinkel zu betrachten. Anstatt mich zu bemitleiden, forderte sie mich heraus, mein Bestes zu geben.

Ihre Hilfsmannschaft besteht aus Menschen, die Sie daran erinnern, daß Sie mit Gottes Hilfe alles schaffen können. Dazu gehören vermutlich Ihre Eltern, Ihre Lehrer, Menschen aus Ihrer Gemeinde, jeder, der Ihr Leben in der einen oder anderen Weise beeinflußt. Wenn Sie keine Hilfsmannschaft haben, freunden Sie sich mit den Menschen an, die Ihre Wertvorstellungen und Träume teilen.

Zu meiner Hilfsmannschaft gehörte deshalb nicht nur meine Familie. Ohne die Hilfe vieler anderer Menschen hätten meine Träume niemals in Erfüllung gehen können. Dazu gehören Vicki und Jim Davis, ihre Tochter Donnalee Davis Blankenship und ihr Mann, Brandon Blankenship. Diese Familie habe ich während der Wahl der *Junior Miss Shelby County* kennengelernt. Donnalee war einige Jahre vor meinem Sieg zur *Junior Miss Shelby County* gekrönt worden, und die Familie Davis war begeistert von diesem Programm, weil sie wußten, wie wichtig Stipendien für junge Frauen sind.

Als die Familie Davis hörte, daß ich mich um den Titel der *Miss Alabama* bewarb, unterstützten sie mich in meinem ersten Wahljahr. Im zweiten Jahr veranstalteten wir einige gestellte Gespräche in ihrem Haus. Vicki, Jim, Donnalee und Brandon waren die „Schiedsrichter". Als ich wieder nur Zweite wurde, sahen sie, wie entmutigt und verzweifelt ich war. Sie glaubten daran, daß ich noch immer siegen konnte und schenkten mir ein Flugticket nach Atlantic City. Brandon meinte, ich solle den Schiedsrichtern sagen, auch eine gehörlose Frau könne den Aufgaben einer *Miss America* gerecht werden. „Sag ihnen, du wüßtest, daß sie sich fragten, ob eine gehörlose Frau den Anforderungen, die an eine *Miss America* gestellt werden, erfüllen könnte. Sag ihnen: ‚Ja, ich kann es.'"

Brandons mutmachende Worte haben mir damals viel bedeutet. Ich konnte die Schiedsrichter motivieren, an mich zu glauben. Und dadurch wurde wiederum ich motiviert, mich auf meine *Fähigkeiten* zu konzentrieren und nicht auf meine Behinderung.

Ich glaube, Gott hat zu Vicki und Jim gesprochen. Und ganz bestimmt hat er während meines Aufenthalts in Atlantic City zu mir gesprochen. Als ich mich unter die Menge vor dem Kongreßgebäude, mischte, verkaufte ein Mann, der als *Boardwalk Bob* bekannt war, Eintrittskarten für das große Ereignis. Ich hatte ihn noch nie gesehen, und ich bin sicher, er hatte keine Ahnung, daß ich gehörlos war, aber er hörte einen Augenblick auf, seine Ware anzupreisen, blickte mich an und sagte: „Sie kommen nächstes Jahr wieder. Sie werden die neue *Miss America* sein."

Überall hörte ich dieselben Worte. Karen Drinkard, die Direktorin des Wahlkomitees der *Miss Cullman*, hatte mir vor Jahren gesagt: „Sie könnten siegen." Später fügte sie hinzu: „Denken Sie an *Miss America*, nicht an *Miss Alabama*."

Auch Virginia McDorman, eine Schiedsrichterin bei der Wahl der *Miss Cullman*, hat mir sehr viel Mut gemacht. Sie sagte mir, sie hätte sofort gewußt, daß ich die nächste *Miss America* sein würde. „Sie haben so gestrahlt, als Sie zum Gespräch kamen", erzählte sie mir später. „Ich wußte, daß ich die künftige *Miss America* vor mir hatte."

Karen Drinkard, *Boardwalk Bob*, Virginia McDorman und unzählige andere haben mir immer wieder Mut gemacht. Ihre Worte waren Balsam für meine Seele und erinnerten mich an einen Bibelvers: *„Es ist einem Mann eine Freude, wenn er richtig antwortet"* (Sprüche 15,23).

Als ich das erste Mal bei der Wahl der *Miss Alabama* Zweite wurde, schenkte mir Teresa Strickland ein Buch über alle vorangegangenen *Miss Americas* und schrieb hinein: „Ich wünsche dir, daß du einmal dazugehörst." Ihr stiller Glaube hatte einen sehr großen Einfluß auf mich. Ich wollte an ihren Traum glauben. Ich wollte die Erwartungen der anderen an mich erfüllen. Vor allem wollte ich mir Teresa Strickland als Vorbild nehmen. Dabei ging es mir nicht um ihren Titel oder ihren Job, sondern um ihr Wesen. Sie ist die Art von Mensch, die Amerika braucht.

Jetzt ist deine Zeit gekommen

Meine Mutter und Tante Stephanie begleiteten mich 1994 zur Wahl der *Miss America*. Nachdem Kimberly Aiken, die amtierende *Miss*

South Carolina, gekrönt worden war, ging ich in den Saal, in dem der Empfang stattfand, um unserer *Miss Alabama*, Kalyn Chapman, zu ihrem hervorragenden Abschneiden in dem gesamten Wettbewerb zu gratulieren. Wir mischten uns noch etwa eine Stunde lang unter die Zuschauer und wollten schließlich ins Hotel zurückkehren. Doch zunächst blieben wir in der leeren Kongreßhalle stehen. Die Arbeiter säuberten bereits den Zuschauerraum und räumten die Stühle weg. Ich fragte einen von ihnen: „Haben Sie etwas dagegen, wenn ich einmal kurz auf die Bühne steige?"

„Wen interessiert das schon?" erwiderte er achselzuckend. „Nur los."

Nur von Tante Stephanie und den Arbeitern beobachtet, kletterten Mutter und ich auf die Bühne und gingen zum Laufsteg. Ich blickte in den leeren Saal, der so groß war wie zwei Fußballfelder – und plötzlich fühlte ich mich zuversichtlich und entspannt.

Innerhalb eines Augenblicks war meine ganze Unsicherheit verschwunden. Ich spürte die Gegenwart Gottes, und er sagte zu mir: *Geh zurück und arbeite weiter so hart an dir; das nächste Mal ist deine Zeit gekommen.*

Damals wußte ich nicht, ob ich jemals *Miss America* werden würde, ich wußte nur, ich sollte mit neuer Energie auf die *Miss Alabama* hinarbeiten. Und ich wußte genauso sicher, daß Gott von mir erwartete, daß ich ein Zeugnis für Jesus war, egal wo ich mich befand. Ich mußte zu diesem Zeitpunkt noch nicht wissen, ob ich eines Tages wirklich *Miss America* werden würde, und das war gut so, weil ich mir sonst vielleicht nicht so große Mühe gegeben hätte; vielleicht wäre ich auch hochmütig geworden. Ich sollte einfach vollkommen von Gott abhängig sein und seinem Plan voll und ganz vertrauen.

Wieder zu Hause angekommen, fing ich an, noch härter zu arbeiten und mit neuem Eifer in der Bibel zu lesen. Nur Gott wußte, was gut für mich war und wo sich mein Platz auf dieser Welt befand. Ich vertraute ihm voll und ganz, daß er meine Träume mit seinen Zielen für mein Leben in Übereinstimmung bringen würde.

Als die Wahl näherrückte, schickte Teresa mir eine Karte mit einer ganz einfachen Botschaft: „Heather, halte deinen Blick auf Jesus gerichtet. Wenn du ihn aus dem Blick verlierst, wirst du die schwierigen Situationen nicht meistern können. Darum folge Jesus, und laß dich nicht durch dummes Gerede, das Publikum oder einen Fehler, den du vielleicht machst, davon abbringen. Nur Jesus ist wichtig. Er soll in deinem Herzen regieren."

Es fiel mir in dieser Zeit nicht leicht, auf Jesus ausgerichtet zu bleiben, weil ich von den Vorbereitungen für die Wahl vollkommen erschöpft war. Ich hatte mittlerweile an die Uni von Montevallo gewechselt, deren Lehrstuhl für Buchführung besser war, aber leider kannte ich dort noch niemanden. Schlimmer noch, an dieser Universität hatte ich enorme Verständigungsschwierigkeiten, und ich mußte mir große Mühe geben, um meine Noten einigermaßen zu halten. Sechs Tage pro Woche trainierte ich zwei oder drei Stunden lang. Ich hatte nur wenig Gelegenheit, neue Leute kennenzulernen, geschweige denn, abends auszugehen. Meine knapp bemessene Freizeit stellte ich freiwillig der Green-Valley-Grundschule zur Verfügung. Und nach wie vor sah ich mir jeden Tag die Nachrichten an und las die Zeitung, um informiert zu bleiben.

Doch diese ganze Mühe hat sich gelohnt, weil ich in diesem Jahr tatsächlich Miss Alabama wurde.

Wieder moderierte Teresa Strickland den letzten Abend der Wahl zur Miss Alabama. Als sie die Namen der Siegerinnen vorlas, erlebte ich ein Wechselbad der Gefühle. Der zweite Platz war mein Feind. Ich wollte nicht schon wieder Zweite sein.

Während Teresa also die Namen vorlas, lächelte ich und versuchte, mir meine Gefühle nicht anmerken zu lassen. Als der zweite Platz bekanntgegeben wurde, sah ich bewußt nicht in ihre Richtung. Ich blickte ins Publikum und wartete darauf, daß jemand mir auf die Schulter klopfte – aber niemand berührte mich. Eine der Kandidatinnen stellte sich auf den Platz, auf dem ich in den beiden vorangegangenen Jahren gestanden hatte. Nun beschlich mich ein seltsames Gefühl – fast so wie ein Kind, das eine neue Schwester begrüßen soll, sich von ihr aber an die Seite gedrängt fühlt.

Doch dann plötzlich ergriff mich das Mädchen neben mir bei der Hand. Aus meinen Augenwinkeln bemerkte ich, wie die anderen Kandidatinnen mich anstarrten.

Lieber Gott, sag mir, was vorgeht . . .

Teresa verkündete die Siegerin; das Publikum spendete donnernden Applaus, weshalb ich den Namen der Siegerin nicht verstehen konnte. Aber das Mädchen neben mir drehte sich zu mir um und sagte: „Du hast gewonnen. Heather, du hast gewonnen!"

Plötzlich war mir ganz kalt und schwindelig; und ich glaubte, ich würde ohnmächtig werden. Ich hatte für diesen Augenblick immens hart gearbeitet, doch auf einmal fühlte ich mich außerstande, die Krone in Empfang zu nehmen. Eine solche Verantwortung! Ich hatte so vieles auf mich genommen, um *Miss Alabama* zu werden, wie konnte ich hoffen, meinen Heimatstaat bei der Wahl der *Miss America* zu vertreten?

Heather, ich bin noch immer bei dir.

Ich hörte auf mein Herz. Gott sprach sehr deutlich, und er gab mir die Freude und den Mut, die ich brauchte, um nach vorne zu treten und die Krone in Empfang zu nehmen.

Auf nach Atlantic City

Wie bei allen Wettkämpfen kann bei der Wahl der *Miss America* nur eine Person gewinnen. Dieses Ziel zu erreichen wurde außerdem dadurch erschwert, daß man nur ein einziges Mal zu dieser Wahl antreten kann, da man schließlich nur für ein Jahr den Titel *Miss Alabama* tragen und ihn nicht im folgenden Jahr ein weiteres Mal erringen kann. Wenn ich mir bewußt gemacht hätte, daß dies eine Gelegenheit war, die ich nur einmal in meinem Leben wahrnehmen konnte, wäre ich vielleicht noch nervöser gewesen, aber während der Woche der Wahl zur *Miss America* war ich sehr ruhig – fast beängstigend ruhig, was ich darauf zurückführte, daß ich einfach nur Gott vertraute und meinen Blick auf Jesus richtete. Diese Gelassenheit war ungewöhnlich für mich, da ich bei den anderen Wettbewerben nie so ruhig habe bleiben können. Ich hatte ständig das Gefühl gehabt, während der vergangenen drei Jahren in einem Taifun herumgewirbelt worden zu sein und nun eine ruhige Bucht erreicht zu haben, in der ich mühelos segeln konnte. Die Stimme in meinem Herzen sagte: *„Keine Angst, Heather, ich halte alles in meiner Hand. Entspanne dich. Tanze für mich."*

Und das tat ich. In der Wettbewerbswoche gab ich mein Bestes. Ich gestehe, während des Gesprächs mit den fünf Schiedsrichtern hatte ich eine Heidenangst. Als ich den Raum betrat, krampfte sich mein Magen zusammen. Das Gespräch war und blieb für mich der schwierigste Teil des Wettbewerbs. Ich hatte nur eine Chance, und die würde bald vorüber sein. Ich kämpfte gegen meine Tränen an. Mein Herz sagte mir noch immer, ich sollte mich entspannen, aber ich konnte es nicht. Ich versuchte nach Kräften, ich selbst zu sein, doch anschließend war ich enttäuscht.

Das Training für meine Tanzdarbietung hingegen fiel mir leichter. Während einer Pause auf der Bühne setzte ich mich auf den Boden und blickte in den dunklen Saal, wo das Publikum sitzen würde. Ich dachte an all die Mühen, die meine Familie auf sich genommen hatte. Ich dachte an Mutter, die soviel Vertrauen in mich gesetzt hatte, daß sie ihre gehörlose Tochter für den Tanzunterricht anmeldete, und an Dad, der mir das Fahrradfahren beigebracht hatte, damit ich einen ersten Schritt in Richtung Unabhängigkeit machen konnte. Ich erinnerte mich, wie Großvater Gray mich gelehrt hatte, ein Problem auch von der positiven Seite zu betrachten, und an Stacey, die mir bei der Vorbereitung auf meine Wettbewerbe geholfen hatte. Ich sah Melissa, meine beste Freundin während meiner Kindheit, und Tante Stephanie, die Mutter und mir geholfen hatte, mein widerspenstiges Haar zu bändigen.

Tränen traten in meine Augen, und mein Herz floß über vor Freude und Dankbarkeit. Ich dankte Gott für meine Familie und das Wunder, daß ich es bis nach Atlantic City auf diese Bühne geschafft hatte. Dieses Gefühl überstieg bei weitem das, was ich im Augenblick der Krönung empfand. Als ich ganz allein auf dieser Bühne saß, weinte ich mehr als im Augenblick meines Triumphes.

Vor dem letzten Abend des Wettbewerbs mußten wir noch einige Proben durchlaufen. Bei einer dieser Proben starrte ich vollkommen fasziniert die Krone an, während eine Assistentin des Choreographen mit allen Kandidatinnen die Krönung probte, wobei allerdings eine „Übungskrone" verwendet wurde.

Mehr als alles in der Welt wollte ich diese Krone anfassen. Es ist jedoch eine unausgesprochene Regel, daß keine der Kandidatinnen die Krone berühren darf. Doch nachdem die Assistentin auch mit mir die Krönung geprobt hatte, streckte ich die Hände aus, um ihr zu helfen, mir die Krone wieder vom Kopf zu nehmen.

„O nein", sagte eine der Hostessen freundlich, „wer auch immer die Krone berührt, wird die nächste *Miss America*."

Ich hatte sie bereits berührt! Mein Herz klopfte schneller, und ich stellte mir vor, wie diese Krone mein Leben verändern würde. Durch diese Krone konnte ich vielen Menschen Mut machen, den Träumen zuversichtlich zu folgen, die Jesus ihnen gegeben hatte. Durch diese Krone konnte ich ein besseres Zeugnis für Jesus sein.

Mir war bewußt geworden, daß die meisten Leute Gott und die Ziele, die er für sie hatte, anscheinend vergessen hatten. Es gab so viele unglückliche Menschen um mich herum, weshalb ich den großen Wunsch hatte, ihnen Gott nahezubringen. Mit Hilfe dieser Krone würde ich ein breiteres Publikum erreichen und konnte es auffordern, Gott wieder ernst zu nehmen und ihren Blick von ihren alltäglichen Pflichten fort und hin zu Gott zu richten. Ich wollte sie auffordern, einmal innezuhalten und über den Schöpfer nachzudenken, den Einen, der uns geschaffen und uns unsere Träume gegeben hat.

Am letzten Abend des Wettbewerbs wollte ich allein für Gott tanzen, nicht nur für die Krone der *Miss America*, wenn ich auch gern gewonnen hätte. Aber Gott war mir weit wichtiger als die Krone. Ich wollte nichts anderes, als zu dem Lied „Via Dolorosa" zu tanzen. Das Lied beschreibt den Todeskampf Christi und seine große Liebe zu uns, die ihn dazu brachte, nach Golgatha zu gehen, um für die Sünden der Welt zu sterben.

Nachdem ich *Miss Alabama* geworden war, sagte mir jemand, wenn ich *Miss America* werden wolle, müsse ich mir ein anderes Lied aussuchen; mit christlicher Musik würde man die Krone nicht erringen. Über diesen Rat habe ich dann lange nachgedacht. Gott ist sehr mächtig. Er hat die Erde geschaffen, das Gras, die Bäume, das Wasser – alles, was ich liebe. Er hat auch die Menschen geschaffen und ihnen ihren Verstand gegeben. Wenn Gott wollte, daß ich *Miss America* werde, dann konnte er die Schiedsrichter in ihrer Entscheidung führen. So beschloß ich, diesen Rat zu ignorieren und bei meinem christlichen Lied zu bleiben. Denn schließlich wollte ich in erster Linie Gott durch meinen Tanz verherrlichen.

Der Traum des kleinen Mädchens hatte sich verändert. Jetzt wollte ich Gott nicht mehr als Primaballerina verherrlichen, sondern als Anwärterin auf den Titel der *Miss America*. An diesem einen Abend hatte ich auch aufgrund der landesweiten Fernsehübertragung die Möglichkeit, vor mehr Menschen zu tanzen, als es als weltbekannte Ballerina je möglich gewesen wäre.

Der große Abend brach an, die Fernsehkameras wurden eingeschaltet, der riesige Saal füllte sich mit Tausenden von Menschen. Die anderen Kandidatinnen und ich waren schrecklich aufgeregt, und doch empfand ich noch immer diesen seltsamen, vollkommenen Frieden, der mich durch die gesamte Woche getragen hatte.

Ich war als vorletzte an der Reihe. Das erstaunte mich nicht besonders, da ich am Mittwochabend die Vorausscheidung des Badeanzugwettbewerbs und am Donnerstagabend die Vorausscheidung des Talentwettbewerbs gewonnen hatte. Und doch fühlte ich mich geehrt, daß ich die Gelegenheit hatte, zu den zehn Finalisten zu gehören.

Mein Kindheitstraum würde nun wirklich in Erfüllung gehen. Ich tanzte nach der Musik, die ich durch mein Hörgerät hörte. Ich zählte die Schläge, zählte und paßte meine Sprünge dem Rhythmus an. Gegen Ende des Liedes mußte ich eine Reihe schneller Pirouetten drehen, das war die schwierigste Stelle in meiner Darbietung, denn ich mußte meinen gesamten Körper auf einmal drehen. Bewegte ich aber meinen Kopf vor meinem Körper oder umgekehrt, würde ich das Gleichgewicht verlieren.

In diesem Teil lag deshalb die größte Möglichkeit, daß ich einen Fehler machen würde, und bei der Vorausscheidung des Talentwettbewerbs hatte ich mich bereits nicht vorschriftsmäßig gedreht. Im hinteren Teil der Tanzfläche befand sich eine Treppe, über die ich beinahe gestolpert wäre.

Aber an diesem Abend, als ich für Amerika tanzte, hatte Gott mir gesagt, ich solle einfach ganz entspannt sein. Und als dann die Pirouetten an der Reihe waren, hätte ich schwören können, daß ein Engel mich an der Schulter angestoßen hat und mir somit den nötigen Schwung gab, den ich brauchte, um meine Pirouette vollendet drehen zu können. Ich stand einfach nur da und ließ es geschehen.

Nie habe ich vorher oder nachher etwas Ähnliches erlebt. Mein Tanz dauerte zwei Minuten und dreißig Sekunden, aber an diesem Abend hatte ich den Eindruck, als hätte jemand das Band schneller laufen lassen. Mir kam es vor, als hätte ich höchstens eine halbe Minute getanzt. Nach meinem Tanz, während ich mich vor dem applaudierenden Publikum verneigte, sah ich mir die Menschen an und sagte mir: *Das war's. Dafür hast du mehr als zwei Jahre lang drei Stunden pro Tag und fünf Tage in der Woche gearbeitet. Und jetzt ist es vorbei.*

Ich kann das Gefühl, das ich damals hatte, nicht genau beschreiben. Manchmal setzt in Augenblicken großer Trauer oder großer Freude einfach unser Erinnerungsvermögen aus. Und so war es auch bei mir. Ich hatte mir gerade meinen größten Traum erfüllt und wußte nicht, ob ich glücklich oder traurig sein sollte.

Aber zum Nachdenken blieb keine Zeit. Der Wettbewerb ging weiter: die Abendkleidvorführung, die Gespräche mit den Juroren und die letzte Bewertung standen noch aus. Ich eilte von der Bühne, um mich umzuziehen. Dabei betete ich leise, Gott möge mir auch weiterhin helfen, mein Bestes zu geben.

Nach dem Talentwettbewerb hielt ich hinter der Bühne in meiner kleinen Garderobe inne. Ich hatte zwei Abendkleider zur Auswahl: ein atemberaubendes Kleid aus glitzerndem, golddurchwirkten Stoff, das so auffallend war, daß es einen Schönheitswettbewerb praktisch von ganz allein gewinnen konnte, und ein einfacheres weißes Kleid. Allen, die ich gefragt hatte, gefielen beide Kleider, und wenn auch das goldene Kleid auffallender und schöner war, glaubte ich, daß die Schiedsrichter in dem weißen Kleid mein Wesen besser erkennen konnten.

Der Rest des Abends verging wie im Flug. Bevor ich wußte, wie mir geschah, stand ich als eine von den fünf Finalistinnen vor der Fernsehkamera. Regis Philbin, der zusammen mit Kathie Lee Gifford den Abend moderierte, hatte sich von der Bühne abgewandt und blickte in die Fernsehkameras.

Ich war sehr nervös gewesen, als ich Regis einige Tage zuvor hinter der Bühne kennengelernt hatte. Er sprach viel zu schnell, als daß ich ihn hätte verstehen können. Hinter der Bühne mußte ich ihn dreimal daran erinnern, er solle bitte langsamer sprechen. Doch während unseres Live-Interviews im Fernsehen dachte er zum Glück daran und sprach einfach vorbildlich mit mir!

Tiffany Storm, *Miss Indiana*, hatte den fünften Platz belegt; Andrea Krahn, *Miss Georgia*, den vierten Platz und Jennifer Makris, *Miss New Jersey*, den dritten Platz.

In Gedanken bereitete ich mich bereits auf den zweiten Platz vor,

denn in den vergangenen zehn Jahren hatte ich gelernt, daß Kandidatinnen, die den Badeanzugwettbewerb und den Talentwettbewerb
gewannen, zwar die Favoritinnen waren, um dann schließlich doch
nur Zweite zu werden. So war es auch Teresa Strickland 1978 ergan-
gen.

Regis stand so, daß ich nicht von seinen Lippen ablesen konnte. Ich
hörte einen Tusch und sah, wie das Publikum zu applaudieren
begann. Ich hörte nur, wie er „Miss Virginia" sagte, aber alles weitere
konnte ich nicht verstehen. Ich wußte nicht, ob ich gewonnen hatte
oder nicht. Die ganze Zeit dachte ich nur: Wenn Miss Virginia weint,
hat sie gewonnen, doch als ich mich zu ihr umdrehte, deutete Cullen
Johnson auf mich.

Ich wußte nicht, wie mir geschah. Ich war überwältigt und durch-
lebte ein rasantes Wechselbad der Gefühle – den gesamten Umfang
meiner Empfindungen kann ich mit Worten nicht beschreiben. Es ist
soweit. Du bist wirklich hier. Das ist kein Traum, sondern Realität. Es
ist kein Tagtraum!, waren meine immer wiederkehrenden Gedanken.

Schließlich ging ich zu Kimberly Aiken hinüber, und sie setzte mir
die Krone auf den Kopf. Jemand hatte mir außerdem noch das Kri-
stallzepter in die Hand gedrückt, was ich jedoch erst bemerkte, als ich
hinter der Bühne angekommen war. Die Veranstalter des Wettbewerbs
wären in Ohnmacht gefallen, wenn ich es aus Versehen hätte fallen
lassen! Aus meinen Augenwinkeln sah ich, wie Kathie Lee Gifford mit
Tränen in den Augen applaudierte. Irgendein Mechanismus in meinem Bewußtsein trieb mich an. Dreh dich. Winke. Geh zum Ende des
Laufstegs. Dreh dich noch einmal und geh dann zurück zu Kimberly.

Als ich den Laufsteg entlang ging, riß ich mich schließlich zusammen. Am hintersten Ende blieb ich stehen, überwältigt von dem
jubelnden Publikum, und in meinem Herzen rief ich zu Gott: Ich
brauche dich, Gott. Bitte sei jetzt bei mir. Mir war auf einmal wieder
ganz deutlich, wieviel Verantwortung mit dem einjährigen Amt der
Miss America verbunden war, und ich nahm mir vor, mein Bestes zu
geben.

Ich war einundzwanzig Jahre alt und hatte bisher noch keine richtige Berufserfahrung, außer vielleicht als Babysitter. Es handelte sich
bei meinem soeben erlangten Titel nicht nur um einen simplen Wettbewerb, es war ein richtiger Job, die größte Herausforderung, vor der

ich je gestanden hatte. Und die Entscheidungen, die ich in den kommenden Monaten treffen würde, würden den Rest meines Lebens beeinflussen.

Ich war die erste gehörlose *Miss America*, die erste *Miss America* mit einer Behinderung überhaupt. Ich wußte, daß alle zu mir als Pionierin aufsehen würden, und ich würde mehr als achtundvierzig Millionen behinderte Amerikaner repräsentieren.

Sicherlich würde in den vor mir liegenden Tagen ein großer Druck auf mir lasten. Unaufhörlich würde ich im Rampenlicht stehen. Und ich hatte davor plötzlich schreckliche Angst.

Ich suchte nach meiner Familie. Zu Beginn der Woche hatte nur meine Familie in der Gebärdensprache das Zeichen für „Ich liebe dich" gemacht, darum waren sie im Publikum leicht zu erkennen gewesen. Doch an diesem Abend hatte sich diese Gebärde wie ein Virus in der Menge ausgebreitet. Fast jeder machte sie, und ich konnte deshalb meine Familie nicht finden.

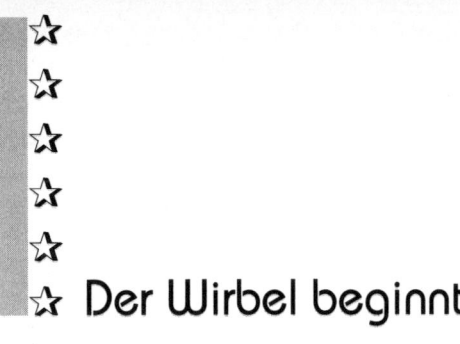

☆ Der Wirbel beginnt

Unmittelbar nach der Veranstaltung wurde ich von der Bühne geführt. Als ich durch die Gänge hinter der Bühne ging, hielt mich Leanza Cornett, eine ehemalige *Miss America*, die als Redakteurin für die Sendung *Entertainment Tonight* arbeitete, an und bat mich um einen Kommentar. Ich lächelte in die Videokamera und sagte: „Ich kann es noch gar nicht fassen. Ich muß mir erst die Videocassette ansehen, um mir klarzumachen, daß es wirklich passiert ist!"

Unmittelbar nach diesem kurzen Interview brachten mich ein Sicherheitsbeamter und die Veranstalterin Marilyn Feehan zu dem Raum, der während der Wettbewerbswoche von den Veranstaltern als Büro benutzt worden war. Dort hatte ich nun die Gelegenheit, ein wenig zur Ruhe zu kommen, Atem zu holen und mein Make-up zu erneuern. Ich stand vor einem kleinen Spiegel und starrte mein Spiegelbild an. Ich berührte die Krone auf meinem Kopf und konnte noch immer nicht fassen, daß sie wirklich mir gehören sollte. Dann betrachtete ich mich im Spiegel und sagte: „Du bist die erste gehörlose *Miss America*." Mein Magen krampfte sich zusammen, als ich darüber nachdachte. Ich war die erste *Miss America* mit einer Behinderung. In dem vor mir liegenden Jahr würde ich ein Pionier sein und mich durch Situationen und Umstände hindurchmanövrieren müssen, der keine andere Miss America zuvor je ausgesetzt gewesen war. Es gab niemanden, den ich hätte um Rat fragen können.

Jemand klopfte an die Tür, und Leonard Horn, Vorsitzender und Präsident der *Miss-America*-Organisation, betrat mit einem strahlenden Lächeln den Raum. „Herzlichen Glückwunsch, Heather", sagte er, und während ich meinen Dank stammelte, beugte er sich vor und küßte mich auf die Stirn. Ich war sehr erleichtert, denn bis zu diesem Moment war ich nicht sicher gewesen, was die Veranstalter von einer Miss America mit einer Behinderung halten würden. Doch mit diesem väterlichen Kuß hat Leonard Horn mir gezeigt, daß er hundertprozentig hinter mir stand. Mit diesem Kuß war der Abend vollkommen, und ich wußte, daß wir während der kommenden zwölf Monate als Team zusammenarbeiten würden.

„Heather?" sagte Marilyn und lächelte mich an. „Sind Sie nun bereit, sich der Welt zu stellen?"

Ich atmete tief durch. Ich hatte es so gewollt. Gott hatte mich hierhergestellt. Und nun war es an der Zeit, der Realität ins Auge zu blicken. Ich folgte Marilyn.

Noch immer im Abendkleid und mit der Krone auf dem Kopf betrat ich den *Winner's Circle*, einen riesigen Raum im Kongreßzentrum, der im Zusammenhang mit den Miss-Wahlen für Pressekonferenzen verwendet wurde. Es waren eine Menge Stühle und helle Lampen aufgestellt worden. Sobald wir den Raum betraten, blitzten die Kameras, so daß ich kaum noch etwas sehen konnte.

Als Marilyn Feehan mich den Journalisten vorstellte, durchzuckte mich der Gedanke: *Wenn ich hier einen Fehler mache, wird er mir das ganze Jahr nachhängen. Was immer ich heute abend tue, wird hängenbleiben. Für immer.*

Ich trat an das Rednerpult und begann die Fragen der Reporter zu beantworten. Die Interviews waren derart schnell vorbei, daß ich mich kaum noch daran erinnern kann. Allerdings weiß ich noch genau, daß ich gefragt wurde, was ich dabei empfinde, die Wahl gewonnen zu haben. Ich antwortete, ich könnte es kaum erwarten, in die Fußstapfen der früheren *Miss Americas* zu treten. Und dann bat ich die Reporter aus einem Impuls heraus, mit dem Fotografieren aufzuhören, da das Blitzlicht mich blenden würde und ich deshalb den Leuten, die mir Fragen stellten, nicht von den Lippen ablesen könnte.

So offen hatte ich gar nicht sein wollen, die Worte waren mir einfach herausgerutscht. Doch die Fotografen waren kein bißchen beleidigt und hörten auf zu fotografieren.

Kurze Zeit später führte man mich in ein Zimmer, in dem das erste offizielle Foto gemacht werden sollte. Wieder lächelte ich, während die Fotografen unzählige Fotos schossen. Außerdem wurde eine Aufnahme zusammen mit meiner Familie gemacht, eine mit einem Handy (Sponsoren der Miss-Wahl) und andere mit Kimberley Aiken, der *Miss America* 1994; Marsha Fulsom, der Frau des ehemaligen Senators von Alabama, und Yolande Betbeze, der *Miss America* 1951, der ersten *Miss America* aus Alabama.

Als die Fotosession vorüber war, umarmte ich zuallererst meine Mutter. In vieler Hinsicht war dieser Abend genauso ihr Verdienst wie meiner. Ohne ihre Ermutigung und Unterstützung hätte ich niemals bei der Wahl der *Junior Miss Shelby County* antreten, geschweige denn an diesem Abend teilnehmen können.

Überall im Raum befanden sich Mitglieder meiner Familie, und ich begrüßte so viele von ihnen wie möglich, denn schon bald wurde ich weitergeschoben, und um ein Uhr morgens traf ich schließlich die anderen neunundvierzig Kandidatinnen und ihre Familien bei einer Party.

Als ich bei dieser Party auftauchte, machten alle die Gebärde für „Ich liebe dich". Auch Teresa Strickland war bei dieser Party dabei, nur war sie nicht so fröhlich wie ich. Sie saß auf ihrem Stuhl und weinte sich die Augen aus dem Kopf. Als ich das sah, krampfte sich mein Herz zusammen, Wie sehr hätte ich ihr gegönnt, daß auch sie damals erlebt hätte, was ich an diesem Abend hatte erleben können. Im September 1978 war sie nur Zweite geworden, und sie hatte dennoch freiwillig ihre Zeit und Energie eingesetzt, um mir bei meinen Vorbereitungen auf diesen Wettbewerb zu helfen. Am liebsten hätte ich mir die Krone vom Kopf genommen und sie ihr aufgesetzt.

Mit gemischten Gefühlen begrüßte ich auch meine Mitbewerberinnen. Auf der Bühne hatte ich Gott für die Gelegenheit gedankt, *Miss America* geworden zu sein, und als ich mich umgedreht hatte, standen hinter mir alle neunundvierzig Teilnehmerinnen, die mir applaudierten. Das Gefühl der Dankbarkeit für ihre Freundlichkeit, Geduld und Freundschaft war unbeschreiblich.

Aber wenn ich sie alle auch sehr nett fand, so empfand ich doch, während ich sie ansah, wieder das alte Gefühl der Isolation. Ich fühlte mich wieder einsam und zerrissen. Alle auf der Bühne wußten, wie es war, die Miss ihres Staates zu sein; diese Erfahrung hatten wir alle gemeinsam. Sie alle hatten genauso hart gearbeitet wie ich, aber unglücklicherweise konnte nur eine junge Frau *Miss America* werden.

In diesem Augenblick wünschte ich, ich könnte die Regeln des Wettbewerbs außer Kraft setzen, und alle könnten mit mir gemeinsam *Miss America* sein.

Ich lächelte sie an. Leider erinnere ich mich nicht mehr an das, was ich zu ihnen sagte, aber ich glaube, ich dankte den Kandidatinnen, meinen Freunden, den Fans der *Miss-America*-Wahlen und meiner Familie für ihre Unterstützung. Ich erinnere mich noch an meine Bemerkung, Mickey Mouse hätte uns alle zusammengebracht – die Kandidatinnen hatten das vorhergehende Wochenende gemeinsam in Disney World verbracht, wo wir Freunde geworden waren.

„Ich liebe euch alle", sagte ich noch, bevor ich sanft an der Hand gefaßt und zu einer anderen Party am Trump Plaza geführt wurde, die für die Sponsoren und die Jury veranstaltet wurde. Dort blieb ich etwa eine halbe Stunde und dankte den vielen Menschen, die diesen Abend überhaupt erst möglich gemacht hatten.

Bei dieser Party entdeckte ich ein gehörloses Mädchen, das ich in der Wettbewerbswoche kennengelernt hatte. Während der *Parade der Staaten* in Atlantic City hatte ich dieses kleine Mädchen auf der Straße mit einem Schild in der Hand gesehen, worauf stand: „Hi Heather, ich bin auch gehörlos." Auf das Schild hatte sie eine Hand gemalt, die die Gebärde für „Ich liebe dich" machte. Jemand hatte sie ausfindig gemacht und zu dieser Party mitgebracht. Sie war schrecklich müde, aber ich umarmte sie und dankte ihrer Mutter, daß sie sie zu der Party begleitet hatte. Dieses Mädchen war das erste von vielen gehörlosen Kindern, die ich als *Miss America* kennenlernen sollte.

Als wir zu meinem Hotel zurückkehrten, war es schon fast zwei Uhr morgens, und ich war erstaunt zu sehen, daß alle meine Sachen in die Präsidentensuite gebracht worden waren. Überall standen Rosen, im Schlafzimmer, im Wohnzimmer, sogar im Bad mit dem riesigen Whirlpool. Meine Familie war vollzählig versammelt, um mich zu begrüßen.

Nachdem ich meine Familie umarmt hatte, sah ich mich in der prächtigen Suite um, staunte über das Schlafzimmer und dankte den Sicherheitsmännern, daß sie mich bewachten. Meine Familie blieb noch etwa eine Stunde, dann gingen alle – außer Mutter. Wir standen gemeinsam im Schlafzimmer, zum ersten Mal waren wir allein, seitdem ich *Miss America* geworden war. Ich war noch immer sehr aufgeregt und erzählte ihr von den vielen Leuten, die mir Karten und gute

Wünsche geschickt hatten, und plötzlich meinte Mutter: „Heather, heute abend ist mir etwas Seltsames passiert. Du weißt doch, daß ich vor einer Miss-Wahl immer schrecklich nervös bin, nicht?"

Und ob ich das wußte. Wir hatten so viele gemeinsam durchgestanden.

„Also", fuhr sie fort, „heute abend war ich kein bißchen nervös. Kurz vor Beginn der Veranstaltung breitete sich eine seltsame Wärme in mir aus. Und dann war es, als hörte ich eine Stimme sagen: ‚Entspann dich und genieße den Abend. Das ist ihr Abend.'"

Ich bekam eine Gänsehaut. Das war wirklich eigenartig! Langsam nickte ich und erzählte ihr, was ich erlebt hatte. „Kurz vor Beginn der Veranstaltung stand ich hinter der Bühne, als sich auch in mir eine seltsame Wärme ausbreitete. Und ich hörte eine Stimme, die sagte: ‚Entspanne dich und tanze heute abend für mich.' Und ich war überhaupt nicht nervös!"

Mutter und ich blickten uns in stiller Ehrfurcht an, und wir beide waren sprachlos über die Gegenwart Gottes. Ich konnte seine Wärme in meinem Herzen spüren. Und ich wußte, daß er real war.

Und dann war ich in dieser prächtigen Suite ganz allein. Ich wußte, ich sollte eigentlich versuchen, ein wenig Schlaf zu bekommen, aber ich war noch immer so aufgeregt wie ein Kind zu Weihnachten. Ich setzte mich aufs Bett und sah mich um, und plötzlich spürte ich, wie ich heftige Kopfschmerzen bekam. In meinen Schläfen begann es zu klopfen, und ich konnte mir nicht erklären, warum ich jetzt Kopfschmerzen bekam, wo die Anspannung doch endlich vorbei war! Ich legte die Hand an meinen schmerzenden Kopf und spürte auf einmal die Krone aus Metall und Glas.

Ich nahm sie ab, legte sie auf den Tisch und betrachtete sie eingehend. Sie war nicht ungewöhnlich schwer, aber es war ein ungewohntes Gewicht auf meinem Kopf. Vielleicht war die Krone für meine Kopfschmerzen verantwortlich.

Ich hoffte, die Kopfschmerzen würden am Morgen wieder verschwunden sein. Nachdem ich mein Abendkleid aus- und meinen Schlafanzug angezogen hatte, legte ich mich in das große Bett und starrte die Krone an. Als Kind hatte ich vor dem Einschlafen immer ans Tanzen gedacht, doch an diesem Abend betrachtete ich die Kristalle, die im Licht, das aus dem Wohnzimmer drang, funkelten.

Der erste Morgen

Am nächsten Morgen erwachte ich um acht Uhr. Meine Augen waren gerötet und blutunterlaufen. Mein Körper war erschöpft, doch mein Herz war bereit, sich dem Tag zu stellen. Ich konnte meinen ersten Tag als *Miss America* kaum erwarten.

Auf die kurze Lagebesprechung um neun folgte um zehn Uhr eine Pressekonferenz. Um halb elf wurden Außenaufnahmen mit meinem neuen Wagen gemacht – einem Chevrolet Camaro Cabrio. Noch nie hatte ich einen eigenen Wagen besessen. Zu Hause hatte ich immer das alte Auto meiner Familie gefahren. Ich konnte kaum glauben, daß dieses schicke Cabrio mir gehören sollte!

Gegen elf Uhr mußte ich für die traditionellen Strandfotos Shorts und T-Shirt anziehen. In der Mittagszeit wurden noch mehr Fotos gemacht, diesmal für Chevrolet. Wo immer ich ging, sammelten sich große Menschenmengen, und während der Fotoshootings fühlte ich mich ein wenig unbehaglich. Ich bin nie ein Model gewesen und auch gar nicht der Typ dafür. Und jetzt sahen alle dabei zu, wie die Fotos gemacht wurden. Schlimmer noch, ich konnte den Fotografen nicht von den Lippen ablesen, wenn sie ihre Kameras vor ihre Gesichter hielten, deshalb mußten sie mir erst ihre Anweisungen geben, dann zurücktreten und schließlich die Fotos machen. Ich fürchte, ich habe alles verkompliziert, aber sie haben es gelassen hingenommen.

Um halb zwei eilten wir zum Hotel zurück, um zu packen und auszuchecken. Ich hatte nicht einmal zwölf Stunden in meiner luxuriösen Suite verbracht, als ich sie auch schon wieder verlassen mußte.

Während der zweistündigen Fahrt von Atlantic City nach New York City hatte ich zum ersten Mal Gelegenheit, in Ruhe nachzudenken. In den vergangenen drei Jahren hatte ich mich darauf vorbereitet, mein Bestes zu geben, und plötzlich hatte sich über Nacht alles verändert. Ich brauchte mir keine Gedanken mehr darüber zu machen, in einem Abendkleid und einem Badeanzug möglichst gut auszusehen, ich mußte auch nicht mehr jeden Tag trainieren.

Die Zukunft erschien mir plötzlich unsicher und ein wenig beängstigend. Ich fragte mich, was wohl in den vor mir liegenden Monaten auf mich zukommen würde, und dann erinnerte ich mich daran, daß ich Gott vollkommen vertrauen konnte – und mußte. Ich sah zum

Fenster hinaus und hoffte, ein Zeichen von Gott zu entdecken, aber ich konnte keine Antwort finden. Ich würde geduldig warten müssen, eine bekannte Lektion, die ich, wie ich glaubte, bereits beim Ballett-training gelernt hatte.

Als ich zusammen mit meinen beiden Begleiterinnen in diesem Auto saß, setzte ich mir in Gedanken ein Ziel: *Dies wird das beste Jahr meines Lebens werden.*

Die beiden Frauen, die mich in dem mir bevorstehenden Jahr abwechselnd begleiten würden, waren Bonnie Sirgany und Michelle (Mickey) Brennan. Sie wichen während jener aufregenden ersten Tage nicht von meiner Seite. Doch nachdem ich mich an den Tages-ablauf einer *Miss America* ein wenig gewöhnt hatte, wechselten sie sich jeweils einen um den anderen Monat ab. Nach einiger Zeit zeigte mir Bonnie eine interessante Fotosammlung. Sie hatte in allen vorange-gangenen Jahren jede *Miss America* schlafend im Auto fotografiert.

„Wann hast du diese Fotos aufgenommen?" fragte ich, als ich sie mir ansah.

„Jeweils am Tag, nachdem sie *Miss America* geworden waren", erklärte sie mir. „Aber von dir konnte ich kein Foto machen, Heather. Du warst die einzige *Miss America*, die ich kenne, die im Auto nicht geschlafen hat."

In den ersten achtundvierzig Stunden nach meiner Wahl zur *Miss America* trat ich in unzähligen Fernseh-Shows auf, die meisten waren Talk-Shows. Zudem lernte ich einige Sponsoren der Miss-Amerika-Wahl und viele Journalisten kennen, die für ihre Zeitschriften etwas über mein Leben schreiben wollten.

Eine der Talk-Shows, in der ich Gast war, wurde von Regis und Kathie Lee Gifford moderiert, die ich schon während des *Miss-Ame-rica*-Wettbewerbs kennengelernt hatte. Es war fast so, als würde ich alte Freunde besuchen. Als ich hinter der Bühne auf meinen Auftritt war-tete, unterhielt ich mich mit der Schauspielerin Melissa Gilbert, die in der Fernsehserie *Unsere kleine Farm* mitspielte. Auch Emma Samms war dort. Sie war nicht nur bekannt wegen ihrer Rollen in *General Hos-pital* und *Dynasty*, sie hatte auch der Jury bei der Wahl der *Miss Ame-rica* angehört.

Emmas Augen funkelten vor Freude, als sie auf mich zukam. „Hea-ther, wir Schiedsrichter durften erst nach dem Wettbewerb miteinander sprechen", sagte sie. „Aber nachdem Regis Sie als die Siegerin bekanntgegeben hatte, konnten wir uns endlich über den Wettbewerb und die Kandidatinnen austauschen. Wir alle wollten, daß Sie gewinnen. Wir haben uns so für Sie gefreut!" Dann senkte sie die Stimme. „Mir hat außerdem Ihr Tanz sehr gut gefallen. Als Kind habe ich auch einige Zeit Ballettunterricht gehabt und immer davon geträumt, Primaballerina zu werden, aber eine Hüftverletzung hat mich daran gehindert, mir meinen Traum zu erfüllen."

Ich konnte mir vorstellen, wie enttäuscht sie gewesen sein mußte. Zwar hatte ich keine Verletzung, die eine Karriere als Tänzerin unmöglich machte, aber mittlerweile war ich zu alt, um mich einer Balletttruppe anzuschließen.

Emmas Worte taten mir gut. Später lud sie mich zu einer Veranstaltung der *Starlight Foundation* ein, einer internationalen Organisation, deren Mitbegründerin sie war. Das Ziel dieser Organisation war es, schwerkranken Kindern und ihren Familien zu helfen.

Kathie Lee und Regis begrüßten mich sehr herzlich. Regis' Augen funkelten, und er schien entspannter zu sein als während der Miss-Wahl. Er öffnete das Holzkästchen, in dem meine Krone aufbewahrt wurde, und hielt sie hoch, um sie dem Publikum zu zeigen. Ich spürte, daß zwischen Kathie Lee und mir eine einzigartige Verbindung bestand. Während des Interviews wußte ich nicht so genau, woher dieser Eindruck kam, doch später erfuhr ich, daß auch sie Christin ist.

Unmittelbar nach meinem Interview mit Kathie Lee und Regis flog ich nach Las Vegas, weil dort die *Tonight Show* mit Jay Leno aufgenommen wurde, eine äußerst populäre Talkshow.

Kurz nachdem ich mit meiner Reisebegleitung in meiner Garderobe angekommen war, hörte ich es an der Tür klopfen. Als ich öffnete, stand Jay in Jeans und einem Freizeithemd vor mir. Es dauerte eine ganze Weile, bis ich ihn erkannte, und erst dann wurde mir klar, daß *Jay Leno* vor mir stand, ein waschechter Fernsehstar.

Wie gewöhnlich begann ich zu sprechen, ohne vorher nachzudenken. „Was tun Sie denn hier?"

„Ich möchte mit Ihnen die Show durchsprechen."

Ein wenig verwirrt ließ ich ihn herein. Ich fühlte mich unbehaglich, weil ich eine so bekannte Persönlichkeit wie einen ganz normalen Menschen behandelte, aber er war bescheiden und rücksichtsvoll.

Ich befürchtete, daß er mich in der Show vielleicht nicht ernst nehmen könnte, darum war ich ein wenig nervös. Aber als wir uns auf das Interview vorbereiteten, sagte er: „Heather, Sie sollen wissen, daß ich große Hochachtung vor Ihren Eltern habe. Ganz offensichtlich sind Sie nie bemitleidet und wie ein ganz normales Kind behandelt worden. Mir hat besonders die Geschichte gefallen, wie Sie einmal vor dem Fernseher saßen und Ihre Mutter Sie gerufen hat. Sie haben sie damals genau gehört und sich ihr zugewandt, sich dann jedoch lieber wieder umgedreht und auf den Film konzentriert."

„Ich weiß", erwiderte ich lachend. „Ich war sehr ungezogen. Ich habe ihr erzählt, ich hätte sie nicht gehört, weil die Batterie meines Hörgerätes beinahe verbraucht gewesen sei."

„Aber sie hat Ihre Ausrede nicht geglaubt", erwiderte Jay. „Und ich denke, Eltern sollten unbedingt erkennen, daß ihre Kinder, egal was ihnen auch zustößt, genauso sind wie andere Kinder auch. Man sollte deshalb ganz normal mit ihnen umgehen."

Ich war erstaunt, als er mir das sagte. Er imponierte mir. Diese Geschichte haben wir dann auch in der Sendung erwähnt, und dem Publikum schien sie zu gefallen.

Kritische Stimmen

Ich hatte bis dahin gedacht, die *Miss America* sei ganz Amerikas Liebling, doch sehr schnell mußte ich feststellen, daß es in keinster Weise zutraf. Die meisten Leute sind freundlich und nachsichtig, aber es gibt auch andere, die sehr schnell Grund zur Kritik finden. Beinahe unmittelbar nach der Wahl zur *Miss America* hörte ich ausgerechnet Kritik von seiten meiner gehörlosen Mitbürger. Sie waren aufgebracht, weil ich während des Wettbewerbs gesprochen hatte, anstatt mich mit Hilfe der Gebärdensprache verständlich zu machen.

Nun kamen alle Erinnerungen, die ich so gern begraben hätte, wieder hoch – das Gefühl der Wertlosigkeit und des Versagens bei der Wahl der *Deaf Miss Alabama*. Damals hatte ich gedacht, ich würde nirgendwo hingehören. Ich hatte so hart gearbeitet, um das Sprechen zu lernen. Sechs Jahre hatte es gedauert, bis ich meinen Nachnamen korrekt aussprechen konnte. Meine Familie und ich hatten so viele Opfer gebracht, damit ich auf einer Bühne stehen und meinen Namen sagen konnte, anstatt ihn mit den Händen zu zeigen. Aus achtzigtausend jungen Frauen, die jedes Jahr auf verschiedenen Ebenen um die Krone der *Miss America* wetteiferten, war ich diejenige, die sie errungen hatte. Und doch gab es Menschen, die meinten, Kritik üben zu müssen.

Die Situation verschlimmerte sich noch, als die Medien Wind davon bekamen. Anscheinend ist das Interesse für negative Nachrichten immer größer als das Interesse für positive, denn die Presse stürzte sich sofort auf den vermeintlichen „Zusammenstoß" zwischen der neuen gehörlosen *Miss America* und der Gruppe der Gehörlosen.

Nach diesen Unstimmigkeiten litt ich eine Woche lang unter Alpträumen. Schreckliche Träume quälten mich, in denen mir Fotografen überall auflauerten, sich hinter Vorhängen, Stühlen, in Büschen versteckten, um ein Bild von mir zu schießen.

Ich sah meine große Hoffnung, für die Gruppe der Gehörlosen etwas erreichen zu können, wie den Morgennebel dahinschwinden. Ihre Reaktionen ließen mich zu der Überzeugung kommen, daß ihnen mein Einsatz für sie kein bißchen gefiel. Einige gehörlose Menschen schienen mich als eine Art Mißgeburt anzusehen. Aber ich bin kein Ungeheuer. Wie sehr ich mich auch bemühte, über mein STARS-Programm und die Problematik der Gehörlosen zu sprechen, es gab immer einige gehörlose Menschen, die ständig die Kontroverse Sprechen kontra Gebärdensprache aufbrachten.

Ich wußte nicht, was ich tun sollte. Mein Ziel war zu helfen, aber wie sehr ich mich auch bemühte, besonders den Gehörlosen Hoffnung zu vermitteln, alles schien ins Gegenteil verkehrt zu werden. Mittlerweile überlegte ich schon, ob es nicht vielleicht besser war, auf meinen Titel zu verzichten. Ich war einundzwanzig und hatte bisher ein recht behütetes Leben geführt. Ich hatte niemanden, an den ich mich wenden konnte, außer Gott. Darum schüttete ich ihm mein Herz aus und gab die Verantwortung für meine neue Aufgabe an ihn ab. Ich betete um Kraft und um einen Menschen, der während aller Kontroversen, die mit Sicherheit noch auf mich warteten, an meiner Seite sein würde.

Gott war treu und erhörte mein Gebet. Er erinnerte mich daran, daß jede Versuchung einen Grund hat. Ich sollte durch sie lernen, mich vollkommen auf ihn zu verlassen. Es war, als würde er sagen:

„Heather, du kannst aufgeben und dich auf dich selbst verlassen, oder du kannst in mir Ruhe finden. Ich habe alles in der Hand, und für alles, was passiert, gibt es einen guten Grund."

Ich beschloß, Gott zu folgen. Ich bin froh, daß ich diese Entscheidung getroffen habe, weil es mir dadurch möglich wurde, mit schwierigen Situationen fertig zu werden und nicht mit Bitterkeit und Zorn zu reagieren. Ich hörte zwar auch weiterhin die Kritik, aber ich hielt nach wie vor an meiner positiven Botschaft fest und vermittelte Ratschläge, die gehörlosen Menschen helfen konnten, beruflich Erfolg zu haben. Meine Reden beendete ich häufig mit den Worten: „Wenn auch nicht jeder das Gefühl hat, daß mein STARS-Programm das richtige für ihn ist, so hoffe ich doch, daß jeder von meinen Vorschlägen und meinem Beispiel profitieren kann. Viele Menschen mit Behinderungen unterstützen mich und helfen mir. Sie freuen sich sehr, daß ich *Miss America* geworden bin. Sie meinen: ‚Sie helfen Menschen, die keine Behinderungen haben, eine andere Perspektive zu entwickeln. Sie sagen allen, daß wir in erster Linie Menschen sind. Unsere Behinderungen kommen erst an zweiter Stelle.'"

Als Antwort auf mein Gebet um einen Begleiter schickte Gott mich nach Washington D.C., wo ich Donna Dickman und John Healy begegnete.

John Healy hatte ich bereits in meiner ersten Woche als *Miss America* kennengelernt. Er ist Inhaber einer großen Werbeagentur in Chicago, die schon seit mehreren Jahren die Öffentlichkeitsarbeit für die *Miss-America*-Organisation übernommen hatte. John beeindruckte mich mit seiner ausgeprägten christlichen Einstellung. Er machte mir Mut, nach Gottes Willen zu fragen, bevor ich entschied, wie ich das Thema Behinderung in der Öffentlichkeit angehen sollte.

Einmal schenkte mir John einen wunderschönen Stift und sagte mir, als er ihn mir überreichte: „Sie sind jetzt eine landesweit bekannte Rednerin geworden. Ihre Meinung hat Einfluß auf die Menschen, und Sie können die Öffentlichkeit dazu bringen, über behinderte Menschen nachzudenken."

„Ach kommen Sie, John", erwiderte ich errötend. „Niemand nimmt mich richtig ernst. Ich bin doch nur *Miss America*, nicht die Frau des Präsidenten oder so."

„Nein, Heather", sein Blick war ernst. „Sie haben jetzt eine wichtige

Stimme. Sie können über das Thema Behinderung sprechen, und die Menschen werden Ihnen zuhören. Sie sind an Ihnen interessiert."

Daß er diese Meinung von mir hatte, traf mich vollkommen unvorbereitet. Mein STARS-Programm sollte eigentlich lediglich Menschen motivieren. Es war nicht als ernste Abhandlung zum Thema Behinderung gedacht. Als Person des öffentlichen Lebens wurden mir plötzlich Fragen gestellt, auf die ich nicht vorbereitet war. Andere *Miss Americas* hatten bei ihren lange eingeübten Themen bleiben können, doch ich war unerwartet zur Botschafterin für knapp fünfzig Millionen behinderte Menschen aufgestiegen.

Eintritt in die Politik

Wie aus heiterem Himmel wurde ich gebeten, mich dem *President's Committee on the Employment of People with Disabilities* (Komitee für die Beschäftigung von behinderten Menschen) anzuschließen. Die Bitte wurde von dessen Vorsitzenden, Tony Coelho, ausgesprochen. Das Ziel dieses Komitees war es, „mit der Unterstützung des Präsidenten der Vereinigten Staaten wichtige Vertreter der Geschäftswelt, von Behindertengruppen und Dienstleistungsbetrieben in dem nationalen Bemühen zu vereinen, Arbeitsplätze für Menschen mit Behinderungen zu fördern."

Ich fühlte mich durch diese Einladung sehr geehrt und nahm die Einladung an, dabei hoffte ich aufrichtig, im Leben anderer Menschen etwas bewirken zu können. Vielleicht konnte ich ja dazu beitragen, daß Grenzen eingerissen wurden.

Bei der ersten Sitzung des *President's Committee* lernte ich Dr. Donna Dickman, die Vorsitzende der *Alexander Graham Bell Association for the Deaf*, kennen. Ich erkannte sofort, daß Donna ein sehr positiv denkender Mensch ist. Einige der Leute, mit denen ich mich zu einem Informationsaustausch zusammengesetzt hatte, waren davon überzeugt, daß meine positive Einstellung „alles ist möglich" nicht realistisch war. Sie wiesen mich darauf hin, daß sie schon seit Jahren für Gleichberechtigung am Arbeitsplatz kämpften. Andere erzählten mir traurige Geschichten und faßten ihre Position in dem Satz zusammen, daß das Leben einfach nicht gerecht sei.

Ich fing an zu erkennen, daß manche Behinderte eine sehr negative Einstellung in bezug auf ihr Leben haben. Für sie ist ein Glas immer halbleer anstatt halbvoll. Ich kann verstehen, warum sie unglücklich sind, wenn sie Schwierigkeiten haben, eine Stellung zu finden, aber diese Gefühle werden ihre Aussichten auf eine Beschäftigung noch weiter mindern. Ich weiß, wie es ist, wenn man diskriminiert wird, aber man darf dennoch die Hoffnung nie verlieren. Sie erinnern sich sicher noch, daß ich nach zwei Jahren an der JSU die Uni wechselte. Da ich den dortigen Dozenten nicht gut genug von den Lippen ablesen konnte, ging ich zum Sekretariat und fragte, ob mir ein Übersetzer in die Gebärdensprache oder eine Computerschreibkraft zugeteilt werden könnte.

„Natürlich nicht", wurde mir gesagt. „Wir können Sie doch nicht noch füttern."

Füttern? Manchmal hatte ich den Eindruck, als wären die normal hörenden Studenten diejenigen, die gefüttert wurden! Einen Gebärdenspracheübersetzer oder eine Computerschreibkraft zur Seite zu haben, die mir die Worte des Dozenten in den Computer eingab, würde mich ganz bestimmt nicht verwöhnen, sondern hätte mir nur dieselbe Ausgangsbasis wie meinen Kommilitonen verschafft. Ich wollte eine unabhängige Studentin sein. Mit einem Übersetzer hätte ich dieses Ziel auch erreichen können, aber die Verwaltung hatte sich nicht in meine Lage versetzen können.

Ich kann die Frustration, sogar die Wut behinderter Menschen sehr gut verstehen. Aber ich gab nicht auf, als man mich abwies. Ich machte weiter, bis ich eine Lösung gefunden hatte, und arbeitete doppelt soviel, um mit den anderen Schritt zu halten. Außerdem versuchte ich immer, mich auf die positiven Dinge in meinem Leben zu konzentrieren, nicht auf die negativen.

Besonders beeindruckt hat mich Eddie Espinosa, der Assistent des Vorsitzenden des *President's Committee*. Eddie bearbeitete die Beschwerden der Leute, doch obwohl er einen schwierigen Job hat und an den Rollstuhl gefesselt ist, habe ich es nicht ein einziges Mal erlebt, daß er sein Lächeln oder seine gute Laune verloren hat. Ich war gern mit ihm zusammen.

Die negative Haltung, die ich in diesen Komiteesitzungen mitbekam, nervte mich. „Sie erkennen einfach nicht die hervorragenden

Gelegenheiten, von denen sie jeden Tag umgeben sind!" schimpfte ich, als ich einmal mit Eddie telefonierte. „Ich möchte ihnen für ihre Chancen die Augen öffnen, aber sie lassen sich nur von ihrer Vergangenheit bestimmen. Sie wollen sich einfach nicht ändern!"

Eddie erwiderte genauso ruhig wie immer: „Heather, ich weiß, es ist schwierig. Aber glauben Sie mir, es mag vielleicht eine Weile dauern, aber Sie werden etwas bewirken."

Nach dieser ersten Sitzung des *President's Committee* begann ich zu glauben, daß es womöglich ein Fehler gewesen war, diesem Ausschuß beizutreten, aber Donna Dickman lächelte mir ermutigend zu und sagte, sie würde an mich glauben. „Ich war so froh, daß Sie die Möglichkeit bekommen haben, unserem Land zu dienen", sagte sie zu mir, als wir uns einmal unterhielten. „An dem Abend, als Sie zur *Miss America* gekrönt wurden, ging Ihr Traum in Erfüllung, und mein Traum wurde geboren." Sie meinte, es wäre schön, wenn ich es übernehmen würde, von nun an jährlich gehörlose Studenten für ihre herausragenden Leistungen auszuzeichnen. Da die *Miss-America*-Wahl ihren fünfundsiebzigsten Geburtstag feierte, wollte die *Alexander Graham Bell Association for the Deaf* fünfundsiebzig gehörlose Studenten für ihre besonderen Leistungen auszeichnen. Jeder der fünfundsiebzig Studenten würde den Betrag von eintausend Dollar bekommen und eine besondere STARS-Auszeichnung.

Washington D.C.

Kurz nach meiner Krönung zur *Miss America* wurde ich zu einem Essen mit den Kongreßabgeordneten von Alabama nach Washington eingeladen. Die Abgeordneten halfen mir, mein STARS-Programm während einer Pressekonferenz im Kapitol der Öffentlichkeit vorzustellen, bei der Reporter von *CNN*, *USA Today* und allen anderen wichtigen Sendern anwesend waren. Ich hielt zunächst eine kurze Rede, und als ich fertig war, trat Senator Heflin vor und verkündete, ich sei eine zweite Helen Keller. Wenn ich auch ein wenig bestürzt war, mit der Frau verglichen zu werden, die mir immer ein Vorbild gewesen ist, so wußte ich sein Kompliment doch zu schätzen.

Der Politiker, der mich in Washington besonders beeindruckte, war Senator Bob Dole. Er war ein echter Gentleman, und auch er lebt mit einer Behinderung, die auf eine Verletzung im Zweiten Weltkrieg zurückzuführen ist, eine Beeinträchtigung in der Bewegungsfähigkeit seines rechten Armes. Während einige Leute ihre Begegnung mit mir als eine „Pflicht" oder einen „Fototermin" ansahen, konzentrierte er sich während unseres Gesprächs total auf mich und verhielt sich so, als sei niemand im Raum wichtiger als ich. Im Gegensatz zu den meisten Politikern, die ich kennengelernt habe, sprach er wenig und hörte mir aufmerksam zu. Seine Bescheidenheit fiel mir angenehm auf, und ich beschloß, ihm so gut wie möglich nachzueifern.

Senator Doles Verhalten bei unserer ersten Begegnung hat mir klargemacht, daß ich jedem Menschen nur einmal zum ersten Mal begegnen konnte, und daß dieser erste Eindruck dem anderen in Erinnerung bleiben würde. Ich nahm mir vor, mich nach besten Kräften zu bemühen, jeden Tag positiv zu erleben, was schwierig ist, wenn man im Rampenlicht steht. Schon nach wenigen Wochen als *Miss America* wurde mir das klar.

Während des Wahlkampfs 1996 hatten mein Mann und ich das Vorrecht, Bob und Elizabeth Dole ein paar Tage lang auf ihrer hektischen und anstrengenden Reise zu begleiten. Bei dieser Gelegenheit erkannte ich, daß Senator Dole nicht nur ein typischer Politiker war. Er war das ideale Beispiel für mein STARS-Programm. Ich habe ihn als unglaublich positiven Menschen kennengelernt. Ich habe miterlebt, wie er während einer Rede trotz großer Erschöpfung sein Bestes gegeben hat. Ich konnte beobachten, wie er hart dafür gearbeitet hat, daß sein Traum, einmal Präsident der Vereinigten Staaten zu sein, in Erfüllung geht. Und schließlich konnte ich miterleben, wie er und seine Frau die Entscheidung des amerikanischen Volkes für Bill Clinton als Präsidenten gefaßt akzeptierten.

Wenn ich auch keine Anhängerin der Politik der Clinton–Regierung bin, so habe ich mich doch über meine Begegnung mit Hillary und dem Präsidenten im Weißen Haus gefreut. Meine Unterhaltung mit Mrs. Clinton dauerte zehn Minuten, und ich stellte fest, daß Hillary und ich zwei Dinge gemeinsam haben: Auch sie wurde für ihre Überzeugungen von Teilen der Bevölkerung kritisiert, und die Medien verfolgten jeden ihrer Schritte.

„Stehen Sie für Ihre Überzeugungen ein", sagte sie mir. „Bleiben Sie sich selbst treu."

Anschließend stellte sie mich ihrem Mann vor. Sie begleitete mich durch eine Menge von wartenden Leuten in der Halle und führte mich zum Oval Office. Dieser Raum hatte eine ganz besondere Ausstrahlung. Ein prächtiger Teppich mit einem Adler darauf lag auf dem Boden, und ein großes Fenster hinter dem Schreibtisch des Präsidenten durchflutete den Raum mit Licht. Mrs. Clinton führte mich zu ihrem Mann und sagte: „Das ist mein Mann Bill Clinton. Bill, ich würde dir gern Miss America Heather Whitestone vorstellen."

Ich lächelte und war bemüht, ihm den nötigen Respekt zu zeigen. Ich dankte Präsident Clinton für die Unterstützung, die er behinderten Menschen zukommen ließ. Wir plauderten noch ein wenig miteinander, und er zeigte mir seinen Schreibtisch, der schon John F. Kennedy gehört hatte. Wie ein Schulmädchen platzte ich heraus: „Wow! Mein Vater und meine Großeltern besitzen ein Möbelgeschäft mit Möbeln von Ethan Allen, aber dieser Schreibtisch ist viel schöner als die Schreibtische von Ethan Allen!"

Bill Clinton lachte. Und plötzlich, als hätte eine Glocke geläutet, öffnete der Pressesekretär die Tür, und die Fotografen strömten herein, um Fotos zu machen.

Heather, atme tief durch. Sieh nur. Du stehst hier neben dem Präsidenten in seinem Büro, direkt vor Kennedys Schreibtisch. Wer bist du eigentlich, Heather? Warum bist du überhaupt hier? dachte ich bei mir.

Ich wußte nicht, warum ich dort war. Ich fühlte mich auch für meine Aufgabe nicht bereit, weil ich meine Situation nicht richtig akzeptieren konnte. Das Mädchen, das nur wenige Freunde hatte und das nur von wenigen Menschen ernst genommen wurde, stand im *Oval Office* neben dem Präsidenten, während eine Horde von Fotografen sich darum rissen, Fotos zu machen.

Ich war auch nicht die einzige, die sich fragte, warum ausgerechnet ich auserwählt worden war. Häufig sprach ich vor Kindern, und in einer Grundschule war ich nicht mit meinem Titel eingeladen worden, sondern als Miss Cullman. Dort stand ein kleiner Junge auf, rümpfte die Nase und sagte: „Nur weil Sie behindert sind, sind Sie noch lange nicht besser als andere."

Stacey, ich und Melissa.

*Hier studiere ich
in einem Tanzstudio
meine „Via Dolorosa"-
Darbietung ein.
Im Hintergrund
meine Tanzlehrerin
Monica Smith.*

Mein Kindheitstraum ging in Erfüllung, als ich die „Via Dolorosa"
bei der Wahl der Miss America vor Millionen von Menschen tanzte.

Mein großer Augenblick: Ich bin die neue Miss America. An diesem Abend machte fast das gesamte Publikum die Gebärde für „Ich liebe dich".

Dieses Bild wurde an dem Abend aufgenommen, an dem ich Miss America wurde. Von links nach rechts: Großmutter, Großvater, Dad, Stacey, Mutter, Melissa und ich in der Mitte.

Bonnie (links) und Mickey (rechts) – meine Reisebegleitung und auch meine besten Freundinnen!

Meine Mutter und ich.

Dieses Bild von dem blinden und tauben Jungen, von dem ich erzählt habe, gehört zu meinen Lieblingsfotos.

Als Miss America besuchte ich viele wohltätige Einrichtungen. Hier bin ich in einem Krankenhaus zu sehen, das sich auf die Früherkennung von Gehörschädigungen spezialisiert hat.

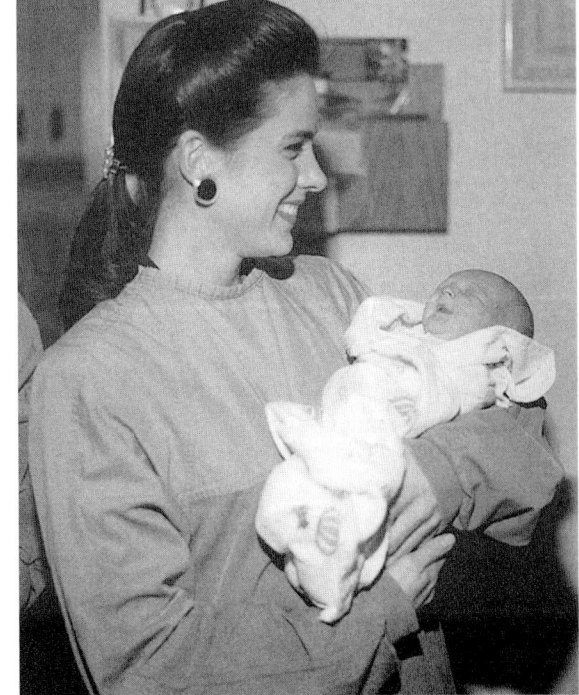

*Es war ein
sehr hektisches Jahr,
das mich schließlich
wieder nach Atlantic
City führte, um noch
einmal zu tanzen,
Regis und Kathie Lee
wiederzusehen und
Shawntel Smith,
die* Miss America 1996,
zu krönen.

*John und ich heirateten am 8. Juni 1996. Ich bin Gott so dankbar,
daß er mir John zum Mann gegeben hat.*

Eine Reihe von Lehrern wollte ihn zum Schweigen bringen, aber ich hinderte sie daran. „Nein, er kann ruhig sagen, was er auf dem Herzen hat", entgegnete ich. Ich beugte mich zu ihm herunter und blickte ihm in die Augen. „Du hast recht. Du solltest zuerst den Menschen ansehen und nicht seine Behinderung. Aber ich habe die Miss-Wahl nicht gewonnen, weil ich gehörlos bin. Ich habe sie gewonnen, weil ich hart dafür gearbeitet habe."

Der Traum nimmt Gestalt an

Nachdem ich mich langsam an die Tatsache gewöhnt hatte, daß ich die erste *Miss America* mit einer Behinderung war, wurde mir klar, daß sich mein Traum verändert hatte. Nun, da ich die angestrebte Krone und den Titel bekommen hatte, verfolgte ich ein neues Ziel. Wie Helen Keller sich dafür eingesetzt hatte, behinderten Menschen Hoffnung zu bringen, wollte auch ich dieser Welt Licht und Hoffnung bringen. Zuerst glaubte ich, dieses Ziel vielleicht über die Politik erreichen zu können, doch es dauerte nicht lange, bis ich die Geduld mit dem System in Washington verlor. Der Regierung gehören einige hervorragende Leute an, doch in der Politik scheint es nicht in erster Linie darum zu gehen, das Leben der Bevölkerung zu verbessern. Es herrscht vielmehr das Prinzip: „Eine Hand wäscht die andere." Wo immer ich mich hinwandte in dem Bemühen, etwas Gutes zu bewirken, stieß ich auf Meinungsstreitigkeiten und Kritik.

In der *Memphis Oral School* in Memphis, Tennessee, sprach ich zum ersten Mal vor einem gehörlosen Publikum. Diese Veranstaltung hatte ihre guten und ihre schlechten Seiten. Zwar wollte ich gehörlosen Schülern wirklich etwas weitergeben, aber die Schüler, die sich meinen Vortrag anhörten, waren erst fünf Jahre alt, also kaum dem Babyalter entwachsen. Doch dort lernte ich Lynda Mead, *Miss America* 1960 kennen. Sie war sehr warmherzig und freundlich und half regelmäßig als ehrenamtliche Mitarbeiterin an dieser Schule aus.

Wenn ich mich auch über meine Begegnung mit Lynda und das Zusammensein mit den Kindern freute, so fühlte ich mich wegen der Kritik, die von seiten der gehörlosen Menschen in der Vergangenheit an mir geübt worden war, an dieser Schule unbehaglich. Drei Jahre zuvor hatte ich angefangen, mich selbst als Bindeglied zwischen der Welt der Hörenden und der Gehörlosen zu sehen, doch damals war ich noch sehr naiv. Jetzt, da ich älter und erfahrener war, spürte ich die Spannung zwischen den gehörlosen Menschen, die nicht sprechen und denen, die sprechen konnten. Keinesfalls wollte ich in diesen Konflikt hineingeraten. Ich stand im Licht der Öffentlichkeit und hatte nicht die Absicht, zur Zielscheibe zu werden.

Doch dann wurde ich ganz überraschend von jemandem ermutigt, von dem ich es nicht erwartet hatte: King Jordan, Präsident der *Gallaudet University*, der Bastion der Gehörlosenwelt in diesem Land, schrieb mir einen persönlichen Brief und erklärte die Hintergründe für einen Artikel, in dem sich einige Studenten seiner Universität kritisch darüber geäußert hatten, daß ich das Sprechen der Gebärdensprache vorzog.

Ich war sehr beeindruckt, daß er sich die Zeit genommen hatte, mir zu schreiben. Wie ich wußte, war auch er gehörlos. Wenn mir die Gratwanderung zwischen der Welt der Hörenden und der Gehörlosen schon schwerfiel, wie konnte er es schaffen? Er leitete eine Universität für gehörlose Studenten, und doch mußte er ihnen die Wahl zwischen einer Zukunft in der Welt der Gehörlosen oder der Hörenden bieten.

King Jordans Brief half mir, die richtige Einstellung zu dieser Auseinandersetzung zu bekommen. Ja, einige Medien hatten unablässig über jede Meinungsverschiedenheit und jede Kritik in diesem Punkt berichtet. Nein, nicht alle gehörlosen Menschen verstanden meine Einstellung, meine Motive oder meine Position. Aber es gab schwierigere Aufgaben auf der Welt als die der *Miss America*. Und Gott hatte versprochen, mich auf dieser Reise zu begleiten.

Es gab Tage, an denen ich mich wie ein Krebs fühlte, der zusammen mit anderen Krebsen in einem Korb gefangengehalten und immer wieder von ihnen zurückgezogen wurde, wenn er versuchte, seinem Gefängnis zu entkommen. Warum nur konzentrieren sich einige Leute ausschließlich auf die negativen Aspekte des Lebens? Zwar bin ich ein Mensch wie jeder andere, aber ich möchte nicht beim Elend dieses Lebens stehenbleiben. Ich möchte nach den hellen, den richtigen und positiven Dingen Ausschau halten. Doch als ich bei meinen Reisen immer mehr Leute mit einer negativen Einstellung kennenlernte, wurde ich vom Positiven abgelenkt, mein Traum schrumpfte langsam immer mehr zusammen und starb schließlich. Ich hatte Großes vor, doch ich mußte lernen, daß nicht einmal die *Miss America* das Herz der Menschen verändern kann, wenn sie nicht selbst zu einer Veränderung bereit sind. Ich bekam Briefe von Müttern, deren gehörlose Kinder durch meinen Erfolg neuen Mut und neue Tatkraft bekamen, doch sie waren noch jung und optimistisch. Die etwas älteren und desillusionierten Menschen betrachteten mein noch so junges Gesicht unter der funkelnden Krone und hielten mich für zu jung und idealistisch.

Eine große Ermutigung in meiner Anfangszeit als *Miss America* war die Aussage von Marlee Matlin, der ersten gehörlosen Schauspielerin, die einen Oskar gewann. Sie respektierte meine Entscheidung, zu sprechen und nicht die Gebärdensprache zu benutzen. Ich war darüber erstaunt und sehr dankbar. Für mich war dies eine Ermutigung von Gott, und ich wußte es zu schätzen, daß sie es trotz möglicher Kritik riskierte, den Gehörlosen zu empfehlen, daß sie mich unterstützen sollten. Als ich am zweiten Tag meines Jahres als *Miss America* nach New York kam, ließ sie einen Strauß roter Rosen in mein Hotel schicken. Ich werde ihr für ihre Unterstützung immer dankbar sein.

Meine Auseinandersetzungen mit der Lobby der Behinderten zwangen mich, mich in diesem Bereich zu informieren. Ich war entsetzt zu erfahren, daß zu jener Zeit mehr als fünfzig Prozent der Behinderten arbeitslos waren. Wenn ich mit Geschäftsleuten zusammentraf und sie fragte, was sie von der Behindertenfrage hielten, stellte ich fest, daß sie dieses Thema lieber umgingen. Kleine Firmen besitzen nicht die Mittel, einen behindertengerechten Arbeitsplatz zur Verfügung zu stellen. Wir brauchen deshalb kreative Lösungen für jedes reale Problem, und wir haben noch einen weiten Weg vor uns, bis eine Behinderung für eine Beschäftigung kein Hindernis mehr ist.

Glücklicherweise gab es während dieser ersten Wochen auch viele freundliche Menschen, die mich aufheiterten und Farbe in mein Leben brachten. Einer der Sponsoren für die *Miss-America*-Wahl war die *Den-Mat Corporation*, die die Rembrandt-Zahnpasta herstellten. Ich lernte Dr. Robert L. Ibsen, den Firmenchef, kennen, und er veränderte meine Meinung über die Manager in Amerika vollkommen.

Manager hatte ich immer für versnobte, zigarrenrauchende Typen gehalten, die teure Anzüge trugen und den ganzen Tag hinter ihren

Schreibtischen saßen, doch Dr. Ibsen war sehr bescheiden. Als meine Reisebegleiterin und ich ihn kennenlernten, lud er uns zu sich nach Hause ein. Ich erwartete ein prunkvolles, vierstöckiges Herrenhaus, umgeben von einem viele Quadratmeter großen gepflegten Park und war verblüfft, als wir bei seinem hübschen, aber recht einfachen Haus ankamen. Er wohnte noch immer in dem Haus, das er gekauft hatte, lange bevor er Firmenchef wurde. Und seine Familie war genau wie meine Familie – natürlich, einfach und bodenständig.

Auch Dr. Ibsen war wie ich überzeugter Christ, und sein Zeugnis für Christus hat mich sehr beeindruckt. Er bestärkte mich in meiner Überzeugung, daß wirkliche Christen sich nicht zum Negativen verändern, auch wenn sie Erfolg haben und zu Reichtum kommen. Wenn man Jesus hat, wenn man seinen Blick auf ihn gerichtet hält, wird man darum bemüht sein, ihm ähnlicher zu werden. Geld, Erfolg und materielle Dinge werden das Herz eines Christen, der auf Christus ausgerichtet bleibt, nicht verändern.

Eine andere wichtige Begegnung war außerdem für mich die mit Terry Meeuwsen, der *Miss America* 1973 und Gastgeberin der Sendung *The 700 Club*, der wohl bekanntesten christlichen Fernsehsendung Amerikas. Dieses Interview hat mir besonderen Spaß gemacht, weil ich sonst so wenig Gelegenheit hatte, offen über Gott zu sprechen. Meistens sprach ich auf Veranstaltungen von Firmen, Schulen oder Sponsoren der Miss-Wahlen, und ich freute mich darüber, zu erzählen, wie Gott mich bis hierher geführt hatte.

Zu Terry fühlte ich mich sofort hingezogen. Sie verstand, wie müde und erschöpft ich war, da sie aus erster Hand miterlebt hatte, wie anstrengend das Leben sein kann, wenn man ständig unterwegs ist. Ich hatte gehört, sie sei damals so erschöpft gewesen, daß sie zwei Wochen im Krankenhaus gelegen hatte.

Auch bei mir machte sich die Erschöpfung allmählich bemerkbar, aber die Weihnachtsferien standen vor der Tür. Ich freute mich auf meinen Aufenthalt zu Hause, das Zusammensein mit meiner Familie und darauf, die Krone der *Miss America* einmal absetzen zu können – wenn auch nur für eine kleine Weile.

☆ Die Schallmauer durchbrechen

Als die Dämmerung ihr trübes Licht in mein kleines Hotelzimmer warf, sah ich auf die Uhr auf dem Nachttisch, denn ich wußte, daß ich früh aufstehen mußte. Die *Macy's Thanksgiving Parade* stand heute auf meinem Terminkalender, und wenn ich auch das Festessen mit meiner Familie verpassen würde, so würde die Parade sicherlich auch Spaß machen. Ich sollte mit Kindern in internationalen Trachten auf einem Wagen fahren, und sie würden mit mir zusammen das Lied *Love in Any Language* (Liebe in allen Sprachen) singen. Erwartungsvolle Kinder würden an der Straße stehen, und ich wollte sie nicht enttäuschen. Ihr Lächeln würde mein Leben bereichern.

Mittlerweile war November, und ich hatte mich langsam an den vollgepackten Terminkalender, die zwanzigtausend Kilometer im Monat und die unendlich vielen verschiedenen Hotelzimmer gewöhnt. Mein Motto „Sei freundlich zu denen, die dich kritisieren" trug allmählich Früchte. Die Kritiker schwiegen zwar nicht, aber für einen Streit sind schließlich zwei Parteien notwendig. Ich merkte, daß die Presse wenig zu berichten hatte, wenn ich nicht auf die Angriffe gegen mich reagierte.

Ich sehnte mich sehr danach, das Weihnachtsfest zu Hause zu verbringen. In den vergangenen Monaten hatte ich gelernt, die einfachen Dinge, die ich immer als selbstverständlich angesehen hatte, zu schätzen. Wohin ich auch fuhr, ich mußte drei große Koffer mitschleppen, und es war mir immer sehr peinlich, den schwitzenden Pagen zu erklären, daß ich alle möglichen Kleider einpacken mußte, weil ich nie wußte, in welches Klima ich als nächstes kommen würde. Oft machte ich Witze über die Menge meiner Kleider und sagte, die *Miss*

America hätte es viel leichter, wenn es eine Uniform für sie gäbe. Das würde ihr stechende Kopfschmerzen ersparen und den Rücken von unzähligen Pagen schonen.

Ich wünschte mir nichts sehnlicher, als diese Koffer in einen Schrank zu stellen und das Reisen ein paar Tage lang zu vergessen. Ich stellte mir vor, daß mein Aufenthalt zu Hause friedlich, entspannt und erfrischend verlaufen würde. Ich wollte die Krone in ihr kleines Holzkästchen packen, stundenlang Kleider waschen (oh, wie sehr wußte ich nun die Vorteile von Waschmaschine und Trockner zu schätzen) und einfach nur mit offenen Haaren und ohne Make-up auf dem Sofa liegen. Ich möchte nicht unfreundlich klingen, aber nachdem mir vier Monate lang ständig dieselben Fragen gestellt worden waren, ich immer wieder Autogramme verteilt und in die Kameras gelächelt hatte, war ich reif für eine Änderung in meinem Arbeitspensum.

Doch leider boten die Weihnachtsferien nicht die erhoffte Erholung, im Gegenteil, sie waren alles andere als entspannend. Die lieben Leute aus Birmingham betrachteten mich quasi als ihr Eigentum, da ich dort aufgewachsen war. Und dann war da natürlich auch meine Familie. Deshalb erwarteten mich in den Ferien statt einer Änderung des Tagesablaufes dieselben alten Fragen: „Heather, erzähl uns von den Leuten, die du kennengelernt hast." „Erzähle uns, wo du gewesen bist." „Wie ist Kathie Lee wirklich?" „Was hast du in den vergangenen Wochen alles gemacht?"

Ich konnte den Leuten schlecht sagen, sie sollten mich in Ruhe lassen. Als sie dann mit denselben Fragen anfingen, die mir ständig begegneten, fürchtete ich, die Geduld zu verlieren. Ich wollte nicht über *Miss America* sprechen. Ich wollte nicht schon wieder Hunderte von Fotos signieren. Ich wollte nichts anderes als schlafen und ausruhen. Jeder, dem ich begegnete, wollte alles bis ins kleinste Detail wissen, aber zu diesem Zeitpunkt fielen mir keine interessanten Geschichten über das, was ich gemacht hatte, mehr ein. In Erinnerung geblieben war mir nur eine endlose Abfolge von großartigen Dinners, Flugzeugkabinen und mir entgegengestreckte Zettel, auf die ich meinen Namen schreiben sollte.

Ich hatte nur zwei Wochen zu Hause. Das war nicht lange genug, um ein wenig Ruhe zu bekommen. Kurz vor Silvester ging ich bereits wieder an die Arbeit. Auf meinem Terminkalender für die Tage nach den Feiertagen standen viele Aktivitäten, die mir sicherlich viel Freude machen würden. Neben der *Macy's Parade* sollte ich auch an der *Rose* und der *Orange Bowl Parade* (Paraden am Ende der Football-Saison in Amerika) teilnehmen.

Am Silvesterabend in Miami nach der *Orange Bowl Parade* wollten Mickey und ich losziehen, um uns unter die Leute auf der Straße zu mischen. Ich war zu müde, um andere Leute zu unterhalten, darum schlug ich Mickey vor, daß wir uns nicht zu chic anzogen. Ich wusch mir das Make-up vom Gesicht und ließ mein Haar offen über die Schultern fallen. Dann schlüpfte ich in eine Jeans und ein T-Shirt und zog Tennisschuhe an. So unauffällig angezogen gingen Mickey und ich in den Park vor dem Hotel und suchten uns einen Platz in der Menge. Ich war überglücklich, endlich einmal in der Masse untertauchen zu können, niemand wußte, wer ich war. Es war wieder genau wie früher!

Etwa sechs Meter von uns entfernt gab es einen kleinen Auflauf, und als ich hinüberblickte, entdeckte ich Megan Welch, die amtierende *Miss Florida*, die mit mir zusammen an dem Wettbewerb in Atlantic City teilgenommen hatte. Umgeben von Sicherheitsleuten und Reisebegleitern trug sie ein Kostüm und eine funkelnde Kristalltiara. Zahllose Menschen in der wartenden Menge, die die Minuten bis Mitternacht zählten, beschlossen, die Zeit totzuschlagen und sie um ihr Autogramm zu bitten.

Ich fühlte mich ein wenig schuldig. Eigentlich hätte ich sie begrüßen müssen, doch wenn ich das getan hätte, wäre bekannt geworden, wer ich war, und ich wollte in dieser Nacht keine Hände mehr schütteln und keine Autogramme verteilen. Ich sagte zu Mickey: „Ich habe Gewissensbisse, weil ich sie nicht begrüße, aber ich möchte jetzt keine Autogramme geben.“

„Keine Angst", flüsterte Mickey zurück. „Du brauchst jetzt ein wenig Entspannung. Das ist deine Pause.“

Etwa zehn Minuten später wurde ich von einer Familie, die sich neben uns gesetzt hatte, erkannt. Sie waren ganz aufgeregt und baten mich um ein Autogramm, doch ich schloß zuerst einen kleinen Handel mit ihnen ab. Wenn sie kein Wort zu den anderen sagen würden, würde ich ihnen ein Autogramm geben. Sie waren einverstanden, und ich gab ihnen ein Autogramm. Danach plauderten wir, bis das Jahr

1995 zu Ende gegangen war. Wie dankbar war ich, daß ich den Altjahrsabend als „eine aus der Menge" verbringen konnte.

Am meisten haben mich gegen Ende des Jahres 1995 zwei ganz besondere Einladungen gefreut. Beide waren von einer lieben Freundin, von Kathie Lee Gifford. Nachdem wir uns in Atlantic City kennengelernt hatten, hatte sie mich eingeladen, bei ihrer Weihnachtsshow zu tanzen und die Nationalhymne in die Gebärdensprache zu übersetzen, wenn sie sie im Januar in der *Super Bowl* (Endspiel der Football-Meisterschaften) sang.

Kathie Lee hatte ich immer bewundert. Sie hatte mehr Jobs als ich, und doch schien sie immer fit zu sein. Sie stand nicht nur jeden Morgen vor Sonnenaufgang auf, um ihre Show *Live with Regis and Kathie Lee* zu konzipieren, sie war auch eine liebevolle Mutter zweier kleiner Kinder. Außerdem trat sie in Werbespots auf und hatte ständig Termine in der Öffentlichkeit. Bei alledem hatte sie sogar noch Zeit, Bücher zu schreiben. Und, was mir ganz besonders viel bedeutete, sie war dazu noch überzeugte Christin.

Ich freute mich, zu dem Lied „Do You Hear What I Hear?" (Hörst du auch, was ich höre?) in ihrer Weihnachtssendung zu tanzen. Als wir einen Monat vor der Aufzeichnung der Sendung die Tanzschritte probten, kam ein berühmter Tanzlehrer aus New York ins Studio und bat mich, die Rolle einer heimatlosen Mutter zu spielen, die ihren Kindern beibringt, gegen eine Gruppe von „Eindringlingen" zu kämpfen, die ihr Territorium übernehmen wollten. Die Vorstellung, Kindern beizubringen, wie man kämpfte, behagte mir nicht, und ich sagte dem Tanzlehrer, wir müßten nicht noch eine tragische Geschichte in die Welt bringen, vor allem nicht zu Weihnachten.

Der Lehrer marschierte davon, ohne sich auch nur zu verabschieden. Ich war schockiert über seinen plötzlichen Abgang, aber ich bedauerte weder meine Entscheidung noch das, was ich gesagt hatte. In den Nachrichten wird doch wirklich oft genug von Tragödien berichtet, da brauchen wir zu Weihnachten nicht noch mehr zu erfinden.

Ich war froh, meine Aufmerksamkeit wieder dem hoffnungsvollen „Do You Hear What I Hear?" zuwenden zu können. Ich fragte, ob es in Ordnung wäre, wenn Monica Smith, meine Tanzlehrerin, mir beim Einstudieren des Tanzes helfen würde, und Kathie Lee lud nicht nur Monica nach New York ein, sie holte auch einige von Monicas begabten jungen Tänzerinnen dazu, die mit mir zusammen tanzen sollten. Monica leistete hervorragende Arbeit, zumal sie nur zwei Wochen Zeit hatte, um mit den Mädchen zu proben. Der Tanz wurde beeindruckend und wundervoll vorgeführt. Monica hat mir meine Arbeit sehr erleichtert. Wieder einmal hätte ich nicht gewußt, was ich ohne sie hätte machen sollen.

Nie werde ich die Veranstaltung während des *Super Bowl* vergessen, durch die ich zusammen mit Kathie geführt habe. Vom vielen Reisen war ich ziemlich erschöpft. Kathie Lee kam in meine Garderobe, in der wir auf ihren Auftritt warteten. Sie setzte sich, stützte den Kopf in die Hände, blickte mich an und fragte: „Heather, bist du erschöpft?"

„Ja." Ich konnte mir ein Grinsen nicht verkneifen. Auch sie war müde; ich konnte es in ihren Augen sehen, und doch würde sie in wenigen Minuten vor Tausenden von Menschen stehen und mit ganzer Seele die ziemlich schwierige Nationalhymne „The Star-spangled Banner" singen.

„Ich möchte dir etwas sagen", meinte sie und schloß die Augen. „Es gibt einen Bibelvers, den ich mir immer ins Gedächtnis rufe, wenn ich sehr müde bin."

Und dann sagte sie mir den Vers auf. Ich erinnere mich nicht mehr genau, welcher es war, aber er hatte etwas mit dem Lob Gottes zu tun. Ich freute mich so, diesen Vers aus ihrem Mund zu hören. Bislang hatte ich schon viele berühmte Persönlichkeiten kennengelernt, aber nicht eine war auf die Idee gekommen, mit mir über einen Bibelvers zu sprechen. Ich glaube nicht, daß sie es damals merkte, aber ihr Beispiel war eine Herausforderung für mein eigenes Leben.

Früherkennung von Gehörschäden

Kurz nach Beginn des neuen Jahres schickte Gott mir einen neuen Bereich, in dem ich mich engagieren konnte: das Programm zur Früherkennung von Gehörschäden. Meine Freundin Donna Dickman, die Vorsitzende der *Alexander Graham Bell Association for the Deaf*, hatte dieses Programm entwickelt.

Früherkennung von Gehörschäden ist wichtig, weil die überwiegende Mehrheit von gehörlosen Kindern Eltern geboren wird, die selbst hören können. Ein Gehörschaden ist in den Vereinigten Staaten die häufigste Behinderung bei Neugeborenen, eins von zweihundert Babys ist davon betroffen, insgesamt siebzigtausend Kinder pro Jahr. Trotzdem wird die Gehörschädigung eines Kindes im Durchschnitt erst entdeckt, wenn es dreißig Monate alt ist. In diesem Alter ist die wichtigste Phase der Entwicklung des Sprech- und Sprachvermögens schon fast vorbei.

Ich selbst hatte das große Glück, daß meine Mutter einen Stapel Pfannen fallen ließ, als ich einundzwanzig Monate alt war. Denn je länger eine Schädigung unentdeckt bleibt, desto schwerwiegender sind die Folgen.

Trotz der Aufforderung der Experten, Babys frühzeitig auf eine Schädigung des Gehörs zu untersuchen, werden nur etwa zehn bis fünfzehn Prozent der Kinder getestet, bevor sie das Alter von drei Monaten erreicht haben. Das muß sich ändern. In den Vereinigten Staaten untersuchen nur etwa sechshundert Krankenhäuser Neugeborene routinemäßig auf Gehörschädigungen, bevor die Babys mit ihren Müttern nach Hause entlassen werden, obwohl die Untersuchungsmethoden sehr einfach, verläßlich und relativ preiswert sind. Wenn eine Gehörschädigung nicht schon beim Säugling festgestellt wird, gibt es häufig eine Verzögerung von bis zu einem Jahr zwischen der anfänglichen Besorgnis der Eltern und der tatsächlichen Diagnose. Viel zu oft ist es so, daß die Eltern dem Arzt gegenüber zwar ihrer Besorgnis Ausdruck verleihen, er aber nicht sofort einen Hörtest anordnet. Ich rate deshalb allen Eltern, die sich Gedanken um eine mögliche Gehörschädigung bei ihrem Kind machen, auf einem Hörtest zu bestehen. Kein Kind ist zu klein dafür. Die Technologie ist vorhanden, aber die Eltern müssen beharrlich sein.

Früherkennung wird allen von uns helfen. Nach Studien, die sich mit den wirtschaftlichen Aspekten einer Gehörschädigung beschäftigt haben, werden jedes Jahr schätzungsweise 23,4 Milliarden Dollar für Hilfsprogramme für Menschen mit Behinderungen im Bereich der Kommunikation ausgegeben. Zu diesen Kosten gehören eine besondere Schulbildung, Stimmrehabilitation, Hörgeräte, Spracherziehung und persönliches Training. Weiterhin gehen der Gesellschaft weitere vier Milliarden Dollar verloren, weil das Durchschnittseinkommen von gehörlosen Menschen niedriger ist als das von Menschen, die normal hören können.

Im März 1996 begannen Donna Dickman und ich eine große Kampagne, die über die Früherkennung von Gehörschäden aufklären sollte. Bei einem Mittagessen im Presseclub erklärten wir den anwesenden Journalisten, die *Alexander Graham Bell Association for the Deaf* würde zusammen mit der *Miss-America*-Organisation über Fernsehen, Radio und Printmedien Eltern Mut machen, ihre Kinder frühzeitig testen zu lassen. Die Eltern würden eine kostenlose Checkliste anfordern können, um eine eventuelle Gehörschädigung ihrer Kinder zu erkennen.

Donna und ich waren begeistert, daß so viele Menschen unsere Kampagne unterstützten. Wir drehten einen Fernsehbeitrag, der an vierzehnhundert lokale Fernsehsender und einhundert Kabelsender weitergegeben wurde, so daß wir insgesamt zwanzig bis dreißig Millionen Haushalte erreichen konnten. Die geschenkte Sendezeit kostete fast eine Million Dollar. Außerdem war NBC bereit, einen zusätzlichen Beitrag zur Früherkennung zur besten Sendezeit zu bringen. Ein großer Pharmakonzern verpflichtete sich, im Radio kurze Beiträge von einer halben und einer Minute zu bringen, die an mehr als sechstausend Radiosender vergeben wurden und mehr als fünfzig Millionen Zuhörer in dreiundvierzig Staaten erreichten.

Zusätzlich wurden von einer der größten Werbeagenturen Amerikas eintausend Plakatwände zur Verfügung gestellt, ein Beitrag von mehr als einer Million Dollar freier Werbefläche. Auf den Plakaten war zusammen mit mir ein Baby und seine Mutter zu sehen, und die Überschrift lautete: „Hört auf *Miss America*".

Und schließlich wurden Artikel über mein Engagement im Früherkennungsprogramm an 1.200 Tages- und Wochenzeitungen verteilt, darunter 200 spanische Zeitungen. Mit diesen Artikeln wurden 1.585.000 Leser erreicht.

Donna Dickman berichtete mir später, auf diese Kampagne hin seien viertausend Anrufe bei der *Bell Association* eingegangen mit der Bitte um spezielle Information zur Früherkennung von Gehörschädigungen bei Säuglingen. Ich hoffe sehr, daß außerdem noch sehr viel mehr Eltern mit ihrem Arzt über einen Hörtest für ihr Kind gesprochen haben.

Fünfundsiebzig strahlende Sterne

Ohne die *Alexander Graham Bell Association for the Deaf* hätte ich in meiner Amtszeit nicht halb so viel bewirken können, wie es durch sie möglich geworden ist. Neben der Kampagne zur Früherkennung von Gehörschäden nahm dieser Verband auch das „75 Stars"-Programm in Angriff. Er half mir, fünfundsiebzigtausend Dollar als Stipendien an fünfundsiebzig gehörlose Studenten zu vergeben.

Dank der Hilfe positiver Menschen wie Donna verschwand mein negatives Image bei den Gehörlosen. Doch nicht alle waren erfreut über die neuen Aspekte meiner Arbeit. Eine Gehörlosenorganisation war sehr wütend darüber, daß ich die Auszeichnungen an gehörlose Studenten verteilte, die sich der Sprache als Kommunikationsmittel bedienten, anstatt an gehörlose Studenten, die sich mit der Gebärdensprache verständigten. Sie forderten mich sogar dazu auf, mich während meiner Amtszeit als *Miss America* nicht mehr in der Öffentlichkeit für die Gehörlosen einzusetzen. Ich reagierte auf diese Aufforderung, indem ich bekanntgab, ich würde nicht damit aufhören, weil gehörlose Studenten, die sprechen könnten, eine Auszeichnung von der *Alexander Graham Bell Association for the Deaf* verdient hätten, einer Organisation, die großen Wert auf die Spracherziehung Gehörloser lege. Außerdem teilte ich mit, ich würde auch gern Stipendien an gehörlose Studenten verteilen, die besondere Leistungen in der Gebärdensprache erbringen würden, aber ich hörte nie wieder etwas von den Vertretern dieser Gruppe.

Bei einem Besuch in Baltimore konnte ich Alexander Graham Bells Urenkel James Watson kennenlernen. Ich fühlte mich sehr geehrt, seine Bekanntschaft machen zu dürfen und fand, daß er seinem Urgroßvater sehr ähnlich sah. Die meisten Menschen wissen zwar, daß Alexander Graham Bell das Telefon erfunden hat, aber nicht, daß seine Frau und seine Mutter taub waren. Das Telefon war ein Nebenprodukt seiner Bemühungen, das Hörvermögen seiner Lieben zu verbessern.

Ich erinnere mich an eine Szene aus einem Film über Bells Leben. Darin ging er mit seiner Frau spazieren. Als sie an einer Ziege vorbeikamen, ging er zu ihr hin, hob das Ohr des Tieres an und starrte hinein. „Was tust du da?" fragte seine Frau.

„Ich versuche einen Weg zu finden, dein Gehör zu verbessern", antwortete er ihr.

Sie erwiderte, es sei doch lächerlich, daß er sich mehr Gedanken über ihre Gehörlosigkeit mache als sie selbst. Sie konnte sprechen und sehr gut von den Lippen ablesen.

Die *Alexander Graham Bell Association* setzt Bells Arbeit noch heute fort. Dazu gehört auch die Förderung gehörloser Schüler durch das von mir vergebene Stipendium. Voraussetzung für diese Auszeichnung waren Führungsqualitäten, eine starke Gehörschädigung und eine Empfehlung sowohl von einem Angehörigen der *AG Bell Association* als auch eines Lehrers. Die Kandidaten konnten sich ab einem Alter von acht Jahren bewerben und mußten einen kleinen Aufsatz schreiben, in dem sie darlegten, welchen Einfluß meine Wahl zur *Miss America* auf ihre Träume gehabt hatte. Mehr als fünfhundert gehörlose Schüler wurden für die Auszeichnung vorgeschlagen, und alle bekamen einen persönlichen Brief von mir und eine besondere Urkunde. Jeder einzelne dieser jungen Leute war in meinen Augen ein Sieger.

Ich war überwältigt von der Reaktion und sehr beeindruckt, als ich sah, daß viele von diesen jungen Leuten mehr erreicht hatten als ich. Bei der ersten feierlichen Verleihung der Auszeichnungen blitzten die Fotoapparate, und Videokameras surrten, doch dieses Mal verteilte ich die Preise und bekam selbst keinen. In meinen Händen hielt ich mehrere Umschläge mit Sparbüchern über eintausend Dollar, eine Medaille mit einem eingravierten Stern und den fünf Punkten meines STARS-Programms.

Die fünfundsiebzig Gewinner waren wirklich bemerkenswert. Ihr Alter lag zwischen sechs und neunzehn Jahren, und sie besuchten die unterschiedlichsten staatlichen und privaten Schulen der Vereinigten Staaten und Kanadas. Alle konnten sprechen und verwendeten diese Fähigkeiten auch als ihr erstes Kommunikationsmittel. Einige beherrschten und gebrauchten auch die Gebärdensprache. Manche von ihnen waren Sportler, Schauspieler, Musiker, Sänger, Studentenführer und junge Leute, die freiwillig in Krankenhäusern arbeiteten oder bei dem Bau von Häusern für Obdachlose mithalfen. Und jeder einzelne von ihnen wollte sich aus der Welt der Gehörlosen befreien und in die normale Welt eintreten.

Zu den gehörlosen Schülern, die ich kennenlernte und denen ich bei verschiedenen Feierlichkeiten im ganzen Land die Auszeichnung überreichte, gehörten:

☆ Aus Redwood City, Kalifornien, Alex Zernovoj, sechzehn, der beim Bau von Häusern für die Obdachlosen von Tijuana mithalf. Er möchte einmal Betriebswirtschaft studieren.

☆ Renee Goldschmid, fünfzehn, aus Redwood City, mit hervorragendem Notendurchschnitt. Sie möchte Jura studieren und Richterin am Obersten Gerichtshof der Vereinigten Staaten werden. Sie spielt Violine im El Camino Jugendsinfonieorchester und bekam den Eagle Award für herausragende Leistungen.

☆ Aus Palo Alto, Kalifornien, Anna Hsuan, sechzehn. Sie spricht fließend Chinesisch, Englisch und Französisch. Sie reiste nach Taiwan, um dort vor den Eltern von hörgeschädigten Kindern eine Rede zu halten.

☆ Courtney Lynn Payton, ein zwölfjähriges Mädchen aus San José. Sie träumt davon, eine berühmte Sängerin zu werden. Sie leidet an einer gravierenden Gehörschädigung, aber sie singt in einem Kirchenchor, tanzt Ballett und ist aktive Turnerin.

☆ Michael Zullo, sechzehn, aus Wallingford, Pennsylvania, ein ganz normaler amerikanischer Junge. Er träumt davon, Chirurg oder Kardiologe zu werden. Als erster amerikanischer hörgeschädigter Studentenbotschafter reiste er mit dem nationalen Programm zur Völkerverständigung nach Australien und Neuseeland. Er hat bereits zahlreiche akademische Auszeichnungen gewonnen.

☆ Aus Springfield, Pennsylvania, wurde Melissa Pardo, sechzehn, nominiert, nicht nur wegen ihres Erfolgs als herausragende Schülerin, sondern auch für ihren Wunsch, ihren Mitmenschen zu helfen.

☆ Sarah Exley, eine Achtjährige aus Ambler, Pennsylvania, lernte Klavier und erbrachte hervorragende Leistungen in mehreren Schulfächern. „Ich weiß, das ist alles nicht so leicht", sagte sie dem *The Philadelphia Inquirer*. Sie fügte hinzu, wenn sie einmal Angst hätte, würde sie gern an *Miss America* denken. „Das hilft mir, bei allem, was ich tue, mein Bestes zu geben."

☆ Antonio Soto, acht, ein Drittklässler aus Philadelphia, der um Haaresbreite den schwarzen Gürtel in Karate bekommen hätte.

Nach den Sternen greifen

In einer Rede, die Carl Schurz 1859 gehalten hat, sagte er: „Ideale sind wie Sterne; du wirst sie mit deinen Händen nicht berühren können. Aber wie der Seefahrer in der riesigen Weite des Meeres wählst du sie dir als Führer, und wenn du ihnen folgst, wirst du dein Ziel erreichen."

Dieses Zitat faßt meine Empfindungen in bezug auf die fünfundsiebzig bemerkenswerten Schüler zusammen, die bei diesen Feierlichkeiten ausgezeichnet wurden. Sie verkörpern genau das, was ich mit meinem STARS-Programm erreichen möchte: Sie sind positiv, haben Menschen hinter sich, die ihnen helfen, sind bereit, hart zu arbeiten; sie haben ihre Grenzen akzeptiert und sind bereit, ihre Träume zu verwirklichen. Und ich bin davon überzeugt, daß sie ihr Ziel auch erreichen werden.

Bei der STARS-Auszeichnungsveranstaltung tanzte eine Gruppe junger gehörloser Tänzerinnen. Der Tanz war interessant, weil keine von ihnen die Musik hören konnte, aber sie alle tanzten um eine Tänzerin herum, die hören konnte und sie durch die Musik führte. Das erinnerte mich an früher, als ich als junges Mädchen selbst aufgetreten war. Ich war damals sehr begeistert und stolz und forderte ständig die Aufmerksamkeit meines Publikums! Früher bin ich durch den Lebensmittelladen getanzt, habe mich für jeden gedreht, der stehen blieb und mir zusah. Aber diese Tänzerinnen waren so wunderhübsch und bescheiden.

Jemand erzählte mir, zwei der Tänzerinnen, die neunjährige Cathleen Arnt und die achtjährige Katie Clawson hätten, bevor ich *Miss America* geworden war, noch nie getanzt. Sie hatten während meines Fernsehauftritts sofort mein Hörgerät entdeckt, weil auch sie ein Hörgerät tragen mußten. Und als sie sich nun im Ballettröckchen mit einer silbernen Krone auf dem Kopf vor mir drehten, wandte sich Cathleens Mutter mir zu und sagte: „Sie dachten, wenn Sie das können, warum sollten nicht auch sie es einmal versuchen."

Eine andere Mutter aus Alabama erzählte mir, zu Halloween hätte sie ihre kleine Tochter, die allerdings hören konnte, als *Miss America* verkleidet. Sie trug ein weißes Kleid, eine Schärpe, eine Krone und hielt ein Zepter in der Hand. Doch als sie mit ihrer Mutter losgehen sollte, blieb das kleine Mädchen an der Tür stehen. „Ich kann nicht gehen", sagte sie. „Mein *Miss-America-Kostüm* ist noch nicht fertig."

„Aber Liebling", erwiderte die verwirrte Mutter. „Du hast doch alles, was du brauchst – das Kleid, die Krone, das Zepter. Was willst du denn noch?"

„Ein Hörgerät!" hatte das kleine Mädchen geantwortet.

Wenn ich auch generell gern mit Kindern zusammen war, so freute ich mich immer besonders, wenn ich behinderten Schülern Mut machen konnte. Bei der 75-STARS-Auszeichnungsveranstaltung in Portland, Oregon, lernte ich Vaughn Brown kennen, einen sieben-jährigen Jungen, der sowohl blind als auch taub ist. Wochenlang hatte seine Mutter ihn auf meinen Besuch in seiner Schule vorbereitet und ihm erzählt, *Miss America* würde eine Krone auf dem Kopf tragen.

„Einen Clown?" fragte er immer wieder, weil er sich nicht vorstel-len konnte, was eine Krone war.

So sehr sie auch versuchte, es ihm zu erklären, Vaughn konnte es nicht verstehen.

Wie immer kämpfte ich gegen meine Erschöpfung an, als ich die Schule betrat, und da ich wußte, wie sehr sogar das großartige Unter-richtsprogramm dieser Schule der Kritik ausgesetzt war, fragte ich mich allmählich, ob ich als *Miss America* überhaupt etwas Gutes bewirkte. Aber wie immer hatte ich meine Krone dabei und wollte sie den Schülern zeigen. Ich hatte festgestellt, daß es einen besseren Ein-druck machte, wenn ich sie in dem Kästchen dabei hatte, anstatt sie ständig zu tragen. Nur bei der Präsentation meines STARS-Programms verwandte ich sie als Anschauungsmaterial. Mir ging es in erster Linie darum, daß die Menschen mein Wesen erkannten und mich nicht mit einer Krone auf dem Kopf in Erinnerung behielten.

Als ich anfing, die Kinder zu begrüßen und ihnen die Hand zu schütteln, zog mich Donna Dickman beiseite und erzählte mir von dem blinden und tauben Vaughn.

„Er fragt sich schon die ganze Woche, warum *Miss America* einen Clown auf dem Kopf trägt", erzählte sie mir.

Ich ging zu Vaughn und kniete mich vor ihn hin. Vorsichtig legte ich die Krone in seine Hände, damit er sie betasten konnte. „Eine Krone", sagte ich so laut, daß er mich durch sein Hörgerät verstehen konnte.

Was als nächstes passierte, war sicherlich mit dem zu vergleichen, was Helen Keller empfand, als Anne Sullivan ihr Wasser in die Hand goß und das Wort W-a-s-s-e-r buchstabierte und sie auf einmal die Bedeutung des Wortes begriff. Vaughns Finger fuhren über die Krone und die Bergkristalle, und sein kleines Gesicht leuchtete vor Freude.

☆ Briefe an Miss America

Henry David Thoreau schrieb einmal: „Ich habe kaum mehr als einen oder zwei Briefe in meinem Leben erhalten, die die Briefmarke wert waren."

Ich bin jedoch in der glücklichen Lage, berichten zu können, daß meine Erfahrungen in bezug auf Briefe sich von denen Thoreaus gravierend unterscheiden. Nachdem ich *Miss America* geworden war, habe ich mich besonders über die vielen Briefe gefreut, die ich bekommen habe – Tausende Briefe. Es waren so viele, daß ich sogar meine Familie und Freunde bitten mußte, mir zu helfen, sie alle zu beantworten. Da ich ununterbrochen unterwegs war, hatte ich keine Zeit, mich hinzusetzen und die vielen Briefe persönlich zu beantworten, aber ich habe mich sehr über sie gefreut und auf so viele wie möglich selbst geantwortet.

Aus jedem Staat Amerikas kamen Briefe, dazu von den Philippinen, aus Südkorea, Japan, Kanada, Indien, Neuseeland, Österreich, Deutschland und England. Einige der Briefe waren auf teurem Briefpapier geschrieben, andere wiederum kamen von Vorschulkindern. Aber mir haben sie alle gefallen – na ja, fast alle. Vermutlich bekommt jede berühmte Persönlichkeit auch recht seltsame Briefe, und auch bei mir waren ein paar darunter. Doch die meisten stammten von sehr freundlichen Leuten, die mir ihr Herz ausschütten wollten.

Unter den Briefen befand sich auch einer in einer sehr krakeligen Schrift und mit folgendem Inhalt: „Frohes Neues Jahr aus Japan!" Der Umschlag war adressiert an „Miss Hezar Whitestone, Vereinigte Staaten von Amerika, *Miss America* Wettbewerb 1995, New Jersey". Ein Lob an unsere Post, daß dieser Brief seinen Weg zu mir gefunden hat!

Ein Brief von einem fünfzehnjährigen Jungen aus Indien machte mich sehr nachdenklich. Er nannte mich „Schwester" und bat mich um ein Autogramm:

Wenn du mir kein Autogramm schicken kannst, habe ich keine andere Wahl, als Selbstmord zu begehen. Nein, Schwester, ich will dich nicht erpressen. Bitte versuche zu verstehen, wie sehr ich dich respektiere. Der Augenblick, in dem ich dein Autogramm in Händen halten werde, wird der glücklichste meines Lebens sein, und ich werde der glücklichste Mensch auf dieser Erde sein. Ich werde dein Autogramm als ein großes Geschenk von einer großen Dame an einen gewöhnlichen Jungen betrachten. Ich werde einen Schatz in Form deines Autogramms besitzen, der mich für den Rest meines Lebens glücklich machen wird. Schwester, ich versichere dir, daß ich dein Autogramm wie einen Familienerbschatz hochhalten werde, der stolzeste Besitz unserer Familie, und ich will es auf meinem Totenbett an meine Kinder weitergeben und ihnen auftragen, dasselbe bei ihren Kindern zu tun . . .

Und ich hatte gedacht, Autogramme wären keine große Sache!

Wenn auch einige der Briefe ein wenig ungewöhnlich waren, so waren andere wiederum sehr mutmachend. Toyomi Sato, eine sechzehnjährige Schülerin der *Numazu Higashi High School* in Japan, schickte mir einen Brief sowie eine Kopie der Rede, die sie bei einem Englischwettbewerb gehalten hatte. Toyomi hatte den vierten Preis gewonnen. Ihr Erfolg freute mich sehr!

Nachfolgend ein Auszug aus ihrer englischen Rede:

Ich gehöre zu den Mädchen, die eine Schönheit sein wollen. Ich habe es versucht und immer wieder versagt. Ich habe all mein Geld für neue Cremes und Kosmetika ausgegeben. Fünf Tage lang habe ich nur Äpfel gegessen, die verschiedensten Schönheitsmittelchen ausprobiert, nach einem von einem Supermodel produzierten Video Gymnastik betrieben, ich aß abends nichts mehr . . . habe alles mögliche ausprobiert – doch umsonst.
Eines Tages warf ich wieder einen Blick in den Spiegel und verabscheute mich selbst. Ich hatte jegliches Selbstvertrauen verloren.

„*Warum bin ich nur so häßlich und dick? Ich wünschte, ich wäre ein Supermodel! Die sind so hübsch und schlank.*" *Ich seufzte tief. Um mich von meinen Problemen abzulenken, schaltete ich das Fernsehgerät ein. In diesem Augenblick fiel mein Blick auf eine sehr gutaussehende Frau, die sanft wie ein Engel lächelte. „Wow, was für eine gutaussehende Frau! Ist sie ein Supermodel oder eine neue Schauspielerin?" . . . Und dann sagte der Moderator: „Die* Miss America 1995 *ist Heather Whitestone aus Alabama. Sie ist die erste* gehörlose Miss America . . ."*
Ich konnte kaum glauben, was ich da hörte, weil ich dachte, ihre Behinderung müsse sie niederdrücken. Sie lächelte jedoch strahlend und voller Zuversicht. Ihr Lächeln vermittelte den Eindruck, als hätte sie gar keine Behinderung . . . Ich schrieb* Miss America, Heather Whitestone, *einen Brief und fragte sie nach dem Geheimnis ihrer Schönheit. Ich fragte mich, ob sie den Brief eines einfachen japanischen Mädchens, wie ich es bin, wohl beantworten würde, das sie plötzlich nach dem Geheimnis ihrer Schönheit fragt.
Zwei Monate später bekam ich eine Antwort von* Miss America. *Sie schrieb in ihrem Brief: „Für mich bist du schön, wenn du ein schönes Herz und ein liebes Lächeln hast. Glaube zuerst an dich selbst. Verliere nicht deine Natürlichkeit. Bleibe du selbst." Sie schrieb mir noch, ein schönes Herz sei wichtiger als ein schönes Aussehen. Und jetzt verstehe ich, warum sie schön ist. Ich glaube, ihre Schönheit kommt von innen heraus, weil ihre Persönlichkeit so schön ist. Von ihr habe ich gelernt, was wahre Schönheit ist. Ich denke, der Wunsch, schön zu sein, kann einen Menschen entweder zur Verzweiflung bringen oder dazu, sich auf sein Herz zu verlassen. Natürlich ist es wichtig, auf sein Aussehen zu achten. Aber bevor man tonnenweise Make-up auflegt oder strikte Diäten einhält, sollte man sein Herz ansehen. Ist es schön? Strahlt es? Wenn das so ist, dann bist du eine Schönheit. Dein Aussehen spiegelt dein Herz wider. Und wenn dein Herz schön ist, dann bist du auch äußerlich schön.*

Susan Bailey aus Los Alamos, Neu Mexiko, schrieb mir, normalerweise würde sie sich keine Schönheitswettbewerbe ansehen, weil sie sie für „oberflächlich und politisch" halte. Aber ihre dreizehnjährige

Tochter hätte mich tanzen sehen und sie gerufen. „Wir haben uns die Übertragung gemeinsam angesehen", schrieb Mrs. Bailey:

> Ihre wundervolle Interpretation und Ihr mutiges Zeugnis für Christus vor der ganzen Nation hat bei mir eine Gänsehaut verursacht. Noch immer treten mir Tränen in die Augen, wenn ich daran denke. Wir haben uns die ganze Veranstaltung angesehen und gehört, daß Sie behindert sind. An dieser Stelle holte ich meinen fünfzehnjährigen Sohn dazu, weil auch er hörgeschädigt ist. Auf einem Ohr hört er ganz normal, ist aber der Meinung, es sei eine schreckliche Beeinträchtigung, nur auf einem Ohr richtig hören zu können. Er bemüht sich so sehr, sich nicht von seinen Altersgenossen abzuheben, und darum trägt er auch kein Hörgerät, aber das Ganze macht ihm ganz schön zu schaffen . . .

Mrs. Bailey schrieb außerdem, ihr Lieblingsvers sei Markus 10,27: „Denn alle Dinge sind möglich bei Gott." Dieser Vers gehört auch zu meinen Lieblingsversen!

Sehr bewegt hat mich auch der Brief von Vanessa Mori aus Pittsburgh. Sie hat zwei Kinder, einen Sohn Ryan und eine Tochter Erin. Beide Kinder sind gehörlos und haben das Sprechen gelernt. Mrs. Mori schrieb:

> Ich persönlich freue mich sehr über Ihre Krone, weil alle meine Bekannten der Meinung sind, meine Kinder sollten die Gebärdensprache anwenden. Sie denken, ich würde den Kindern „meine Welt" aufzwingen und sagen mir: „Deine Kinder sind taub, warum bestehst du darauf, daß sie in deine Welt hineinpassen?" Ihre Krone öffnet anderen die Augen und hilft ihnen zu erkennen, daß es auch Möglichkeiten für gehörlose Menschen gibt. Es gibt nicht nur einen Weg, den man gehen muß, weil man taub ist. Ich bin so froh, daß Sie über beide Arten der Kommunikation gesprochen haben und beide beherrschen. Sie machen den Menschen Mut, wirklich das Beste aus sich herauszuholen. . . .

Aus Redding in Kalifornien bekam ich einen Brief von Kathy Kushell. Als ich ihn las, war ich froh, daß ich mich bei dem Früherkennungsprogramm engagierte. „Vor einem Jahr bekamen wir eine süße kleine Tochter", schrieb sie. „Drei Monate nach ihrer Geburt stellten wir fest, daß Danielle hörgeschädigt ist . . . Wir sind froh, daß sie in den neunziger Jahren geboren wurde und nicht vor fünfzig Jahren, wo sie in der Isolation hätte leben müssen!"

Der Brief von Mrs. Karen Kaser und ihrer Tochter Kate aus Castle Rock, Colorado, erinnerte mich an meine Kindheit – auch ich habe mich immer über die Hausaufgaben beklagt! Mrs. Kaser schrieb:

An dem Tag, als Sie Miss America wurden, saß meine Tochter über ihren Hausaufgaben, die sie für die Herbstferien aufbekommen hatte. Sie verglich ihre normale Hausaufgabe (neun Seiten) mit ihrer Hausaufgabe für den Unterricht für Hörgeschädigte (achtzig Seiten) und beklagte sich. Sie wünschte, ihre Ohren wären in Ordnung.

Und dann wollte Kate wie jedes achtjährige Mädchen die Wahl der Miss America im Fernsehen sehen. Kate wußte einfach, daß Sie gewinnen würden – auch wenn ich immer wieder meinte, daß es auch gut sein konnte, daß Sie vielleicht nicht gewinnen. Schließlich wollte ich nicht, daß sie hinterher enttäuscht ist.

Kate fand, daß Sie eine hübsche Stimme haben und daß sie Sie besser verstehen könnte, weil auch sie schlecht hört. Und als Sie bei dem Talentwettbewerb tanzten, war unsere Kate so begeistert, daß sie jetzt auch Ballettunterricht nimmt.

Als Sie gewannen, hatten Kate und ich Tränen in den Augen, und ich sagte ihr: „Siehst du, du kannst doch etwas werden." Sie hat es geglaubt und wollte wissen, ob sie Präsidentin werden könnte. Ich sagte ja! Von diesem Tag an haben wir Kate immer gesagt, das Glas sei halbvoll, nicht halbleer. Kates Gehörschädigung wurde erst diagnostiziert, als sie vier Jahre alt war. Sie konnte damals deshalb kein einziges Wort sprechen. Kates Hörschädigung ist mittel bis schwer, und wir verständigen uns sowohl über das Sprechen als auch über die Gebärdensprache. Wir lieben unser Kind und sind dankbar, daß wir Kate haben, aber leider waren wir während ihrer ersten vier Lebensjahre von Ärzten und Kindertherapeuten umgeben, die uns einredeten, Kate sei langsam und faul, in ihrer Entwicklung gehemmt oder ich würde sie nicht genug zum Sprechen anregen.

In den darauffolgenden Jahren hat sie alle Hilfe bekommen, die nötig war, Sprachtherapie, sie hat die Gebärdensprache gelernt und sehr hart arbeiten müssen. Im letzten Monat hat Kate endlich gelernt, „school" anstatt „cool" zu sagen. Ich bin sehr stolz auf sie!

Nicht nur Eltern von gehörlosen Kindern schrieben mir, sondern auch gehörlose Menschen. Martha Askins aus Charlotte in North Carolina, schrieb: „Nicht eine Minute lang habe ich geglaubt, daß ein gehörloses Mädchen *Miss America* werden könnte, und ich hielt Sie für ziemlich mutig, daß Sie sich überhaupt zur Wahl gestellt haben. Ich leide unter der *Menière-Krankheit* und einer sehr starken beidseitigen Gehörschädigung. Ich habe mich wegen meiner Hörprobleme immer ‚minderwertig' gefühlt, und ich trage mein Haar so, daß mein Hörgerät verdeckt ist. . . . Ich konnte kaum glauben, daß Sie Ihr Haar hochgesteckt hatten, aber ich bewundere Ihr Selbstvertrauen und Ihren Mut!"

Sheiba Tafazzoli aus Chatsworth in Kalifornien schrieb: „Bei meiner Geburt habe ich noch normal hören können, doch mit knapp vier Jahren bekam ich eine Krankheit, an der ich beinahe gestorben wäre. Ich kann sprechen wie ein normal hörender Mensch. Einmal, als ich mein Haar über meine Ohren frisiert hatte, fragte ich jemanden: ‚Was meinst du, bin ich taub oder kann ich hören?' Und sie antwortete: ‚Du kannst hören.' – Weil ich gut spreche. Ich hoffe, Sie haben sich über meinen Brief gefreut!"

Doch die schönsten Briefe waren die von Kindern. Für mehrere Grundschulklassen in Alabama wurde ich zum „Klassenprojekt", und sie schickten mir unzählige wunderschöne Porträts von mir in bunten Kleidern mit einer Krone auf dem Kopf. Die Briefe der Kinder sind mir immer eine Freude, wie Sie aus der kleinen, unten abgedruckten Sammlung sehen können:

Liebe Heather Whitestone,
jeden Freitag liest uns in der Englischstunde ein Gastredner etwas aus einem Buch vor. Es dauert nur fünfzehn Minuten und findet immer in der vierten Stunde statt, die um 10 Uhr 35 beginnt. Sie müßten Ihr eigenes Buch mitbringen. Wir würden uns sehr freuen, wenn Sie kommen könnten.
Nicole Icholnyit, Merrick, New York

Hi, Heather Whitestone:
Ich bin genau wie Sie gehörlos, wußten Sie das?
Und nun alles über mich:
Haar: wenig, blond
Augen: schokoladenfarben
Haut: braun
Alter: elf
Geburtstag: 21. März 1983
Lieblingstiere: Katzen, Hunde, Pferde
Tiere, die ich nicht mag: Wanzen, Mäuse, Hühner
groß: nicht sehr groß
klein: nein
mittel: ja
Gewicht: fünfundsiebzig Pfund
Können Sie mir etwas über sich schreiben? Wer sind Ihre Freunde,
die hören können? Wann sind Sie zu dem Wettbewerb gefahren?
Was machen Sie am Wochenende?
Ihre beste Freundin Emily, Salt Lake City, Utah

Liebe Miss Whitestone,
Hi! Ich habe Sie im The 700 Club gesehen und fand es bewun-
dernswert, wie sehr Sie Gott lieben. . . . Bis jetzt dachte ich immer,
Christen könnten nicht berühmt werden, weil berühmte Leute in der
Regel immer sehr viel von sich halten. Meine Mom sagt, man
könnte nicht sich selbst lieben und gleichzeitig Gott. Aber als ich Sie
beobachtet habe, wurde mir klar, daß Gott, wenn man ihn um etwas
bittet und immer betet, einen zur Miss America machen kann oder
so. Miss Whitestone, ich habe noch nie ein großes Hindernis überwinden müssen. Mir ist nie klar gewesen, wie schwer es für Sie gewesen sein mußte, ein Wort zu sagen, ohne es zu hören. Sie sind mein
Vorbild. Ich möchte ein STAR mit fünf Zacken sein, genau wie Sie
immer sagen.
Sarah Band, Hudson, New Hampshire

Liebe Heather Whitestone,
mein Name ist Angela. Ich bin gehörlos wie Sie. In der Schule
lernen wir, wie wir beim Bowling mitzählen können. Ich habe ein
Rätsel geschrieben, das heißt: „Unter dem Teppich". Und so sehe ich
aus: blondes Haar, grüne Augen und eine rosa Brille. Ich bin zu
früh geboren worden und war sehr krank, und darum habe ich auch
mein Gehör verloren. Ich wäre fast gestorben, aber ich hatte Glück,
daß ich nicht gestorben bin. Darüber bin ich froh.
Angela Neilson, Salt Lake City, Utah

Liebe Miss America,
ich bin elf Jahre alt und in der sechsten Klasse der City Park
School. In meiner Klasse schreiben wir Leuten, die berühmt sind
oder die wir bewundern. Ich bewundere Sie . . . Wenn Sie Zeit
haben, würde ich mich über eine Antwort freuen. Ich weiß, daß Sie
sehr beschäftigt sind, aber ich bekomme eine besonders gute Note,
wenn Sie mir antworten.
Brittany Gordon, Dalton, Georgia

Eine Grundschulklasse schickte mir gleich einen ganzen Packen
Briefe. Die Kinder schrieben mir, an meinem Beispiel hätten sie
gelernt, wie wichtig es sei, seinen Träumen zu folgen. Sie erzählten
mir, was sie werden wollten, vom Baseballspieler bis hin zur Ballerina,
und sie versprachen mir, hart zu arbeiten und viel zu trainieren. Der
folgende Brief kam aus dieser Klasse:

Liebe Miss Whitestone,
herzlichen Glückwunsch! Ich spiele gern Fußball. Bei einem
Spiel habe ich zwanzig Punkte gemacht. Ich versuchte, den Ball zu
bekommen, doch jemand hat mir ins Gesicht getreten. Aber den
Punkt habe ich trotzdem mit dem Kopf gemacht. Meine Mom und
alle anderen aus dem Team haben mir Löcher in den Bauch gefragt,
wie ich das fertiggebracht hätte. Ich sagte, ich hätte trainiert.
Herzlichst, Kris.

Liebe Heather,
ich besuche die East Elementary School. Sie waren einmal hier. Sie tanzen sehr schön. Mögen Sie Hockey? Ich schon. Mein Lieblingsspieler ist Wayne Gretzky; er spielt für die Los Angeles Kings. Weil Sie an unsere Schule gekommen sind, möchte ich Ihnen mein Autogramm von Wayne Gretzky schicken. Bitte bewahren Sie es gut auf.
Herzliche Grüße, Justin Heston, Cullman, Alabama

(Er hat mir tatsächlich sein kostbares Autogramm geschickt, und Justin, ich bewahre es gut für dich auf!)

Liebe Miss Whitestone,
mein Name ist Megan St. Denis. Ich bin vierzehn Jahre alt und habe gerade an der Robinson High School angefangen. Ich bin sehr stark hörgeschädigt und trage an beiden Ohren ein Hörgerät. Deswegen werde ich häufig gehänselt. Aber ich habe einen Weg gefunden, das zu ignorieren. Da ich anders bin, habe ich immer das Gefühl, ich müßte mich vor der Welt beweisen und zeigen, daß ich trotz meiner Behinderung alles kann, was andere können. Ich telefoniere gern und versuche, anderen das Leben zu erleichtern. Manchmal schaffe ich das, manchmal auch nicht.
Mein Traum ist, aufs College zu gehen und Betriebswirtschaft zu studieren. Danach möchte ich dann auch noch Jura studieren . . .
Ich finde es großartig, daß Sie Ihre Gehörlosigkeit überwunden und sich Ihren Traum verwirklicht haben. Das zeigt, daß man auch als gehörloser Mensch alles im Leben erreichen kann, was man möchte. Man muß es nur ernsthaft versuchen. Eines habe ich im Leben gelernt: Manchmal gibt es Leute, die einen verletzen wollen, aber man muß diese Leute ignorieren und sich an seine wirklichen Freunde halten. Das sind diejenigen, die einem beistehen, egal, was die anderen auch denken.
Herzliche Grüße, Megan St. Denis, alias „kleine Blonde"

Liebe Miss America,
ich bin froh, daß Sie gewonnen haben. Ich weiß, was Sie empfinden. Wußten Sie, daß ich Holzschuhtanz lerne? Ich bin sehr froh über das, was Sie für uns getan haben. Wissen Sie was? Ich wurde mit einem offenen Schädel geboren. Drei Jahre lang mußte ich einen Verband tragen. Das war schwer für mich. Als Baby mußte ich jede Woche zum Arzt. Jetzt nur noch jedes Jahr einmal. Bald werde ich operiert. Bei dieser Operation wird mir Haar auf den Kopf verpflanzt. Sie sollen wissen, was ich von Ihnen halte. Es tut mir leid, daß Sie nicht hören können. Das ist wirklich schlimm, nicht?
Herzlichst, Laureen Allon

Liebe Heather,
meine Mama und ich haben vor dem Fernseher mitverfolgt, wie Sie zur Miss America gekrönt wurden. Sie hätten meine Mama sehen sollen, als Sie gewannen! Sie war so aufgeregt, daß sie vom Sofa aufgesprungen ist und Beifall geklatscht hat!
Herzliche Grüße, Natasha Zenanko, Jacksonville, Alabama

Liebe Heather Whitestone,
herzlichen Glückwunsch zu Ihrem Erfolg. Ich bin Austin Minter aus Anniston, Alabama. Meine Leistungen in der Schule sind hervorragend. Noch nie habe ich eine schlechte Note bekommen. Wie Sie sehen können, bin ich ziemlich klug. Ich hoffe, Sie werden sich an mich erinnern.
Herzliche Grüße, Austin Minter, Jacksonville, Alabama

Liebe Mrs. Umerka,
ich bin so froh, daß Sie Mrs. Umerka sind, daß ich in geschmolzene Butter springen und schwimmen könnte.
Ihre Freundin Leslie

Ich bekam sogar Gedichte!

Für Heather, Miss America
Die Leute haben von Anfang daran gezweifelt,
daß Du Musik mit dem Herzen hörst,
doch dann hast Du auf Dein Herz gehört.
Du hast Amerika gezeigt, was Du kannst.
Ballettanzen war nichts Neues,
aber das Ballett, so wie Du es tanztest,
das war neu.
Deine Persönlichkeit und Bereitschaft,
Dinge zu tun, die Dir niemand zugetraut hätte,
Dein Tanzen ist mehr als eine Lappalie.
„Miss Alabama, *Sie haben einen neuen Titel gewonnen!*"

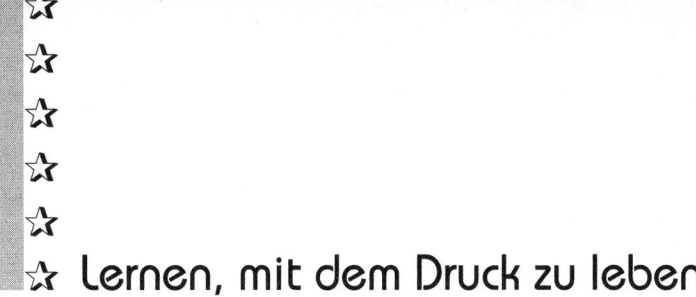

Lernen, mit dem Druck zu leben

Als der Frühling in den Sommer überging, fuhr ich nach Hause, um eine neue *Miss Alabama* zu krönen. Dabei hatte ich auch die Gelegenheit, ein wenig Zeit mit meiner Familie zu verbringen. Ich wußte, daß ich mich nicht so würde entspannen können, wie ich es mir vielleicht wünschte, aber den größten Teil meiner Amtszeit hatte ich ja schon hinter mir. Ich sagte mir, ich würde einen richtigen Urlaub machen können, wenn ich im September die Krone und den Titel weitergab.

Anschließend an die Wahl der neuen *Miss Alabama* wollten meine Familie und ich essen gehen. Wir suchten uns ein hübsches Restaurant in Birmingham, wo der Manager mich natürlich sofort erkannte. Ich höre ja nicht, was gesprochen wird, wenn ich irgendwo auftauche, aber irgendwie erfuhren alle im Restaurant, daß *Miss America* und ihre Familie dort zu Abend aßen.

Noch bevor wir die Gelegenheit hatten zu bestellen, kamen die Leute an unseren Tisch und baten mich um ein Autogramm. Ich lächelte und unterschrieb, was immer mir hingehalten wurde, doch nach einer Weile wurde mir das alles zuviel. Das schöne Familienessen, auf das ich mich so gefreut hatte, verwandelte sich schnell in eine weitere Autogrammstunde. Ich hatte doch ohnehin so wenig Zeit für meine Familie, und wenn all diese Menschen um mich herumstanden, konnte ich mich nicht auf sie konzentrieren.

Meine Reisebegleiterin Bonnie sprach daraufhin mit dem Manager, und er versuchte, die Menschen aufzuhalten. Bonnie hatte außerdem zum Glück einen Packen bereits signierter Fotos bei sich, und in dem Bemühen, mir ein wenig Zeit mit meiner Familie zu verschaffen, verteilte sie sie an die Leute in der Schlange.

Aber offensichtlich war das nicht genug. Eine Mutter mit zwei kleinen Kindern stürmte zum Geschäftsführer. „Das ist nicht richtig", sagte sie ihm und schob entschlossen das Kinn vor. „Sie können uns nicht davon abhalten, mit ihr zu sprechen. Wir werden nicht gehen, bis meine Kinder mit der *Miss America* gesprochen haben. Und wir wollen auch mit ihr fotografiert werden."

Der Geschäftsführer kam entschuldigend an unseren Tisch und berichtete mir von der wütenden Mutter mit ihren zwei Kindern. Was konnte ich tun? Ich ließ sie und die Kinder zu unserem Tisch kommen und lächelte, während jemand ein Bild machte. Aber als sie ging, war sie noch immer wütend. Und am folgenden Tag erschien ein Artikel in der Zeitung, in dem der Zwischenfall beschrieben und ich als unfreundlich und snobistisch dargestellt wurde.

Und dabei wollte ich doch nur in Ruhe mit meiner Familie zu Abend essen!

Die eigene Berühmtheit kann also offensichtlich ein zweischneidiges Schwert sein. Zwar kann man viel bewirken, wenn man bekannt ist, aber dieser Status kann sich auch sehr schnell gegen einen wenden. Die Leute schienen zu glauben, die *Miss America* würde ihnen gehören, und ich kann dieses Gefühl verstehen. Ich habe als kleines Mädchen ähnlich empfunden. Als Debbye Turner, *Miss America* 1990, kurz nach ihrer Krönung in Atlantic City, den Laufsteg entlang ging, rief ein Mann: „Ich liebe dich, willst du mich heiraten?" Offensichtlich wertete der Mann ihr Winken in die Menge als ein Ja. Er packte seine Sachen, zog nach Kalifornien und hatte tatsächlich die Frechheit, sie wegen eines nicht eingehaltenen Eheversprechens vor Gericht zu zerren, als sie ihn dann nicht heiraten wollte!

Amerika stellt hohe Erwartungen an seinen Liebling. Terry Meeuwsen hat mir einmal erzählt, das Schwierigste in ihrer Amtszeit wäre gewesen, dem Image gerecht zu werden. Außerdem hatten einige Leute extrem unrealistische Erwartungen. Sie erwarteten zum Beispiel von mir, daß ich immer ausgeruht und wie aus dem Ei gepellt aussah, ein Dutzend Rosen im Arm hielt, die nie verwelkten, mit perfektem Make-up, mit glänzendem Haar und einer glitzernden Krone auf dem Kopf. Manchmal hatte ich den Eindruck, sie stellten sich vor, ich sei aus einer Laune heraus nach Atlantic City gefahren und hätte den Wettbewerb gewonnen, weil eine Feenkönigin ihren Zauberstab über mich gehalten hatte. Ihnen war nicht klar, daß es mich drei Jahre harter Arbeit gekostet hatte, die Krone zu bekommen.

Ich war also ständig von Menschen umgeben, die von mir erwarteten, daß ich ihren Vorstellungen entsprechend aussah, handelte, sprach und mich verhielt – und diese Erwartungen waren ziemlich hochgeschraubt.

Einmal mußte ich in North Dakota sofort nach der Landung des Flugzeuges zur Toilette. Die Ankunft der *Miss America* in New York ist keine große Sache, aber in dem riesigen Staat North Dakota, in dem so wenig kulturelle Ereignisse stattfinden, ist das schon etwas anderes! Meine Reisebegleiterin und ich wurden von unserer Gastgeberin in Empfang genommen. Ich entschuldigte mich sofort und ging zuallererst in den Waschraum.

Kurze Zeit später hörte ich einen schrillen Schrei von draußen. Ich wußte nicht, was vorging, doch plötzlich starrte mich ein großes grünes Auge durch einen Ritz in der Tür an.

Ich erstarrte. So etwas hatte ich noch nie erlebt. Das Auge verschwand wieder, und ich atmete erleichtert auf. Als ich dann am Waschbecken stand und mir die Hände wusch, wurde ich von einer Frau in ihre Arme gezogen und heftig umarmt, anschließend rannte sie zu der Toilette, die ich gerade verlassen hatte und schloß die Tür hinter sich. Ich will mir gar nicht vorstellen, was sie da getan hat!

Mickey war wie vor den Kopf geschlagen. Ich fragte sie, was los gewesen sei, und sie erklärte mir, eine Frau hätte gerufen: „Wo ist *Miss America?*" und hätte dann durch den Ritz nach mir Ausschau gehalten. Ich konnte nicht glauben, was gerade passiert war, und Mickey auch nicht.

Ein anderes Mal betrat ich bei der Amtseinführung des Gouverneurs von Alabama einen überfüllten Waschraum. Ich befand mich in entspannter, festlicher Stimmung, als mich eine Gruppe von Frauen plötzlich bedrängte und Autogramme wollte. Ich unterschrieb ein paar Papierfetzen, die sie mir reichten und eilte dann in eine Toilettenkabine. Ich war ziemlich entnervt, als mir daraufhin eine Frau sogar ein Stück Papier unter der Tür hindurchschob. Es gab kein Entrinnen!

In diesem Augenblick war es mit meiner Geduld zu Ende, was ich heute natürlich bedaure. Ich verließ die Toilette, ging zum Waschbecken, wusch mir schnell die Hände und wollte den Waschraum verlassen, doch die Frauen hielten mir auch weiterhin Papierstücke zum Unterschreiben hin – als mich dann eine Frau beinahe in ein Waschbecken stieß, schrie ich: „Hört auf damit!" und drehte mich um.

Das wirkte endlich. Wie verängstigte Vögel wichen sie nun zurück und starrten mich verwundert an.

Es war falsch von mir gewesen, die Nerven zu verlieren; ich habe damals einen Fehler gemacht. Auch wenn sie mich nicht so hätten bedrängen dürfen, werden sich die Frauen sicher immer an diese Szene im Waschraum erinnern. Wenn ich diese Situation noch einmal erleben könnte, würde ich mich zusammennehmen ... (oder vielleicht die Herrentoilette benutzen und meine Reisebegleiterin als Wache vor die Tür stellen!).

Ein anderes Mal eilte ich zu einem Wagen, der mich in ein Fernsehstudio in Ohio bringen sollte, als mir ein Mann zwei Karten hinhielt und mich um ein Autogramm bat. Bonnie nahm mich jedoch am Arm und führte mich zum Auto. Sie erklärte ihm, wir wären spät dran und hätten keine Zeit. Ich stieg in den Wagen und drehte mich zu dem Mann um. Was er sagte, konnte ich ihm von den Lippen ablesen. Er schimpfte.

„Bonnie", sagte ich bekümmert, „warum schimpft er so auf uns?"

„Das ist sein Problem, Heather, nicht deines", erwiderte sie und schloß die Wagentür. „Mach dir um ihn keine Gedanken."

Aber ich machte mir Gedanken um ihn. Obwohl ich mir soviel Mühe gab, eine gute *Miss America* zu sein, verärgerte ich die Leute immer wieder.

Ich selbst habe Autogrammen nie eine große Bedeutung beigemessen und all die bekannten Persönlichkeiten, die ich in diesem einen Jahr kennengelernt habe, nie gern um eines gebeten.

Das Problem bei Autogrammen ist leider, daß, wenn man einmal damit anfängt, gleich hundert andere Leute dazukommen und dich um deine Unterschrift bitten. Eine Sache von einer halben Minute weitet sich plötzlich zu einer Aufgabe von einer halben Stunde aus, und es gibt keine Möglichkeit, die wartenden Menschen wegzuschicken und die Sache zu beenden, ohne die Leute zu verärgern. Und manche Leute werden sogar noch ärgerlich, wenn ich ihren Namen nicht richtig geschrieben oder nicht noch sechs zusätzliche

Autogramme für ihre Verwandten gegeben habe. Aber wenn ich die Autogramme, um die die Leute mich gebeten hatten, nicht gab, las ich das am nächsten Tag in der Zeitung.

Wenn der Umgang mit manchen Menschen auch schwierig war, so gab es viele andere, die weit mehr taten als ihre Pflicht, um meinen Aufenthalt schön und erfolgreich zu gestalten. Mein erstes Wochenende als *Miss America* in Alabama war so angenehm, wie ich es mir nie hätte träumen lassen. So viele wundervolle Menschen hatten große Mühen auf sich genommen, um mir ihre Unterstützung zu zeigen.

Erst sehr viel später erfuhr ich, wie viele meiner Freunde hart gearbeitet hatten, um dieses Wochenende für mich besonders schön zu gestalten. Mein guter Freund Jim Davis erzählte mir von dem, was er erlebt hat. Seine Aufgabe war es gewesen, die Parade zu organisieren, und er meinte, es sei ein Alptraum gewesen! Zu seinen vielen Problemen gehörte eine Frau, die wollte, daß ihre kleinen „Bienen" (Mädchen in Kostümen) meinen Wagen „umschwirrten". Natürlich kann man kleine Kinder nicht vor einem fahrenden Wagen herlaufen lassen. Das ist einfach zu gefährlich. Als Jim ihr das erklärte, wurde die Frau sehr wütend und sagte, sie würde sich bei der Regierung beschweren. Jim gab ihr prompt eine Telefonnummer, sie wußte jedoch nicht, daß es die der obersten Steuerbehörde war.

Niemand hatte mir vor diesem Jahr als *Miss America* versprochen, die Erfüllung eines Traumes würde leicht sein. Ich glaube, Mickey, Bonnie und ich, wir alle hatten Augenblicke in dieser Zeit, in denen wir am liebsten alles hingeworfen hätten. Immer wieder schüttete ich meinen beiden Reisebegleiterinnen mein Herz aus. Manchmal war ich über die Öffentlichkeit frustriert, dann wieder war ich wütend, weil ich falsch zitiert oder verstanden worden war. Mickey sagte dann immer: „Heather, hör auf damit! Du kannst dir nicht um jede Kleinigkeit Gedanken machen. Genieße dieses eine Jahr so gut du kannst, und kümmere dich nicht soviel um das, was die Leute denken. Ein Jahr als *Miss America* ist sehr kurz."

Bonnie und Mickey

Ich weiß nicht, was ich ohne meine beiden Reisebegleiterinnen getan hätte. Ich möchte Sie Ihnen ein wenig beschreiben: Sie sind bereits reife Frauen und ihre Kinder schon lange erwachsen. Für mich waren sie halb Leibwächter und halb Anstandsdame. In meinem besonderen Fall wurden sie außerdem noch meine Dolmetscher . . . und meine Freundinnen. Wenn ich vor einer großen Menge Fragen zu beantworten hatte, gab es immer einige Fragesteller, die so weit entfernt standen, daß ich ihnen nicht von den Lippen ablesen konnte. Bei solchen Gelegenheiten sah ich einfach Mickey oder Bonnie an, und sie wiederholten die Frage für mich. Wenn ich Autogramme gab, standen Bonnie oder Mickey neben mir und fragten bereits die nächste Person in der Schlange nach ihrem Namen. Sie schrieben ihn dann für mich auf, damit ich keinen Fehler machte. Gerade diese Kleinigkeiten waren für mich sehr hilfreich.

Einige Leute haben mich gefragt, ob es nicht manchmal lästig sei, immer in Begleitung zu sein, aber ich kann ehrlich sagen, nicht einmal ist es mir zuviel geworden. Ganz im Gegenteil, ich konnte mich auf ihre wertvollen Erfahrungen voll und ganz verlassen. Bonnie reiste bereits seit sechs Jahren mit den verschiedenen *Miss Americas* herum, Mickey seit drei Jahren. Sie wechselten sich monatlich in meiner Begleitung ab, und wenn ich sie auch liebte, so war ich jedesmal am Abend vor ihrer Abreise ein wenig eingeschnappt. Ich versuchte, ihnen Schuldgefühle einzureden, indem ich zum Beispiel sagte: „Wie kannst du es wagen, mich zu verlassen und nach Hause zu fahren! Ich bin neidisch! Einen Monat lang brauchst du keinen Koffer herumzuschleppen, du kannst essen, was du willst und wirst Freizeit haben, während ich in einem Hotel festhänge . . ." Hat es etwas genützt? Nein, kein bißchen!

Die Reisebegleiterinnen der *Miss America* helfen mit, die Menschenmenge in Schach zu halten, sie reservieren Hotelzimmer, legen die Reiserouten fest und kümmern sich um die anderen organisatorischen Dinge. Mickey und Bonnie sind sehr verschieden. Manchmal hatte ich den Eindruck, daß sie sich wie kleine Wachhunde benahmen, zumindest in der Öffentlichkeit. Sie sorgten dafür, daß die Leute ordentlich in einer Reihe standen, wenn sie auf Autogramme warteten und hatten auch keine Scheu, nein zu sagen, wenn es nötig war. Sie sagten mir immer: „Deine Aufgabe ist es, freundlich und nett zu sein, wir übernehmen den unangenehmen Teil." Aber privat waren sie so sanft wie Engel. Nie wollten sie neben mir im Rampenlicht stehen, nicht einmal wenn ich sie an meiner Seite haben wollte. Wann immer ich zu einem Festessen eingeladen wurde, bat ich darum, daß meine Reisebegleiterinnen neben mir am Kopfende des Tisches saßen, aber Bonnie und Mickey haßten diese Art von Aufmerksamkeit – und ich kann sehr gut verstehen, warum. Wer möchte schon auf einem Podest sitzen, wo die Leute einem beim Essen zusehen können?

Mickey ist ein ziemlich ernster Mensch. Sie hat mir nie einen Rat gegeben, wenn ich sie nicht darum gebeten habe. Sie behandelte mich mit Respekt, und wenn sie auch nicht immer einer Meinung mit mir war, behielt sie ihre Ansichten für sich, es sei denn, ich fragte sie danach.

Bonnie brachte mich oft zum Lachen. Sie hat viel Sinn für Humor, und häufig sagte sie, sie würde immer jünger, während ihre Kinder älter würden. Wann immer ich ein Problem hatte, sagte sie: „Heather, genieße dein Leben. Denke positiv."

Manchmal machte sich Bonnie einen Spaß daraus, die verdunkelten Scheiben unserer Limousine ein wenig herunterzudrehen, ihre Hand hinauszustrecken und vornehm zu winken. Die Leute blieben dann stehen und riefen: „Seht doch! Miss America winkt uns zu!" Sie wußten natürlich nicht, daß ich auf der anderen Seite des Wagens saß und lachte, bis mir die Tränen kamen.

Im April wurde ich zu einer Veranstaltung in der *Academy of Country Music* eingeladen. Als Mickey und ich in unserem Hotel ankamen, mußten wir feststellen, daß unsere Zimmer noch nicht vorbereitet waren. Mickey sah auf ihre Uhr – wir hatten nur noch wenig Zeit. Vor der Abendveranstaltung war noch eine Probe angesetzt, und danach würden wir vermutlich keine Zeit mehr haben, noch einmal ins Hotel zu kommen. Kurz entschlossen holte Mickey eines meiner Abendkleider aus dem Koffer und steckte es in ihre Tasche. An diesem Abend trug ich das Kleid vor Millionen von Fernsehzuschauern, und es hatte nicht eine einzige Falte! Mickey hatte es wieder einmal geschafft. In schwierigen Situationen beherrschte meine Begleiterin die Kunst der Improvisation!

Am vierten Juli, dem amerikanischen Nationalfeiertag, waren Mickey und ich in einem Hotel in Washington D.C. abgestiegen. Als wir uns gerade für die Nacht fertig machten, bemerkte ich einen seltsamen Geruch in meinem Schlafzimmer – irgendeine Chemikalie.

Ich rief nach Mickey, um zu sehen, ob auch sie den Geruch wahrnahm.

Mickey griff sofort zum Telefonhörer. Ich weiß nicht, was sie gesagt hat, aber innerhalb von fünf Minuten hörte ich die Sirenen eines Feuerwehrwagens. Ich blieb ganz ruhig, weil ich in Washington schon oft Sirenen gehört hatte, doch kurze Zeit später klopfte es an die Tür unserer Suite. Als Mickey öffnete, stand ein Feuerwehrmann mit Schlauch und Gasmaske davor. „Du meine Güte!" schrie ich. „Was ist denn los?"

Nachdem unser Zimmer durchsucht worden war, normalisierte sich mein Herzschlag wieder. Ich fragte Mickey, warum um alles in der Welt sie denn die Feuerwehr gerufen hätte. „Das habe ich gar nicht, Heather", erwiderte sie. „Ich habe nur unten an der Rezeption Bescheid gesagt, daß sie einmal nachsehen sollten."

Ich weiß nicht, was ich ohne Bonnie und Mickey getan hätte. Ich vertraute ihnen voll und ganz und schüttete ihnen mein Herz aus. Wenn ich den Drang verspürte zu schreien, weil meine Arbeit so anstrengend war, dann ließen sie mich im Hotel schreien. Wir nahmen unsere Mahlzeiten immer gemeinsam ein, weshalb wir viel Zeit für gemeinsame Unterhaltungen hatten. Ihnen konnte ich all meine Geheimnisse anvertrauen.

Eine unglückliche Heldin

Ganz besonders viel Freude bereitete mir immer die Post, die ich aus der ganzen Welt bekam. Tausende von Briefen kamen für mich an, und ich freute mich von Kindern und gehörlosen Schülern zu hören, die mir schrieben, daß mein Beispiel sie angeregt hätte, sich um die Erfüllung ihrer Träume zu bemühen.

Ich fühlte mich eines solchen Lobes nicht würdig. Ich war nur meinem Traum gefolgt, und Gott hatte mich auf diesen Weg gebracht, darum erschien es mir seltsam, daß mich so viele Leute für eine Heldin hielten. Die Vorstellung, daß es Menschen gab, die mich als ihr Idol ansahen, bereitete mir Unbehagen, und ich neigte dazu, die Komplimente abzutun und mich eher an der negativen Kritik festzuhalten. Man sagt ja, wir könnten neun Komplimente bekommen und einen

Vorwurf, und wir würden uns immer an den Vorwurf erinnern. So erging es auch mir.

Ich fühlte mich sehr geehrt, als ich zur *Birmingham Southern College Gala* eingeladen wurde, einer Veranstaltung zu Ehren von „erfolgreichen Frauen im Bereich der Kunst und der Medien". Zu den Ehrengästen gehörten die Bestsellerautorin Barbara Taylor Bradford, die Schauspielerin und Emmy-Preisträgerin Lynda Carter, die Vorsitzende der *Peter F. Drucker Foundation* Frances Hesselbein, die US-Senatorin Kay Bailey Hutchinson, NBC-Korrespondentin Gwen Ifill, die pensionierte Bischöfin Leontine Kelly, die Künstlerin Ida Kohlmeyer, die Autorin Bette Bao Lord, die Schauspielerin und Tony-Award-Preisträgerin Phyllis Newman, die ehemalige Chirurgin Antonia Novello, die Sozialwissenschaftlerin Elisabeth Kübler-Ross, die Pressesprecherin des Weißen Hauses Helen Thomas und . . . ich.

Unter diesen bemerkenswerten Frauen fühlte ich mich wie ein Fisch auf dem Trockenen. Sie waren alle sehr viel reifer und kultivierter als ich. Ich hingegen muß ihnen sehr jung erschienen sein. Sie begrüßten mich herzlich, und wir unterhielten uns ein wenig.

Ich freute mich sehr über die große Ehre, die mir durch das *Birmingham Southern College* zuteil wurde, und daß ich zusammen mit diesen intelligenten und erfolgreichen Frauen eingeladen worden war, doch eigentlich hatte ich das Gefühl, diese Ehre nicht verdient zu haben. Ja sicher, ich hatte hart gearbeitet, um meinen Traum zu verwirklichen, aber jeder, der sich seinen Traum erfüllen möchte, muß diesen Preis zahlen.

Nach der Gala hatte ich enorme Schuldgefühle. Ich hielt eine wunderschöne Trophäe aus Kristall in den Händen, aber ich hatte das Gefühl, ihrer nicht würdig zu sein. Jede der anwesenden Frauen hatte eine Rede gehalten – von denen ich nicht eine hatte verstehen können –, und ich hatte den ganzen Abend nur gelächelt und so getan, als würde ich das Programm aufmerksam verfolgen.

An diesem Abend habe ich jedoch vor allem eines gelernt: Diese Frauen, die alle Großes erreicht hatten, waren fröhlich miteinander. Sie konnten hart arbeiten, aber sie konnten sich auch amüsieren. Sie lachten und scherzten miteinander und schienen an dem, was sie taten, richtig Spaß zu haben.

Seit diesem Abend fiel es mir immer schwerer, meine Arbeit als

Miss America zu genießen. Diese Frauen standen schon seit Jahren im Licht der Öffentlichkeit, ich erst seit neun Monaten, und doch sehnte ich mich bereits nach der Zeit zurück, als mich noch niemand gekannt hatte. Ich konnte nicht verstehen, warum Gott es zuließ, daß mein Traum mich in eine solche Traurigkeit gleiten ließ. Es mußte einen Grund dafür geben, aber ich konnte ihn nicht erkennen. Ich klammerte mich an die Überzeugung, daß er mich durch die Erfahrungen, die ich in diesem einen Jahr sammelte, auf eine zukünftige Aufgabe vorbereitete, denn ich konnte nicht erkennen, daß er mich zu dieser Zeit auch nur irgendwie gebrauchte.

Nach Abenden wie dem am *Birmingham Southern College* war ich häufig sehr in mich gekehrt, und meine Gedanken waren nicht immer gesund. Die andauernde Hektik um mich herum war schuld daran, daß ich mein tägliches Bibellesen und das Gebet vernachlässigt hatte. Als es Frühling wurde, verbrachte ich meine Stille Zeit eher damit, mich selbst zu bemitleiden, als Gott um Hilfe zu bitten. Ich hatte angefangen mich zu fragen, warum ich überhaupt *Miss America* geworden war.

Wie konnte ich das Leben von Menschen verändern, indem ich Autogramme verteilte? Wie konnte ich Einfluß auf die Menschen ausüben, wenn ich an einem Tisch saß und eine kurze Rede hielt? Meine Rede zum STARS-Programm hatte ich so oft wiederholt, daß ich sie bereits über hatte.

Solche Gefühle überkamen mich auch am vierunddreißigsten Jahrestag der *American Academy of Achievement*, an dem ein großes Bankett in Abendkleidung veranstaltet wurde. Ich saß mit Ehrengästen wie Robin Williams, Bob Woodward, Mike Wallace, Martha Stewart, Rosa Parks, Arnold Palmer, Lady Bird Johnson, Peggy Noonan, der ehrenwerten Ruth Bade Ginsburg, Patricia Cornwell, Präsident George Bush und anderen führenden Persönlichkeiten aus Industrie und Wirtschaft an einem mit Rosen geschmückten Tisch.

Was um alles in der Welt habe ich getan, daß ich mit so hohen Persönlichkeiten an einem Tisch sitze? dachte ich bei mir.

Das Bankett wurde zu Ehren von besonders guten Schülern verschiedener High Schools gegeben, und unsere Aufgabe war es, ihnen einen guten Rat mit auf den Weg zu geben, wie man erfolgreich wird. Mein Rat war geradeheraus und einfach: „Wenn ihr ins College eintretet, denkt daran, daß eure Verantwortung in dem Maß anwächst, wie eure Freiheit größer wird."

Ich setzte mich und fühlte mich ziemlich töricht. Und wieder einmal fragte ich mich, warum Gott mich hierhergebracht hatte.

In den darauffolgenden Wochen wandte ich den Blick von meinem Ziel ab, als *Miss America* mein Bestes zu geben. Das war ein schlimmer Fehler.

Es war jedoch nicht das erste Mal, daß ich diesen Fehler beging. Zu Weihnachten schenkte mir mein Cousin Trey ein elektronisches Spiel. Er wußte, daß ich Freude daran haben würde, und mir gefiel es auch tatsächlich, mir damit die Zeit im Flugzeug oder im Auto zu vertreiben. Doch schon bald konzentrierte ich mich so sehr auf das Spiel, daß ich überhaupt nicht mehr mitbekam, was um mich herum vorging. (Meine Gehörlosigkeit hatte bereits einen großen Teil meiner Wahrnehmungsfähigkeit blockiert, dieses Spiel blockierte auch noch den Rest!)

Ich nahm dieses Spiel zu ernst und spielte es stets äußerst konzentriert. Als ich es einmal auf einem Flughafen spielte, während wir warteten, kam ein Schüler heran. Bonnie klopfte mir auf die Schulter, und ich fuhr ungeduldig herum und fuhr sie an: „Was ist?"

Ein Fehler. Etwa einen Monat lang nahm ich das Spiel überallhin mit, dann sagte die Stimme Gottes zu mir: „Du mußt damit aufhören. Du mußt aufhören, dieses Spiel in der Öffentlichkeit zu spielen. Du gibst als *Miss America* nicht mehr dein Bestes."

Also legte ich es fort, außer Reichweite in den Koffer und holte es nur noch heraus, wenn ich allein war. Ich erinnerte mich daran, wie sehr Bob Dole mich beeindruckt hatte, weil er mir seine ungeteilte Aufmerksamkeit geschenkt hatte, und mir fiel auch mein guter Vorsatz wieder ein, mich anderen Menschen gegenüber ebenso respektvoll zu verhalten. Es war nicht leicht, meine eigenen Wünsche zurückzustellen und andere Menschen glücklich zu machen, aber dieses Spiel zeigte mir, daß man Opfer bringen muß, um anderen Respekt zu erweisen.

Das Leben als *Miss America* war so hektisch, daß ich manchmal das Gefühl hatte, mich mitten in einem Tornado zu befinden. Ich hatte kaum Zeit, über all das nachzudenken, was ich lernte, oder auch nur über die vielen interessanten Leute, die ich traf. Oft hatte ich keine Ahnung, wo ich war oder wohin ich flog.

Einmal sprach ich vor einer Gruppe von Grundschülern in Minnesota. Ich versuchte, immer besonders wachsam zu sein, wenn ich mit Schülern zusammen war, weil sie nach Vorbildern suchen und ich sie motivieren wollte zu träumen, fleißig zu lernen und die Schule erfolgreich zu beenden.

Der Direktor stellte mich vor, und ich fing an, die Fragen der Schüler zu beantworten. Ein Mädchen fragte: „Wie wird man *Miss America?*", und ich begann, ihr das System der Miss-Wahl zu erklären.

„Zuerst nimmt man an einer örtlichen Miss-Wahl teil", sagte ich. „Du könntest zum Beispiel *Miss Grand Rapids* werden, dann bewirbst du dich um *Miss Michigan.* Und wenn du das schaffst –"

Ich brach mitten im Satz ab. Einige der Kinder kicherten, andere blickten mich verwirrt an. Ich wußte irgendwie, daß etwas nicht stimmte.

„Wo sind wir hier?" fragte ich Mickey.

„Heather", sagte sie, wobei sie versuchte, ihr Lächeln zu unterdrücken. „Wir sind in Minnesota."

Ich wandte mich den Kindern wieder zu und zuckte die Achseln. „Seht ihr?" sagte ich. „Ich bin so verwirrt, ich weiß nicht einmal, wo ich bin."

Ein anderes Mal war ich so durcheinander, daß ich mitten im Winter ein ärmelloses Sommerkleid anzog, als wir nach Portland in Oregon fliegen wollten. Mein Erdkundelehrer trug bestimmt keine Schuld daran, ich war nur so müde, daß ich die verrückte Vorstellung hatte, Portland würde im Süden, in der Nähe von New Orleans liegen.

Mickey betrachtete mich in meinem Sommerkleid und fragte gelassen: „Willst du das wirklich anziehen?"

„Ja", antwortete ich und überlegte, warum sie mich wohl gefragt hatte.

Sie zuckte nur mit den Achseln und sagte: „In Ordnung."

Dann stiegen wir ins Flugzeug. Zwei Stunden später blickte ich aus dem Fenster und sah die Wüste unter uns. „Was ist los?" fragte ich sie.

„Wir fliegen nach Portland", sagte sie und grinste mich an. „Oregon. Das da unten ist die Sierra Nevada."

Ich holte eine Landkarte hervor und sah, daß Portland an der Westküste lag. Und im Norden.

Seufz.

Vorbilder

Ich weiß nicht, wie andere Persönlichkeiten des öffentlichen Lebens so gut zurechtkommen. Eine Frau, die ich mir während meiner Amtszeit als *Miss America* in dieser Hinsicht zum Vorbild nahm, war Elizabeth Dole. Ein Artikel über sie beeindruckte mich sehr. Sie war die Vorsitzende des amerikanischen Roten Kreuzes, und in dem Artikel berichtete sie von ihrer Reise nach Afrika, wo sie mit vielen Kindern zusammengekommen war, die in kriegerischen Auseinandersetzungen ihre Eltern verloren hatten. Ihre Situation berührte Elizabeth tief, und als ich das las, war auch ich tief bewegt.

Mrs. Dole interessierte mich vor allem deshalb, weil sie unter Präsident Reagan in verschiedenen politischen Ämtern tätig gewesen war, bevor sie Vorsitzende des Roten Kreuzes wurde. *Das ist eine Frau, die tatsächlich dazu beiträgt, diese Welt zu verbessern*, sagte ich mir. *Wie kann ich ihr nacheifern?*

Die Vorstellung, durch die Politik Einfluß auf die Menschen zu nehmen, behagte mir überhaupt nicht, weil ich politische Intrigen nicht mag. Aber Elizabeth Dole hatte Jura studiert und mußte sich unweigerlich mit politischen Ränkeschmieden auseinandersetzen, doch sie blieb ihrer Aufgabe, anderen zu helfen, treu. Ich hätte sie gern kennengelernt, und als ich diesen Wunsch einmal Mary McGinnis gegenüber äußerte, rief sie in Mrs. Doles Büro an und vereinbarte einen Termin.

Ich war erstaunt und dankbar, daß sich eine so beschäftigte Frau wie Elizabeth Dole Zeit für mich nahm. Als ich sie kennenlernte, spürte ich dieselbe Herzlichkeit bei ihr, die mich bereits bei ihrem Mann beeindruckt hatte. Da ich wußte, daß sie nur wenig Zeit hatte, wäre ich froh gewesen, wenn sie nur fünf Minuten für mich übrig gehabt hätte. Ich stellte mir vor, daß wir uns kurz unterhalten und dann zusammen fotografiert werden würden, doch als ich in ihr hübsch eingerichtetes Büro kam, standen Tee und Kekse auf dem Tisch bereit. Wir setzten uns auf die Couch und unterhielten uns fast eine Stunde lang.

Was mich an Elizabeth Dole besonders beeindruckte, war ihre große Liebe zu der Arbeit des amerikanischen Roten Kreuzes. Ihr Einsatz für das Rote Kreuz hat nichts mit ihrer politischen Arbeit zu tun. Sie sagte mir, daß ihrer Meinung nach Geld und Ruhm den Leuten kein Glück bringen würden. Nur Menschen, die sich für andere Menschen einsetzten, würden Freude an ihrer Arbeit haben.

Sie sei froh, sagte sie, daß ich mich zu Jesus bekenne, denn auch sie sei bekennende Christin.

Als ich mich von ihr verabschiedete, dankte ich ihr, daß sie mir ihre Zeit gewidmet hatte. Mrs. Dole lächelte. Ein Jahr später las ich ihr Buch *Unlimited Partners* und erfuhr, daß auch sie sich einmal an eine sehr beschäftigte Frau gewandt hat, die sich dann Zeit für sie nahm. Sie hatte sich deshalb vorgenommen, dasselbe zu tun, wenn andere Frauen sie um Hilfe baten.

Während diesem Jahr führte Gott die unterschiedlichsten Frauen mit Macht und Einfluß in mein Leben. Wenn ich zwei Frauen als meine persönlichen „Frauen des Jahres" auswählen müßte, würde ich Elizabeth Dole und Marva Collins nennen, eine landesweit bekannte Lehrerin aus Chicago. Miss Collins führt eine Privatschule für Schwarze und geht sehr streng mit ihren Schülern um. Sie ist der Meinung, daß diese Kinder sich nicht von anderen unterscheiden. Sie sagt ihnen immer wieder: „Ihr habt das gleiche Potential wie Martin Luther King, der Präsident und andere erfolgreiche Menschen. Ihr habt das gleiche Herz und den gleichen Verstand, und genau wie sie könnt ihr einen Traum haben."

Miss Collins läßt nicht zu, daß ihre Schüler in die nachlässige Sprache der Schwarzen abgleiten; sie fordert sie auf, in ihrem Unterricht korrektes Englisch zu sprechen. Ihre Prinzipien erinnern mich an meine eigenen in bezug auf die Ausbildung gehörloser Menschen. Alle Schüler, ob sie nun schwarz, taub oder was auch immer sind, verdienen die bestmögliche Ausbildung. Und genau wie Miss Collins' Schüler korrektes Englisch sprechen müssen, sollten sich gehörlose Schüler nicht nur auf die Gebärdensprache konzentrieren, sondern korrektes Englisch entweder in der Gebärdensprache oder der gesprochenen Sprache lernen, damit sie mit der hörenden Welt kommunizieren können. Marva Collins' Vorbild gab mir die Kraft, auch weiterhin für meine Überzeugung einzutreten.

Einmal hatte ich die Gelegenheit zu einem Treffen mit einigen Ärzten, die sich auf Cochlea-Implantate spezialisiert hatten. Immer wieder wurde ich nach meiner Meinung zu Cochlea-Implantaten gefragt und ob ich bereit wäre, bei mir eine Transplantation vornehmen zu lassen. Zuerst dankte ich den Ärzten sehr höflich für ihr Interesse und erklärte ihnen, ich würde mein Hörgerät bevorzugen, weil ich damit Musik hören und telefonieren könnte.

Manche werden mit dem Begriff Cochlea-Implantat nichts anfangen können, darum möchte ich ihn kurz erläutern. Ein Cochlea-Implantat ist eine elektronische Vorrichtung, die chirurgisch in den Knochen des Innenohrs eines gehörlosen Menschen eingesetzt wird. Außen am Kopf wird ein Sender angebracht, der Signale an einen Empfänger unterhalb der Kopfhaut übermittelt, der diese dann wiederum an den Hörnerv weitergibt. Das Implantat übermittelt Sprache nicht deutlich, hilft aber dem Gehörlosen, Geräusche zu unterscheiden, die er sonst nicht deutlich wahrnehmen könnte.

Ein Cochlea-Implantat würde bei mir nichts bewirken, doch die Ärzte bedrängten mich auch weiterhin. Ich versuchte, freundlich zu bleiben, doch schließlich wurde es mir zuviel. „Sehen Sie – Sie sollten aufhören, mich deswegen zu bedrängen", sagte ich ihnen. „Ich kann mit meinem Hörgerät hören, ich brauche ein solches Implantat also nicht."

An dem Abend dieses Tages traf ich bei der feierlichen Vergabe der 75-STARS-Auszeichnungen in Atlanta eine Gruppe von gehörlosen Personen mit Cochlea-Implantaten. Sie stellten mir dieselbe Frage – überlegte ich, mir eines einsetzen zu lassen? Und einen Augenblick lang fragte ich mich, ob ich auch bei ihnen die Geduld verlieren würde. Aber erstaunlicherweise half Gott mir, taktvoll und geduldig zu bleiben. „Einen solchen Eingriff habe ich nie in Betracht gezogen", erklärte ich ihnen, „aber ich bin der Meinung, daß es durchaus das Selbstwertgefühl stärken und den Menschen, die sich dafür entscheiden, eine genauso gute Kommunikationshilfe sein kann wie die Gebärdensprache, das Lippenlesen und ein Hörgerät."

Gott hat mir auch bei vielen anderen Gelegenheiten geholfen, in denen ich mit Leichtigkeit hätte ungeduldig werden können. Die meisten Menschen waren der Meinung, ich müßte eine wundervolle Kindheit gehabt haben und eine herrliche Zeit als *Miss America* verleben. Immer wieder hörte ich: „Oh, Sie sind so lieb, so wundervoll", aber glauben Sie mir, am liebsten hätte ich geantwortet: „Sie sehen in der Öffentlichkeit vielleicht einen Engel, aber ich kann auch ein Teufel sein." Wenn ich für mich allein war, rebellierte ich gegen die

Erwartungen, den Druck und die Verpflichtungen, die andere mir auferlegten.

Die Ehrungen, Auszeichnungen und Komplimente, die ich bekam, waren zu etwas derart Alltäglichem geworden, daß ich sie kaum noch wahrnahm, wenn ich nicht gerade daran zweifelte, daß ich sie überhaupt verdient hatte. Die alte Unsicherheit und Einsamkeit, die mich seit meiner Kindheit gequält hatte, kam wieder hoch.

Ich war einsam. Jeden Tag lernte ich neue Leute kennen, tagsüber war ich fast immer von Menschen umgeben, und doch kannten sie nur die *Miss America*, die junge Frau, von der sie in den Zeitungen gelesen hatten. Sie kannten nicht Heather Whitestone. Oft sprachen sie mich nicht einmal mit meinem Namen an. Sie wußten nicht, daß der Anblick der riesigen Weite des Meeres mich tief berührt, daß ich eigentlich ein sehr zurückgezogener Mensch bin, daß ich vom Eislaufen und einem eigenen Hund träume.

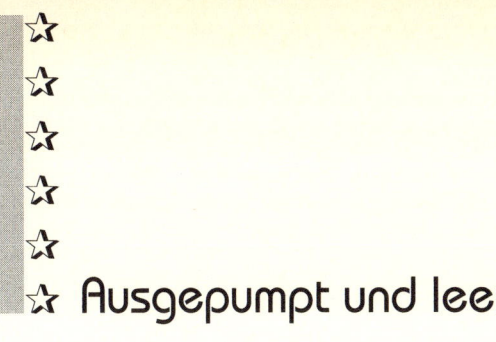

☆ Ausgepumpt und leer

Im April, als ich bei einem Interview mit der Zeitschrift *Mademoiselle* gebeten wurde, mein Lieblingskleidungsstück zu nennen, erwiderte ich: „Mein Ballettkostüm. Seit fünfzehn Jahren tanze ich. Da meine Verpflichtungen als *Miss America* mich zwingen, zwanzigtausend Meilen pro Monat zu reisen . . . jeden Tag in eine andere Stadt . . . sind mir die wenigen Momente, in denen ich meine Ballettschuhe anziehen und tanzen kann, sehr kostbar. Nur beim Tanzen fühle ich mich richtig frei."

Als der Frühling in den Sommer überging, hatte ich meine Ballettschuhe schon lange nicht mehr angezogen, und schon lange hatte ich diese Freiheit nicht mehr empfunden. Ich hatte hart gearbeitet, um Gottes Traum für mich zu erfüllen, dabei war mir aber jegliche Freude verlorengegangen.

In ihrem Buch *Midstream: My Later Life* beschreibt Helen Keller die Enttäuschungen, die sie bei ihren Vortragsreisen erlebte. Einmal verließen Helen, ihre Mutter und ihre Lehrerin in Pelze gehüllt das eiskalte Salt Lake City, um mit dem Zug nach Los Angeles zu fahren. Nach einer Zugentgleisung und einer schlaflosen Nacht stiegen sie in Los Angeles aus, wo eine große Menge von Freunden, Reportern und Fotografen auf sie wartete.

„Alle anwesenden Damen waren in vornehmen Sommerkleidern mit Blumenhüten und fröhlichen Sonnenschirmen erschienen", schreibt Helen. „Uns war unsere Aufmachung so peinlich, daß wir die extra für uns bereitgestellten Wagen ablehnten, in ein Taxi sprangen und dem Fahrer auftrugen, uns so schnell wie möglich ins Alexandria-Hotel zu bringen. Doch als er losfuhr, gab es Probleme mit dem

Wagen, und er mußte anhalten . . . sofort waren wir wieder von Reportern umringt, die ein Interview mit mir haben wollten, und auch die Fotografen holten uns ein und fotografierten uns! Alle versuchten, uns aufzuhalten, doch wir bestanden darauf, zu unserem Hotel zu fahren. Unsere Freunde waren verletzt, die Zeitungsleute verärgert, unser Manager wütend. Unsere Zimmer waren mit prächtigen Blumen, herrlichen Früchten und allem ausgestattet, was zu unserem Komfort notwendig war; aber wir waren zu erschöpft und müde, um uns daran zu freuen. Es dauerte einige Tage, bis wir uns wieder als Menschen fühlten, und nicht wie wilde Tiere in einem goldenen Käfig." (Helen Keller, *Midstream: My Later Life*, New York, Doubleday, Doran & Company, Inc., 1929, S. 160.)

Ich weiß, daß die meisten Menschen sich das Leben der *Miss America* wundervoll und sehr luxuriös vorstellen. Meine Reisebegleiterin und ich flogen erster Klasse zu den verschiedenen Zielorten, und wir wohnten in wunderschönen Hotelsuiten. Aber auch ein goldener Käfig ist ein Käfig, und als die Blätter an den Bäumen allmählich braun wurden, sehnte ich mich verzweifelt nach Freiheit.

Einer der kleinen Jungen, die mir schrieben, wollte wissen, was ich am Wochenende tat – dasselbe wie an Werktagen! Ich hatte wirklich sehr wenig Freizeit und nur wenige Tage, die ich so gestalten konnte, wie ich es wollte. Normalerweise stand mir in jedem Monat ein freier Tag zu, doch in drei Monaten hatte ich nicht einen einzigen freien Tag. Und an den seltenen freien Tagen konnte ich nicht nach Hause fahren. Ich war an das Hotel, wo immer es sich befand, gebunden und lag gewöhnlich nur auf meinem Bett und tat gar nichts. Zu Beginn des Jahres neckte ich meine Reisebegleiter immer, wie glücklich sie sich schätzen könnten, weil sie nach Hause fahren konnten; im Juni machte ich keine Witze mehr. Ich meinte es todernst, wenn ich Bonnie und Mickey fragte: „Wie könnt ihr einfach wegfahren und mich hier zurücklassen?"

Das Schlimmste war, daß ich, obwohl ich einflußreiche und interessante Leute kennenlernte, alles nur noch wie in einem Nebel erlebte. In dieser Zeit hat Gott mir klargemacht, daß das Leben kurz ist. „Ein Rauch seid ihr", schreibt der Apostel Jakobus, „der eine kleine Zeit bleibt und dann verschwindet." Genauso könnte ich auch mein Jahr als *Miss America* beschreiben. Ich hatte keine Zeit nachzudenken oder meine Gedanken in einem Tagebuch festzuhalten. Nach meinen täglichen Vortragsverpflichtungen kehrten Bonnie oder Mickey und ich in unser Hotelzimmer zurück, wo ich ins Bett fiel und versuchte, noch einige Stunden Schlaf zu bekommen, bevor ich wieder in eine andere Zeitzone reiste und weitere Vorträge hielt.

Ich möchte nicht undankbar erscheinen und mich auch nicht beklagen. Immerhin wußte ich ja ungefähr, was als *Miss America* auf mich zukommen würde. Meine Gastgeber und Gastgeberinnen waren herzlich, zuvorkommend und sehr gastfreundlich. Aber im Laufe der Zeit war ich zu erschöpft, um das überhaupt wahrzunehmen.

Ich erinnere mich an einen Abend in Hawaii – ich sah hinauf in den Himmel, und mir wurde plötzlich klar, daß ich seit Monaten zum ersten Mal die Gelegenheit hatte, die Sterne am Himmel zu betrachten. Ich hatte gerade meinen Vortrag bei einem Kongreß beendet und konnte einige Tage im Ritz-Carlton-Hotel ausspannen. Bonnie und ich gingen gemeinsam an den Strand. Hawaii war so wunderschön, und ich habe den Strand immer geliebt, weil er mich an die Wochenenden erinnerte, die ich mit meiner Familie in Panama City verbracht habe.

Wir gingen also am Strand spazieren. Ich sah zum Himmel empor und staunte über die Schönheit der Sterne. Wie leicht lassen wir uns ablenken und vergessen! Die Sterne waren immer ein Symbol für meine Träume gewesen, und nun, da ich mir einen davon erfüllte, hatte ich das Geschenk des Träumens ganz und gar vergessen . . . und die Schönheit des Staunens.

Man sagt, ein Mensch, der die Sterne betrachtet, sei immer der Gnade der Pfützen auf dem Weg ausgeliefert. Ich war der Gnade ärgerlicher Pfützen ausgeliefert, ohne überhaupt die Zeit zu haben, die Sterne zu betrachten. Ich war so damit beschäftigt, den täglichen Trott, die Erschöpfung, die fehlende Freiheit zu bewältigen, daß ich mir nicht die Zeit genommen hatte, mich umzusehen.

Das Selbstwertgefühl eines Menschen sinkt, wenn er erschöpft ist. Und wenn man lange Zeit ein emotionales Hoch erlebt, ist das nachfolgende Tief besonders niederschmetternd. Ich war emotional ausgelaugt, und meine Rückkehr nach Alabama zur Wahl der *Miss Alabama* stand unter keinem guten Stern. Die Veranstalter hatten mich gebeten, bei der Wahl zu tanzen, und ich kam ihren Wünschen nach, aber ich war nicht in Form, hatte Blasen an den Füßen und war schlechter Laune. Ich gab mein Bestes und verbeugte mich nach der Vorführung. Als ich auf der leeren Bühne den begeisterten Applaus entgegennahm, kamen Erinnerungen an einen Nachmittag vor langer Zeit wieder hoch. . . .

In dem Jahr, bevor ich zur *Miss America* gekrönt worden war, verbrachte ich einen Nachmittag in der *Green Valley Elementary School* in Hoover, Alabama. Dort stellte ich das STARS-Programm vor und arbeitete mit den Kindern. Die Direktorin, meine Freundin Vicki Davis, hatte mir sehr dabei geholfen. Sie liebte ihre Schüler von ganzem Herzen und tat alles für sie. An diesem besonderen Tag hatte sie mich also zu einem Vortrag eingeladen. Plötzlich wurde mein Vortrag von einer Glocke unterbrochen.

„Ist das eine Feuerübung?" fragte ich.

„Nein." Vicki lächelte und ließ die Schüler sich in einer Reihe aufstellen. Verwundert folgte ich ihnen aus dem Gebäude.

Eine Bombendrohung kann es nicht sein, dachte ich, *dazu sind alle zu entspannt.* Die Lehrer winkten einander zu, die Kinder stellten sich aufgeregt lächelnd an der Buszufahrt auf. Nach zehn Minuten bog ein gelber Schulbus auf den Parkplatz ab. Die wartenden Schüler begannen sofort laut zu klatschen, und als ich die glücklichen Gesichter hinter den Busscheiben sah, wurde mir klar, was wir hier taten – wir hießen die Schüler der *Green Valley School* willkommen, die an den olympischen Spielen für Behinderte teilgenommen hatten.

Alle schrien und jubelten, als würden die internationalen olympischen Spiele direkt vor ihren Augen abgehalten. Die Kinder mit ihren Medaillen stiegen stolz und mit strahlenden Augen aus dem Bus. Sie winkten und stolzierten wie weltbekannte Helden an den anderen Schülern vorbei.

Als wir in die Klasse zurückkehrten, weinte ich vor lauter Freude. Was für ein wundervolles Gefühl diese Kinder mir vermittelt hatten! *Herr,* betete ich damals, *diese Kinder können so froh sein, Vicki und ihre liebevolle Fürsorge zu haben.*

Dieselbe Art von Unterstützung vermittelte mir auch das jubelnde Publikum bei der Wahl der *Miss Alabama.* Ein paar Stunden lang wurden meine Erschöpfung, mein Schmerz und meine emotionale Leere gelindert. Dieser Abend war ein Geschenk von Gott, und die Leute aus Alabama bereicherten mein Leben mehr, als ich beschreiben kann.

Kurze Zeit später wurde ich zu den internationalen olympischen Spielen für Behinderte eingeladen. Ich sollte bei der Eröffnungsveranstaltung mitwirken. Wir sollten zunächst am Nachmittag proben, danach in unsere Hotels zurückkehren und uns auf die Veranstaltung am Abend vorbereiten. Aber irgend etwas lief schrecklich schief. Obwohl die Probe nur fünfzehn Minuten dauern sollte, warteten wir *vier Stunden* lang, und ein Ende war noch nicht abzusehen.

Wir alle waren ärgerlich, wütend und machten uns Sorgen. Jemand der Mitwirkenden beklagte sich beim Regisseur und verlor schließlich die Geduld. „Ich werde nicht eine Minute länger warten", sagte er aufgebracht. „Ich habe bereits vier Stunden vergeudet." Nach diesem Ausbruch verließ er das Stadion und fuhr in sein Hotel. Ich wußte, daß dieser Mann normalerweise sehr nett und freundlich ist und daß dies keine Laune eines Stars war.

Ich gebe ihm keine Schuld. Wir konnten nichts dafür, daß die Terminplanung vollkommen durcheinander geraten war, und es wäre schön gewesen, wenn wir uns in unserem Hotel hätten entspannen und auf den Abend vorbereiten können. Doch nachdem der Fernsehstar gegangen war, hörte ich, wie die anderen schlecht über ihn redeten. Sie beschimpften ihn und meinten, er hätte einen schlechten Ruf, so wie sie noch wenige Minuten zuvor die Veranstalter beschimpft hatten. Sie dachten nicht einmal darüber nach, daß er freiwillig angereist war und offensichtlich von den olympischen Spielen für Behinderte überzeugt war, denn sonst wäre er sicher nicht gekommen.

Vollkommenheit ist schwer zu erlangen

Durch diese Erfahrung habe ich etwas gelernt. Die meisten Leute erwarten von bekannten Persönlichkeiten Vollkommenheit. Selbst in schwierigen Situationen werden sich die Menschen immer an ein negatives Verhalten erinnern, auch wenn man hundert positive Dinge getan hat.

Wozu das Ganze? fragte ich mich. *Warum fahre ich nicht einfach nach Hause? Ich habe die negativen Geschichten, die Kritik und die Leute, die glauben, ich würde ihnen gehören, so satt. Ich gehöre nicht dazu. Das Leben ist zu kurz, um es so zu gestalten. . . .*

Zu Beginn dieses Jahres hatte ich mir vorgenommen, den Leuten als positives Beispiel für das, was ein Mensch mit einer Behinderung erreichen kann, in Erinnerung zu bleiben. Aber ich bin eben auch nur ein Mensch. Ich habe gelernt, daß ich nicht vollkommen bin. Ich hatte schon häufig versagt und würde auch wieder versagen, und ich befürchtete, die Leute würden sich nur noch an mein Versagen erinnern und nicht an meine Erfolge.

Wie ein Wagen, dessen Tank leer ist, war ich ausgepumpt und leer. Aber wir hatten erst Juli – und mein Terminkalender war noch bis Dezember mit Terminen gefüllt. Ich wollte endlich einmal ausruhen. Da erinnerte ich mich daran, in der Bibel gelesen zu haben, daß Jesus, als er Ruhe brauchte, die Menschen weggeschickt und sich auf einen Berg zurückgezogen hatte. Ich war bereit, mir, sobald meine Amtszeit als *Miss America* beendet war, ein Versteck zu suchen, doch meine Freunde warnten mich, daß ich meinem Image schaden würde, wenn ich Auftritte absagte, die ich bereits zugesagt hatte.

Wie in Trance machte ich weiter. Bonnie und Mickey machten mir immer wieder Mut, und ich entdeckte eine Disziplin bei mir, von der ich vorher nichts gewußt hatte. Vielleicht habe ich sie damals entwickelt, als ich versuchte, bei der Sprachtherapie die richtigen Laute herauszubringen, vielleicht hatte ich sie mir aber auch beim Ballettunterricht angeeignet. Doch letztendlich kam die Kraft, die mir durch dies alles hindurchhalf, vom Geist Gottes, der mich niemals verlassen hat, auch wenn ich mir wenig Zeit für ihn nahm.

Vermutlich kennen Sie Margaret Fishback Powers Gedicht „Fußspuren im Sand". Darin überblickt ein Mensch seinen Lebensweg und sieht, daß Gott immer neben ihm geblieben ist, daß seine Fußspuren nur in schwierigen Zeiten nicht zu sehen waren. „Warum?" fragt er Gott, „warum hast du mich in diesen schwierigen Zeiten verlassen?"

Gottes Antwort ist beeindruckend. „Ich habe dich nie verlassen", versichert er dem Reisenden. „Wenn du nur ein einziges Paar Fußspuren siehst, mein Kind, dann habe ich dich getragen."

Während der Monate Juli und August, den letzten beiden Monaten meiner Amtszeit als *Miss America*, war ich zu müde, um auch nur zu denken. Gott trug mich, er half mir, etwas zu bewirken, und ich war zu ausgelaugt, um es auch nur zu bemerken. Ich war zu müde, um in meiner Bibel zu lesen, zu müde, um zu beten. Aber der Geist Gottes half mir glücklicherweise in meiner Not. Der Apostel Paulus schreibt: „Desgleichen hilft auch der Geist unserer Schwachheit auf. Denn wir wissen nicht, was wir beten sollen, wie sich's gebührt; sondern der Geist selbst vertritt uns mit unaussprechlichem Seufzen. Der aber die Herzen erforscht, der weiß, worauf der Sinn des Geistes gerichtet ist; denn er vertritt die Heiligen, wie es Gott gefällt. Wir wissen aber, daß denen, die Gott lieben, alle Dinge zum Besten dienen, denen, die nach seinem Ratschluß berufen sind" (Römer 8,26–28).

Ich konnte in dieser Zeit nichts weiter tun, als darauf zu vertrauen, daß Gott mein Leben noch immer in seiner Hand hielt.

.Später war ich erstaunt zu erfahren, daß Helen Keller mit derselben Erschöpfung und demselben Schmerz zu kämpfen hatte, die ich empfunden habe. In ihrem Buch *Midstream: My Later Life* schrieb sie: „Es stimmt nicht, daß ich nie traurig oder ärgerlich bin; aber vor langer Zeit habe ich beschlossen, mich nie zu beklagen. Der tödlich Verletzte muß danach streben, um der anderen willen sein Leben fröhlich zu gestalten. Das ist der Sinn der Religion – sie soll den Menschen Mut geben, bis zum Ende mit einem fröhlichen Gesicht zu kämpfen. Das ist vielleicht kein besonders hochgestecktes Ziel, aber es ist auch durchaus kein Ergeben in sein Schicksal. Um sein Schicksal so annehmen zu können, muß man an sich arbeiten, man braucht den Trost der Freundschaft und den unerschütterlichen Glauben an Gottes guten Plan." (Keller, *Midstream*, S. 261.)

Ich würde gern sagen, daß meine Gehörlosigkeit während meiner Amtszeit als *Miss America* nie zu einem Problem geworden ist, aber das kann ich leider nicht. Die Tatsache, daß ich die Krone trug, machte die Dinge nicht leichter und löschte auch die Schwierigkeiten nicht aus, die zu überwinden ich mich immer bemüht hatte. Die Empfänge waren noch immer ein Problem. Der Lärm in einem Raum voller Menschen lenkte mich schon nach fünfzehn Minuten sehr stark ab, noch immer fiel es mir schwer, Männern mit Bart und Menschen, die mit starkem Akzent sprachen, von den Lippen abzulesen, und wenn ein Gebärdenspracheübersetzer anwesend war, sagten die Leute oft: „Sagen Sie ihr, ich finde sie großartig", ohne überhaupt in meine Richtung zu sehen.

Selbst nach viel Übung fiel mir auch immer noch der Umgang mit der Presse sehr schwer. Den Lärm einer großen Pressekonferenz fürch-

tete ich genausosehr wie den bei Empfängen und in Flughäfen. Bei
Live-Interviews stand häufig jemand hinter der Kamera bereit, der mir
die Fragen in die Gebärdensprache übersetzte, doch ich mußte mich
jeden Tag auf einen neuen Übersetzer einstellen. Jeder zeigt die Zeichen ein wenig anders, und ein paar bewegen dabei ihre Lippen, als
würden sie sprechen. Ich bemühte mich nach Kräften, gleichzeitig auf
ihre Zeichen zu achten und von ihren Lippen abzulesen, aber das ist
schwierig. Wenn ich ein Gespräch mit einem Reporter oder einem
Fernsehjournalisten führte, konnte ich mir nicht die Zeit nehmen, die
Gebärdensprache zu entschlüsseln. Und wie immer war auch hier die
amerikanische Gebärdensprache ein Hindernis. Das Vokabular ist so
begrenzt, daß sehr schwierige Begriffe mit den Fingern buchstabiert
werden müssen. Ich mußte dann innehalten und darauf warten, daß
das Wort Buchstabe für Buchstabe vor meinen Augen gebildet wurde.

Bei Interviews muß ich wie ein Dummchen mit weit aufgerissenen
Augen ausgesehen haben, bis ich beschloß, alle Fernsehinterviews
ohne Hilfe von Gebärdensprache zu führen. Manchmal verstand ich
die Frage des Interviewers falsch, aber ich dachte, es sei besser, ehrlich
meinen Fehler zuzugeben, als mit weit aufgerissenen Augen dazusit-
zen, während jemand mir die Frage buchstabierte.

Unerkannte Engel

In den Zeiten, wo ich niedergeschlagen war und aufgeben wollte, weil
ich einen Fehler gemacht hatte, schickte Gott mir jemanden, der
mich wieder aufrichtete. Manchmal waren es Bonnie oder Mickey,
manchmal war es jemand, den ich bei meinen Reisen kennengelernt
hatte. Nicht selten sogar der Fahrer einer Hotellimousine oder eines
anderen Mietwagenservices.

Mit den Fahrern kam ich gut klar, und viele von ihnen haben Farbe
in mein Leben gebracht. Ich glaube, ich habe mich gern mit ihnen
unterhalten, weil die meisten Immigranten waren, die in die Vereinigten Staaten gekommen waren, um für ihre Familien ein besseres Leben zu erreichen. Bereits nach wenigen Monaten des Reisens
war ich zu der Erkenntnis gelangt, daß sehr viele Amerikaner unser
Land als zu selbstverständlich hinnehmen. Es war erfrischend, mit

den Fahrern zu sprechen und eine ganz andere Perspektive zu bekommen.

Leider war ich während der letzten Monate so müde, daß ich mich an das meiste, was meine Fahrer gesagt haben, nicht mehr erinnern kann. Aber ein paar Monate, nachdem ich meinen Titel abgelegt hatte, mußte ich in dem Wagen eines Hotels eine einstündige Fahrt durch die Berge Virginias zu einem Flughafen zurücklegen. Noch immer fühlte ich mich erschöpft und niedergeschlagen und fragte mich, ob ich als *Miss America* nun tatsächlich etwas bewirkt hatte oder nicht. Das Leben im Rampenlicht hatte mich nicht beeindruckt, genauso wenig wie die meisten der Leute, die darin lebten.

Der Fahrer war ein erfrischend normaler Mensch, und ich fragte ihn nach seinem Leben. Er erzählte mir, er hätte keinen Schulabschluß. „Aber ich bereue nichts", versicherte er mir und sah mich im Rückspiegel an. „Ich mache meinen Kindern Mut, die Schule zu beenden und auf die Uni zu gehen, aber für mich habe ich beschlossen, in meinem Leben nichts zu bedauern. Denn wenn ich das täte, würde mein Leben sehr traurig. Darum konzentriere ich mich auf die positive Seite der Dinge. Sehen Sie mich an, ich arbeite für ein bekanntes Hotel! Jeden Tag kann ich die Bäume sehen, die wundervollen Berge, diesen prächtigen Ausblick. Ich lerne faszinierende Leute kennen, die in meinem Wagen fahren, und sie bezahlen mich sogar noch für dieses Vergnügen. Das Leben ist schön!"

„Sie können sich wirklich glücklich schätzen!" murmelte ich und lehnte mich in den Sitz zurück. Als *Miss America* war ich oft viel zu müde gewesen, um das Positive zu sehen. Ich hatte außerdem einen meiner Lieblingsbibelverse aus der Bibel vergessen: „Verlaß dich auf den Herrn von ganzem Herzen, und verlaß dich nicht auf deinen Verstand, sondern gedenke an ihn in allen deinen Wegen, so wird er dich recht führen" (Sprüche 3,5–6).

Ich war zu sehr damit beschäftigt gewesen, den Verlust meines alten Lebens zu betrauern, doch Gott hatte mir dieses Leben gar nicht richtig weggenommen. Er hatte mich vielmehr einen anderen Weg geführt, einen Weg, der zu meiner Traumreise gehörte. Der Weg, dem ich jetzt folgte, war ein Weg, den meine Eltern und Freunde nie beschritten hatten, den nicht einmal andere *Miss Americas* beschritten hatten. Ich hatte vielleicht den Eindruck, allein auf diesem Weg zu sein, aber das stimmte nicht. Gott hatte versprochen, mich zu führen und bei mir zu bleiben, solange ich ihn in allem, was ich tat, suchte und ihm vertraute. Manchmal schien mir das sehr schwer zu sein, doch dann wieder gab es Tage wie jenen, an denen ein einfacher Fahrer mich an das erinnerte, was im Leben wichtig war.

Aber es gab auch Tage, an denen ich mir die Haare raufen wollte. In Texas verteilte ich in einem Einkaufszentrum Autogramme, als eine Frau mit einer Ente in den Armen zu mir kam. Sie behauptete, das Tier sei taub und wollte, daß ich mich mit ihrer Ente fotografieren ließ. Ich konnte die Schlagzeilen in der Zeitung schon vor mir sehen: *Miss America zieht Geflügel zur Gehörlosenfrage zu Rate . . .*

War ich zu einer Witzfigur geworden? Nahm überhaupt irgend jemand meinen Traum ernst?

Eine Krone verändert etwas

Ich bin fest davon überzeugt, Gott möchte, daß ich meine Eltern und meine Familie ehre. Meine Eltern und Geschwister wollten immer nur mein Bestes, und jeder von ihnen hat große Opfer gebracht, um mir dabei zu helfen, mich um die Krone der *Miss America* zu bewerben. Ich liebe sie alle, und meine Schwestern, Großeltern, Tanten, Onkel, Cousinen und Cousins sind mir die liebsten Menschen auf der Welt. Sie haben unzählige Stunden investiert, um mir zu helfen, meine Ziele zu erreichen, und nie kann ich ihnen vergelten, was sie für mich getan haben.

Aber keine Familie ist vollkommen, und meine ist durch die Scheidung meiner Eltern sehr erschüttert worden. Als der Druck der nationalen Aufmerksamkeit, der ununterbrochenen Reisen, eines vollgepackten Terminkalenders und der körperlichen Erschöpfung die sowieso schon belastete Beziehung zwischen den Mitgliedern meiner Familie und mir noch zusätzlich belastete, ging irgend etwas kaputt.

Während der Wettbewerbe hatte ich mich auf die Unterstützung meiner Familie verlassen, doch nachdem ich zur *Miss America* gekrönt worden war, änderte sich die Situation. Ich brauchte keine Cheerleader und Helfer mehr, weil die *Miss-America*-Organisation sich meiner Angelegenheiten annahm.

Zu Beginn meiner Amtszeit als *Miss America* erschienen meine Mutter und ich noch gemeinsam bei verschiedenen Veranstaltungen. Da sie fast allein meine Ausbildung organisiert hatte, sprach sie über die pädagogische Seite der Erziehung hörgeschädigter Kinder, während ich mein STARS-Programm vorstellte. Doch nach einer Weile gefielen mir diese gemeinsamen Auftritte nicht mehr. Immerhin war ich einundzwanzig und wollte unabhängig sein. Außerdem sollten die Leute nicht glauben, ich brauchte meine Mutter, um in der Welt klarzukommen. Denn das war nicht der Fall. Von Anfang an hat sie mich zu einem unabhängigen Menschen erzogen, und nun war ich bereit, der Welt zu zeigen, wie selbständig eine gehörlose Frau sein konnte.

Ich sprach mit meiner Familie über meine Gefühle und versuchte ihnen klarzumachen, daß ich mich nicht verändert hätte, aber über viele Bereiche meines Lebens im Augenblick einfach nicht mehr selbst bestimmen könnte. Mit verwirrender Klarheit erkannte ich, daß mein altes Leben für immer zu Ende war. Selbst wenn ich den Titel abgab, würde es nie mehr so sein wie früher. Ich würde immer mit Leuten zu tun haben, die Autogramme haben wollten, mit Schülern, die mir schrieben, um mich für eine Schularbeit zu interviewen, Mädchen, die meinen Rat für eine Teilnahme an einer Miss-Wahl erbaten . . .

Als *Miss America* 1997 in der *The Tonight Show* von Jay Leno auftrat, sagte Jay, wenn man einmal *Miss America* würde, wäre man immer *Miss America*. „Das ist wie bei der Mafia", scherzte er. „Man kann versuchen zu entkommen, aber man wird immer wieder zurückgezogen." Das Fernsehpublikum verstand den Witz nicht, ich dagegen schon. Wenn einem diese Krone einmal auf den Kopf gesetzt wurde, gab es kein Entrinnen mehr.

Und ich konnte ihr ganz bestimmt nicht entrinnen, so sehr ich das vielleicht auch wollte. Die Krone bedeutete mir etwas, meinen Freunden, meiner Familie und den anderen Menschen aber ganz etwas anderes.

Schließlich war ich so erschöpft, daß die Krone mir zur Last wurde. Gegen Ende meiner Amtszeit dachte ich unablässig: „Vielleicht höre ich einfach auf zu essen. Wen kümmert es schon, wenn ich verhungere?" Aber eine innere Stimme wies mich immer wieder darauf hin, daß ich Gott sehr enttäuschen würde, wenn ich mir das Leben nahm. Es gab Zeiten, wo ich weinte und Gott anflehte, mich sterben zu lassen. Jetzt kann ich kaum glauben, daß ich dem mächtigen Gott des Universums eine solche Bitte vorgelegt habe. Ich muß ihm so undankbar erschienen sein für alles, was er für mich getan hat, aber meine Gedanken kreisten unablässig nur um meine eigenen Probleme

Wenn ich einerseits auch sterben wollte, so kann ich ehrlich sagen, daß ich nie versucht habe, mir das Leben zu nehmen. Das wäre eine Beleidigung Gottes gewesen. Ich hatte nur das Gefühl, daß das Leben nicht mehr lebenswert war. Ich hatte Jesus und entweder Bonnie oder Mickey immer bei mir, aber ich blickte nicht auf Jesus, und Bonnie und Mickey konnten die Leere in meinem Herzen nicht füllen.

Während ich im Land umherreiste, hörte ich Kritik, die nicht einmal Bonnie und Mickey hörten. Wenn ich vor einem Publikum stand und auf den Applaus hörte, konnte ich zwar die Komplimente der Leute nicht hören, aber ich konnte die Gebärdensprache verstehen, mit der die gehörlosen Menschen miteinander kommunizierten. Mehr als einmal sah ich, wie jemand über Gebärdensprache sagte: „Sie ist dumm, sie spricht immer", und „sie wird gehörlose Menschen nie verstehen." Mehr als einmal stand ich da und versuchte zu lächeln, während meine Wangen brannten, nachdem ich mitbekommen hatte, was gehörlose Menschen über mich sagten. In diesem Augenblick hätte man mir Hunderte freundliche und positive Briefe von Menschen wie Donna Dickman in die Hand drücken können, es hätte nichts bewirkt. Ich ignorierte mein eigenes Prinzip des positiven Denkens. Ich ließ zu, daß meine negative Haltung mein Wahrnehmungsvermögen trübte.

Obgleich ich versuchte, diese kritischen Kommentare zu ignorieren, wurde ich während des ganzen Jahres doch immer wieder mit ihnen konfrontiert und zunehmend mutloser. Meine Hoffnung starb. Ich wollte für gehörlose Menschen etwas erreichen, ich wollte Kindern helfen, und doch konnte ich nicht sehen, daß sich tatsächlich etwas tat.

Ich machte immer dasselbe, hielt dieselben Reden, lernte Tag für Tag fremde Leute kennen, erzählte dieselben Geschichten, dieselben Witze, beantwortete dieselben Fragen, zeigte immer wieder denselben Namen in Gebärdensprache. Ich fühlte mich so wiederverwertet, daß ich nicht mehr wußte, wer Heather Whitestone überhaupt war. Die Zukunft lag dunkel vor mir, und ich hatte keine Ahnung, wie ich die Last meines Titels als *Miss America* für den Rest meines Lebens tragen sollte. Ich hatte es satt, das Wort „Behinderung" zu hören, als würde es meine Persönlichkeit definieren. Ich versuchte, anderen verständlich zu machen, daß taube und blinde Menschen in erster Linie Menschen waren, doch anstatt mich in meinem Bemühen zu unterstützen, begleiteten einige Leute meine Arbeit mit einem Schwall von Klagen.

Und eines Tages, während eines langen Fluges, öffnete ich meine Bibel. Als einen Akt der Verzweiflung hatte ich sie aus meinem Koffer geholt. Irgendwie brauchte ich Hilfe, sonst würde ich das Jahr nicht überstehen, das war mir klar. Ich wußte nicht genau, was ich lesen sollte, darum schlug ich das Hohelied auf. Ich hatte keine Ahnung, worum es in diesem Buch ging, aber ich fühlte mich auf seltsame Weise geführt, gerade an dieser Stelle in der Bibel zu lesen.

Nie werde ich verstehen, wie mächtig das Wort Gottes ist. Das Hohelied ist ein Liebesgedicht, und irgendwie fühlte ich mich beim Lesen dieser Verse wieder normal. Von der Liebe Gottes zu lesen, gab mir die Kraft, die ich zum Überleben brauchte. Gottes Liebe hat mein verzweifeltes Herz in diesen Augenblicken buchstäblich gerettet, und ich erinnerte mich wieder an meinen Lieblingsvers aus Jeremia 17,7–8, wo es heißt: „Gesegnet aber ist der Mann, der sich auf den Herrn verläßt und dessen Zuversicht der Herr ist. Der ist wie ein Baum, am Wasser gepflanzt, der seine Wurzeln zum Bach hin streckt. Denn obgleich die Hitze kommt, fürchtet er sich doch nicht, sondern seine Blätter bleiben grün; und er sorgt sich nicht, wenn ein dürres Jahr kommt, sondern bringt ohne Aufhören Früchte."

Ich konnte damals nicht alle Zusammenhänge erkennen und wußte auch nicht, was Gott noch mit mir vorhatte. Aber ich hörte mit meinem Herzen, und ich hörte die Stimme Gottes. Er kümmerte sich um mich. Er hatte mich nicht verlassen. Und wenn ich ihm vertraute, würde er mich auch weiterhin auf dem Weg führen, auf den er mich gestellt hatte. Wir hatten diese Reise gemeinsam begonnen, nicht auf diesem Laufsteg in Atlantic City, sondern damals in meinem Zimmer, als ich Jesus gebeten habe, mein Erlöser zu werden. Er hatte mich nie verlassen – aber *ich* hatte den Blick von ihm abgewandt.

Ich war wie ein Baum, der am Wasser gepflanzt ist, das sicherte Gott mir zu. Aber ich hatte meinen Blick von der Quelle lebendigen Wassers genommen, um auf die Felsbrocken im Fluß zu starren. Ich hatte zugelassen, daß ich wütend wurde und mir Sorgen um die Hindernisse machte, die mich nicht hätten zu beunruhigen brauchen.

Gott war meine Quelle. Er würde mich erhalten, wie viele Felsbrocken auch im Fluß auftauchen mochten.

Und ich mußte ihm nur vertrauen.

☆ Ein neuer Anfang

Als ich nach meiner Krönung zur *Miss America* den Laufsteg in Atlantic City entlanglief, wollte ich der Welt erzählen, daß Jesus mir geholfen hatte, meine Träume nach dem Willen Gottes zu formen und zu verwirklichen.

Aber nie hätte ich gedacht, daß ich während meiner Amtszeit so viele Kämpfe würde auszustehen haben. Anfangs versuchte ich über Jesus zu sprechen, weil ich die gute Nachricht von ihm über die Medien im ganzen Land verbreiten wollte, aber ein Zeugnis für ihn zu sein, war schwierig. Sehr oft waren die Reporter nur an dramatischen Geschichten oder Konflikten interessiert, je negativer, desto besser. Die meisten wollten von meinem persönlichen Glauben oder dem praktischen Wirken Gottes in meinem Leben nichts hören.

Bei einer Pressekonferenz fragte ein Reporter nach dem amerikanischen Behindertengesetz. Würde es, so fragte er, einem behinderten Menschen helfen, einen Job zu finden?

Meine Antwort war einfach: „Wenn Gott das möchte, so wird es geschehen. Wenn Gott möchte, daß ein bestimmter Mensch mit einer Behinderung eine Chance bekommt, so wird er die Einstellung der anderen ändern und ihm diese Chance geben."

Die Reporter starrten mich nur ungläubig an. Sie dachten wahrscheinlich, ich sei einer Gehirnwäsche unterzogen worden oder naiv wie ein Kind, aber das machte nichts. Ich habe nie versucht, die Tatsache zu verbergen, daß ich Christ bin. Ohne die Hilfe und Führung Gottes könnte ich nichts tun.

Zu Beginn meiner Amtszeit setzte ich, wenn ich Autogramme verteilte, automatisch einen Bibelvers unter meine Unterschrift. Manchmal sahen die Leute sich an, was ich geschrieben hatte, gaben mir dann das Autogramm zurück und baten mich um ein neues. Andere waren nicht so mutig, es zurückzugeben, aber ihrem Gesichtsausdruck konnte ich entnehmen, daß sie über den Bibelvers gar nicht glücklich waren. Ich fand es traurig, daß sie eine so schlechte Meinung von den Christen hatten.

Bei einer der Miss-Wahlen, an denen ich teilgenommen hatte, fragten die Schiedsrichter, was die Leute nach der Wahl von mir in Erinnerung behalten sollten. „Ich wünsche mir", antwortete ich, „daß sie Jesus in mir gesehen haben."

Zu Beginn meiner Amtszeit wollte ich die Welt verändern und einen positiven Einfluß auf die Menschen ausüben. Ich träumte davon, daß durch das Früherkennungsprogramm alle Kinderärzte angeregt würden, routinemäßig bei allen Babys einen Hörtest durchzuführen; ich hegte große Hoffnungen für meine Mitarbeit im *Committee on the Employment of People with Disabilities* (Komitee für die Förderung der Berufstätigkeit Behinderter). Und alle sollten erfahren, daß Jesus mein Herr war und daß Gott mir diesen Titel gegeben hatte, weil ich dem Traum folgte, den er mir geschenkt hatte. Ich wollte die Menschen anregen, Gutes zu tun.

Ich wartete – aber die Welt stand nicht in Flammen. Ich konnte nicht erkennen, daß auch nur eines meiner Ziele verwirklicht wurde.

Doch dann wurde ich an etwas erinnert, das Mutter Teresa einmal gesagt hat: „Wir können keine großen Werke vollbringen – nur kleine Werke mit großer Liebe."

Schon immer habe ich Mutter Teresa geliebt und bewundert. Ich erinnere mich, sie einmal in einer Sendung des Fernsehpredigers Robert Schuller gesehen zu haben. Reverend Schuller fragte damals Mutter Teresa: „Woher kommt der Friede?" und sie antwortete: „Er kommt durch Ihr Lächeln." In ihrem Lächeln entdeckte ich große Liebe. Sie hat mich sehr beeindruckt.

Ich bin sicher, Mutter Teresa träumte vom Frieden auf der Welt und davon, die Armut in vielen Ländern zu besiegen. Ich bin auch sicher, sie wußte, daß sie allein diese Ziele niemals erreichen konnte; nur Gott konnte ein solches Wunder vollbringen. Aber sie machte trotzdem mit ihrer Arbeit weiter, kümmerte sich um Waisenkinder und gab hungernden Menschen zu essen. Immer nur ein Mensch, ein Herz, und sie gab ihnen ihr Lächeln . . . und ihre Liebe.

Wieder in Atlantic City

Als ich nach Atlantic City flog, um offiziell meine Amtszeit als *Miss America* zu beenden, dachte ich an die Tausenden von Menschen, die ich in den vergangenen Monaten kennengelernt hatte. Wenn ich auch oft müde gewesen war, hatte ich ihnen wenigstens ein Lächeln geschenkt. Ich bin vielleicht nicht so gewesen, wie ich gern gewesen wäre, und habe nicht alles erreicht, was ich mir vorgenommen hatte, aber ich habe versucht, mein Bestes zu geben. Sicherlich gab es Zeiten, wo ich mich selbst zum Lächeln zwingen mußte. Und es gab auch Augenblicke, wo die Menschen mir meine schlechte Laune angemerkt haben. Aber die meiste Zeit gab Gott mir die Kraft, seine Liebe an die Menschen weiterzugeben, denen ich begegnete.

Die Eltern von Kindern mit Gehörschädigungen haben mir immer wieder gesagt, wieviel Hoffnung ich ihnen dadurch gemacht hätte, daß ich *Miss America* geworden sei. Sie haben mich sehr aufmerksam beobachtet, und ich wußte, daß sie vor allem auf meine Reaktion auf die Kritik von seiten der Gehörlosen achteten. Ich bin noch immer der Meinung, daß der einzige Weg, die Herzen der Menschen zu gewinnen, die Liebe ist, nicht das Zurückschlagen. Ich möchte, daß meine gehörlosen Freunde die positiven Aspekte ihrer Persönlichkeit sehen. Sie können auf ihr Herz hören und ihren Träumen folgen . . . und ich hoffe, daß sie das tun werden.

Meine nachdenkliche Stimmung besserte sich, als ich mich an die beiden schönsten Ereignisse des vergangenen Jahres erinnerte. Das erste war der Tag, an dem John Healy aus Chicago mich zu sich nach Hause einlud, um mit seiner Frau und seinen fünf Kindern Sandwiches mit Erdnußbutter und Marmelade zu essen. Ich hatte mich über das üppige Essen bei den endlosen Banketts beklagt (vorwiegend Hühnchen und/oder Shrimps, grüne Bohnen und Kartoffeln in jeder nur vorstellbaren Form), und John sagte: „Kommen Sie doch mit zu mir nach Hause. Ich denke, wir können uns ein schönes Sandwich mit Erdnußbutter und Marmelade machen."

Das taten wir, und es war die beste Mahlzeit, die ich in dem ganzen Jahr gegessen hatte! Leckere Erdnußbutter mit Erdbeermarmelade auf weichem Weißbrot, serviert in einer richtigen Küche mit Kindern und Lärm . . . dieses Sandwich schmeckte nach zu Hause.

Mein zweites unvergeßliches Erlebnis war der Tag, den ich mit Carlene Weachock verbrachte, die in der Werbeabteilung von *Waterford Crystal* arbeitet. Carlene erinnerte mich an meine sportliche Schwester Melissa – sie hat blondes Haar und verfügt über eine natürliche Schönheit, die kein großes Make-up benötigt. Ich bin den Einladungen von *Waterford* immer gern gefolgt, weil Carlene da sein würde. In ihrer Nähe habe ich mich immer wohlgefühlt.

Als Kinder sind Melissa und ich oft mit dem Fahrrad in unserer Gegend und dem nahegelegenen Wald herumgefahren. Ich fühlte mich immer unglaublich lebendig, wenn ich an der frischen Luft war und die Bäume und den Himmel über mir sehen konnte. Als Kind hatte ich mich ständig mit meinen Hausaufgaben und meiner Sprechtherapie beschäftigen müssen, darum war es immer ein besonderes Erlebnis gewesen, wenn Melissa mich zum Fahrradfahren mitnahm.

Carlene machte eines Tages in Florida denselben Vorschlag. Ich hatte den größten Teil meiner Zeit auf stickigen Flughäfen, in Flugzeugen und Hotels verbracht, und zwischen den Flügen hatte ich nichts anderes getan, als über mein STARS-Programm zu sprechen. Carlene kam zu uns nach Florida, wo wir einen Auftritt vor den Leuten von *Waterford Crystal* hatten, die das kristallene Zepter der *Miss America* hergestellt hatten. Carlene hielt eine Überraschung für uns bereit. Sie nahm Mickey und mich zu einer kleinen Insel in der Nähe von Tampa mit. Dort mietete sie drei Fahrräder. An einem wundervollen, wolkenverhangenen Tag fuhren wir um die ganze Insel, und schließlich kamen wir sogar noch in einen Wolkenbruch hinein. Wir lachten und traten fester in die Pedale. Doch dann suchten wir Schutz unter einer Baumgruppe, wo wir das Gewitter abwarteten.

Voller Freude beobachtete ich, wie Carlene und Mickey ihre Fahrräder gegen einen Baum lehnten. Ich hatte soviel Glück – wie schön war es, Freunde zu haben, die sich die Zeit nahmen, mit mir gemeinsam das Leben zu genießen. Ich hatte Hunderte von Briefen von Menschen bekommen, die mir dankten, daß ich ihnen als Vorbild diente, eine Tatsache, die mir gar nicht bewußt war. Und ich war dankbar für diese Menschen, die ihre Zeit opferten, um mit mir zusammen fröhlich zu sein.

Die Miss-America-Schönheit

Wenn sich auch die *Miss-America*-Organisation immer wieder bemüht hat zu betonen, daß es bei dem Wettbewerb in erster Linie um die Vergabe von Stipendien geht, wird es in den Köpfen der Leute doch immer ein Schönheitswettbewerb sein. Ständig wurde ich während meiner Amtszeit von Teenagerzeitschriften nach meinen „Schönheitstips" gefragt (trink viel Wasser, treibe Sport und schlafe genügend!) und einer „gesunden Ernährung" (bei den Veranstaltungen mußte ich leider essen, was auf den Tisch kam!). An den so seltenen freien Tagen schlüpfte ich in meine Jeans und in ein T-Shirt und saß ohne Make-up in meinem Hotelzimmer herum. Ich bin sicher, die Zimmerkellner, die mich bedienten, hatten keine Ahnung, daß sie die amtierende *Miss America* vor sich hatten!

Wie die meisten Mädchen empfand auch ich in der Highschool den Druck, „schön" zu sein. Ich nehme an, das gehört zum Erwachsenwerden dazu. Mädchen im Teenageralter möchten hübsch sein, damit die Jungs ihnen ihre Aufmerksamkeit schenken. Schönheit und Beliebtheit sind anscheinend nicht voneinander zu trennen. Doch als ich in meinem Zimmer in der Bibel las, entdeckte ich, daß Gottes Definition von Schönheit ganz anders aussieht als die der Welt. Gott sagt, daß Schönheit in einem sanften, stillen und gehorsamen Geist zu finden ist.

Als Teenager war ich mir nicht so sicher, ob Gott wußte, wovon er sprach! Meine Eltern und ich hatten in jener Zeit immer wieder ernste Auseinandersetzungen, und ich wollte nicht sanft, still oder gehorsam sein! Gott hat mir aus einem bestimmten Grund gerade diese Eltern gegeben, aber das wollte ich nicht wahrhaben. Wenn Gott auch meine Eltern gebraucht hatte, mich schon als kleines Kind zum Tanzen zu bringen, und wenn mir auch in der Schule schon klar war, daß ich durch das Ballett etwas für Gott tun sollte, meine Mutter machte einfach nicht mit! Ich wollte dem *Ballet Magnificat*, der christlichen Ballettgruppe beitreten, und meine Mutter war nicht damit einverstanden! Wie konnte sie so etwas tun? Wie konnte der Gehorsam ihr gegenüber zum Willen Gottes gehören, wenn doch so offensichtlich feststand, daß mein Platz bei dieser Ballettgruppe war?

Im Gehorsam meinen Eltern gegenüber konnte ich damals keine

Logik erkennen, doch als ich in der Bibel las, konnte ich keine Stelle finden, die mich dieses Gehorsams enthob. Gott hat nicht gesagt: „Gehorche deinen Eltern, es sei denn, du sollst etwas tun, was du nicht tun möchtest." Er sagte nur *gehorche*. Und das tat ich, weil ich Gott vertraute.

Ich dachte, Gott wäre vielleicht ein Fehler unterlaufen, als meine Mutter nicht wollte, daß ich mich dem *Ballet Magnificat* anschloß; und dann sollte ich auch noch an der *Jacksonville State University* studieren, wo es keinen Ballettunterricht gab. *Moment mal*, dachte ich damals, nachdem mir klargeworden war, daß ich ein ganzes Jahr nicht würde tanzen können, *das kann nicht Gottes Wille sein! Ich soll ihm doch durch mein Tanzen dienen, aber wie kann ich in Form bleiben, wenn ich nicht trainieren kann?*

Gott sprach zu mir, und ich hörte ihm zu: *Gehorche. Vertrau mir. Und respektiere die Wünsche deiner Eltern.* Meine Eltern hatten mir nicht befohlen, an die JSU zu gehen, aber ich wußte, daß sie es gern sehen würden. Und so gehorchte ich, obwohl ich so gern getanzt hätte.

Während meines Studiums an der JSU, und auch während meiner Vorbereitung auf die verschiedenen Wettbewerbe sagte Gott mir immer wieder, daß er durch mein Tanzen wirken würde. Er wollte nicht nur irgend etwas tun, er wollte etwas Großes tun. Ich wußte nicht, ob zu seinem Plan gehörte, daß ich *Miss Alabama* oder *Miss America* werde, aber in der letzten Zeit habe ich erkennen können, daß Gottes Traum für mich sehr viel umfassender war, als ich es mir vorgestellt hatte. Mittlerweile sind zwei Jahre vergangen, seit ich meinen Titel weitergegeben habe, und als ich die Miss-Wahl 1997 besuchte, kamen die Leute noch immer auf mich zu und sagten mir, wie sehr ihnen meine Ballettvorführung zu dem Lied „Via Dolorosa" gefallen hätte. Wie kann ich je die Auswirkungen jener zweieinhalb Minuten beurteilen? Ich kann nicht wissen, inwiefern ich die Millionen Menschen angerührt habe, die meinen Tanz im Fernsehen verfolgt haben. Aber Gott in seiner unendlichen Macht kann den Einfluß meines einfachen Tanzes vervielfältigen, so wie Jesus die fünf Brote und zwei Fische des einfachen Jungen vermehrt hat, um fünftausend Menschen zu speisen.

Weil ich auf mein Herz gehört und den Wünschen meiner Eltern gehorcht habe, ließ Gott mich zu seinem Zeitpunkt den Wettbewerb gewinnen. Gott hat mir gezeigt, daß er es gern sieht, wenn wir seinen Prinzipien gehorchen und anderen Menschen in Liebe begegnen. Gott mißt meine Schönheit nur daran, wie ich anderen meine Liebe zeige.

Im Laufe der Jahre habe ich sehr viele nette Mädchen kennengelernt. Einige von ihnen sind auffallend schön; sie haben alles, was sie wollen. Für sie scheint das Leben leicht zu sein. Ich erinnere mich daran, einmal mit einem solchen Mädchen gesprochen zu haben. Dabei kam mir der Gedanke, daß sie das Leben anscheinend überhaupt nicht verstanden hatte. Ihr Leben drehte sich nur um Partys, Spaß und Tratsch. Ich glaube nicht, daß sie auch nur einen einzigen Tag in ihrem Leben gelitten hat oder einsam war.

Während meiner Schulzeit fand ich mich immer sehr häßlich. Nur wenige Jungen forderten mich auf, mit ihnen auszugehen. Ich war nicht besonders beliebt. Doch als ich anfing, im Wort Gottes zu lesen, wurde mir klar, daß ich die Herzen der Menschen nur gewinnen konnte, wenn ich liebevoll, sanft und freundlich war.

Während meiner Amtszeit lernte ich eine sehr nette Frau kennen, die mich für eine Fernsehshow interviewte. Das Interview lief gut, doch während jeder Werbepause holte sie ihren Spiegel hervor, richtete ihr Haar oder rief die Maskenbildnerin, die ihr Make-up in Ordnung bringen sollte. Einmal beugte sie sich zu mir vor und fragte: „Und was nehmen Sie für die kleinen Fältchen um die Augen?"

Ich lachte. „Ich bin doch erst einundzwanzig", sagte ich ihr. „Ich mache mir noch keine Gedanken um Falten!" Um ehrlich zu sein, ich glaube nicht, daß ich mich mit vierzig mehr darum kümmern werde. Ich finde Falten schön. Sie symbolisieren Sanftmut, so wie die Bibel von grauem Haar als einem Symbol für Weisheit spricht.

Gegen Ende meiner Amtszeit nahm ich alle meine Kraft zusammen und fütterte mich mit positiven Gedanken, der besten Schönheitsformel, die ich kannte. Und ich erinnerte mich immer an den Rat, den ich einem Mädchen gegeben hatte, das bei einer Miss-Wahl von der Bühne kam und in Tränen ausbrach.

„Was ist denn los?" hatte ich sie gefragt.

„Ich bin nicht richtig gelaufen", erwiderte sie mit zitternden Lippen. „Ich bin nicht so gelaufen, wie ich sollte."

Ich blickte ihr in die Augen. „Ich möchte dir einen Rat geben.

Wenn du einen Schönheitsjob suchst, dann bewirbst du dich besser bei einer Modelagentur oder nimmst an der Wahl der Miss USA teil. Hier geht es um Stipendien, und die Schiedsrichter sind mehr an deinem Wesen als an deinem Aussehen interessiert. Mach dir keine Gedanken darüber, wie du gelaufen bist – mach dir lieber Gedanken darüber, ob die Schiedsrichter dein Wesen richtig erkannt haben."

Als das Flugzeug in Atlantic City landete, konnte ich nur hoffen, daß Amerika im vergangenen Jahr mein Wesen erkannt hatte. Ich hatte versucht zu lächeln und Gottes Liebe weiterzugeben. Und nun war es an der Zeit abzutreten und auf dem Weg weiterzugehen, den Gott für mich vorbereitet hatte.

Die Wettbewerbswoche

Bert Parks hat einmal im Scherz gesagt, die Kandidatinnen für die Wahl der *Miss America* würden während der Wettbewerbswoche wie die Soldaten leben – sie müßten ihren Betreuerinnen über jeden Schritt Rechenschaft ablegen. Das ist gar nicht so weit hergeholt, weil die Kandidatinnen aus Sicherheitsgründen bewacht werden, aber die Betreuerinnen sind sehr nett; ich hatte nichts dagegen, ihnen Rechenschaft abzulegen.

Zu dieser letzten Miss-Wahl, an der ich teilnahm, reisten mein Vater und meine Mutter an, außerdem kamen auch Teri, Dads neue Frau, Melissa und ihre Tochter Sarah, Tante Stephanie, Tante Gloria, Großmutter Whitestone, Großvater und Großmutter Gray und mein Cousin Trey.

Ich war ein wenig nervös wegen meiner Teilnahme an diesem Wettbewerb. Die *Miss-America*-Organisation hatte mich gebeten, noch einmal zu tanzen, aber ich sollte mit einem Partner tanzen, und ich hatte noch nie mit einem Partner auf der Bühne gestanden. Zwei Wochen vor der Veranstaltung begannen in Birmingham die Proben, und meine Tanzlehrerin Monica trieb einen Tänzer auf, der den Mann vertreten sollte, mit dem ich in Atlantic City tanzen sollte. Unglücklicherweise packte er mich bei einer dieser Proben zu fest, als er mich hochhob, und ich erlitt eine starke Rippenprellung (zum Glück war die Rippe nicht gebrochen). Der Arzt ordnete an, ich sollte erst einmal fünf Tage lang nicht tanzen. Nun blieb nur noch wenig Zeit für die Proben vor dem Wettbewerb.

Während der Proben in Atlantic City lief es nicht sehr viel besser. Ich trug noch immer einen dicken Verband um meine Taille und mußte mit Tänzern proben, die ich überhaupt nicht kannte. An jedem Tag ging irgend etwas schief – einmal verrenkte ich mir den Knöchel, an einem anderen ließ mich mein Partner beinahe fallen, dann wieder war ich weit hinter der Musik zurück. Allmählich fing ich an, nervös zu werden. Die Sponsoren hatten Millionen von Dollar für diese Veranstaltung ausgegeben, und ich wollte meinen Teil dazu beitragen, daß sie ein Erfolg wurde. Es war der fünfundsiebzigste Geburtstag der Miss-Wahlen, darum hatten die Organisatoren viel Geld in diese besondere Veranstaltung investiert. Einundvierzig ehemalige *Miss Americas* hatten ihr Kommen zugesagt, mehr als jemals zuvor in Atlantic City versammelt gewesen waren.

Als der große Abend näherrückte, stellte ich fest, daß ich mir mehr Sorgen um den Tanz machte als darum, meinen Titel weiterzugeben. Ich war froh, die Pflichten und die Hektik abgeben zu können. Aber ich empfand eine große Verantwortung den Sponsoren, der *Miss-America*-Organisation und allen Zuschauern gegenüber, die die Veranstaltung am Fernsehen mitverfolgen würden. Ich war schrecklich nervös, als ich in meinem Ballettkostüm auf meinen Auftritt wartete, ganz anders als im Vorjahr, als Gott zu mir sagte: „Entspanne dich, und tanze für mich."

Trotz meiner Nervosität und meinen zitternden Knien ging alles gut. Wieder einmal bewahrheitete sich das alte Sprichwort: „Schlechte Probe, gute Aufführung". Ohne Zwischenfall brachten wir unseren Tanz zu Ende. Hinterher sagten mir die Leute, es hätte ausgesehen, als hätte ich schon jahrelang mit einem Partner zusammen getanzt.

Nach dem Tanz ging ich zurück in meine Garderobe und weinte fünf Minuten lang aus reiner Nervosität. Danach legte ich neues Make-up auf, zog mein Abendkleid an und bereitete mich auf meinen letzten Gang über den Laufsteg vor.

Ein Kapitel meines Lebens würde nun zu Ende gehen, doch das Buch war noch lange nicht beendet. Als ich auf den Laufsteg trat, um mich von der Menge zu verabschieden, war ich gedanklich bereit, nach Hause zu fahren und in mein normales Leben zurückzukehren.

Am Ende des Laufstegs blieb ich stehen und erinnerte mich daran, wie Gott mir im Jahr zuvor versichert hatte, er würde bei jedem Schritt mitgehen. *Danke, Vater,* betete ich. *Es ist vorbei.*

Mein Herz war ruhig, als ich die Stimme Gottes erneut in mir hörte: *Es ist noch nicht vorbei. Ich bin noch nicht fertig mit dir.*

Warum nicht? Ich drehte mich um und ging hinter die Bühne zurück, dabei konnte ich es kaum erwarten, meinen Titel abzugeben. Welche Aufgaben würde Gott nun für mich haben? Und warum konnte er sie nicht einer anderen übertragen? Ich war müde und emotional ausgelaugt. Ich war nicht bereit für etwas Neues.

Doch diese Gedanken schob ich während der Veranstaltung beiseite. Vielleicht hatte ich es ja falsch verstanden. Welche neuen Möglichkeiten konnte es schon geben? Ich hatte als *Miss America* schon fast alles getan.

Und so verfolgte ich den Rest der Veranstaltung mit einer Mischung aus Freude und Erleichterung. Aber einer meiner Freunde hatte mich gewarnt, daß ich vielleicht schon bald ganz andere Gefühle in bezug auf das Ende meiner Amtszeit als *Miss America* erleben würde, er hatte mir geschrieben:

I ch weiß, früher oder später wirst Du traurig sein, daß alles vorbei ist. Denk daran, traurig sein und etwas vermissen sind natürliche Empfindungen. Ich werde da sein und Dir eine Schulter bieten, an der Du Dich ausweinen kannst. Denke daran, was für ein unglaubliches Jahr hinter Dir liegt. Es war ein Segen für Dich und so viele andere Menschen. In Deinem ganzen Leben hast Du so viele Opfer gebracht, um dem Traum zu folgen, den Gott Dir gegeben hat. Und nun sieh Dir an, wieviel Segen Gott über Dich ausgegossen hat. Und das Aufregende daran ist, daß das Abenteuer gerade erst begonnen hat.

Bei meiner Abschlußfeier an der Uni sagte der Sprecher, daß jedes Ende auch ein neuer Anfang sei. Du hast deine Zeit als Miss America abgeschlossen. Du bist vielleicht traurig, aber Du wirst auch unzählige Erinnerungen mitnehmen. Du wirst einer Gruppe von Frauen angehören, die nur fünfundsiebzig Mitglieder hat. Zwar mag der Übergang von der alten Welt der Miss America in eine neue Welt Dir schwerfallen, aber Gott wird bei Dir sein und darauf

warten, daß Du ihn um seine Führung bittest. Und auch ich werde
als Dein liebevoller Freund da sein.
Alles Gute auf Deiner neuen Reise.
John McCallum

Ich wußte damals noch nicht, wie sehr ich diese Schulter, an der ich
mich ausweinen konnte, brauchen würde – oder wie liebevoll dieser
Freund sein würde. Und als ich vor Erleichterung seufzend Shawntel
Smith zur *Miss America* 1996 krönte, hätte ich gelacht, wenn mir
jemand erzählt hätte, in weniger als zehn Monaten würde ich Heather
Whitestone McCallum sein.

Aber so war es.

Ein süßes Geheimnis

„Haben Sie eigentlich einen Freund?"

Es war ein niedliches kleines, sommersprossiges Mädchen, das
diese Frage stellte.

„Nein, es gibt keinen besonderen", antwortete ich lächelnd. Ich
wußte, daß kleine Mädchen wie sie zur *Miss America* aufsahen, und sie
sollten nicht glauben, daß auch sie einen Freund finden müßten,
wenn die *Miss America* einen hatte. „Gott hat einen einzigartigen
Traum für euch", sagte ich ihnen, „und ihr braucht keinen Freund,
um euch als etwas ganz Besonderes zu fühlen. Ihr seid einzigartig, und
ihr müßt euch zuerst selbst annehmen, bevor ihr andere lieben könnt."

Doch als sich mein Jahr als *Miss America* dem Ende zuneigte, ging
ich so oft ich konnte mit John McCallum aus, was wirklich nicht sehr
oft war! Aber wir *gingen* nicht miteinander. Ich hatte John sogar
gefragt, was er davon hielte, wenn ich auch mit anderen Männern aus-
ging. Sehr zu meinem Erstaunen antwortete er: „Ich habe keine Zeit,
mir darum Gedanken zu machen. Wenn du mit anderen Männern
ausgehen möchtest, dann ist das eine Sache zwischen dir und Gott. Ich
vertraue Gott, und ich vertraue dir. Wenn wir ein Paar werden sollen,
wird Gott uns das zeigen, wenn die Zeit reif ist."

Ich war zu dieser Zeit noch nicht bereit für eine ernste Bindung; ich
war sogar so sehr davon überzeugt, zuerst die Ausbildung beenden und

mich im Beruf etablieren zu müssen, daß ich mir nicht vorstellen konnte zu heiraten, bevor ich sieben- oder achtundzwanzig war. Die meisten Leute heute heiraten nicht so früh, leben aber vorher schon zusammen. Das kam für mich jedoch nicht in Frage. Und meine Freunde bedrängten mich, zuerst das College abzuschließen und meinen Träumen nachzugehen.

Aber welches waren meine Träume zu jenem Zeitpunkt? Mein größter Traum war, im Leben anderer Menschen etwas Positives zu bewirken, und das konnte ich ja auch als verheiratete Frau tun.

John McCallum lernte ich kennen, als ich im März 1995 vor Newt Gingrichs Büro wartete. John war damals Newts Assistent, und in den vierzig Minuten, die ich auf den Termin bei Newt warten mußte, plauderten wir miteinander. Er sah noch so jung aus, ich konnte kaum glauben, daß er bereits für einen Kongreßabgeordneten arbeitete! Als Newt mich dann schließlich empfangen konnte, dankten Mickey und ich ihm für seine Unterstützung des *President's Committee on Employment of People with Disabilities*, ließen uns mit ihm fotografieren und gingen wieder.

Kurze Zeit später erhielt ich einen Brief von John, geschrieben auf offiziellem Briefpapier. Das *Miss-America*-Büro gab den Brief an Bonnie weiter, und sie brachte ihn mir mit, als sie Mickey ablöste.

„Heather", sagte sie und schwenkte den Brief vor meinem Gesicht. „Du hast eine Verabredung!"

Ich saß gerade an einem Tisch und arbeitete an einer Rede, die ich halten mußte; außerdem wollte ich nicht über Verabredungen nachdenken. „Ja, sicher", murmelte ich.

„Ich meine es ernst", fuhr Bonnie fort. „Es ist ein Brief von dem jungen Mann, den du in Newts Büro kennengelernt hast."

Bonnie las mir den Brief vor. John bat mich um ein Photo mit Autogramm (das tun alle!) und schrieb dann: „Wenn Sie je in Washington oder Umgebung sind, würde ich Sie gern zum Essen ausführen. Sicherlich gibt es Zeiten, wo Sie Ihren Verpflichtungen als *Miss America* gern einmal entfliehen möchten. Ihre Arbeit ist bestimmt sehr anstrengend. Auch ich bin ein Christ, und es wäre mir ein Vergnügen, Ihnen Washington D.C. zu zeigen. Ich hoffe, meine Bitte hat Sie nicht beleidigt. Wenn doch, dann bitte ich hiermit um Entschuldigung."

Bonnie war sehr viel aufgeregter als ich. „Er schreibt sehr nett!"

sagte sie begeistert und schwenkte den Brief vor meiner Nase. „Ruf ihn an, Heather!"

„Bonnie", erwiderte ich so ernst ich konnte. „Ich habe keine Zeit, mit jemandem auszugehen. Ich bin zu beschäftigt. Ich habe einen Job." John hatte dem Brief eines von den Fotos beigelegt, das von Newt, seinen Mitarbeitern und mir gemacht worden war. „Außerdem", fuhr ich fort und betrachtete ihn mir noch einmal auf dem Bild, „sieht der Typ so unglaublich jung aus. Vermutlich ist er jünger als ich."

„Ach Unsinn, immerhin arbeitet er für Newt", beharrte Bonnie. „Und er schreibt, daß er Christ ist."

„Das hat er nur gesagt, weil er meint, ich möchte das hören."

„Heather." Bonnie wurde nun ganz ernst. „Ich möchte dir einmal etwas sagen. Seit sechs Jahren reise ich nun schon mit den *Miss Americas* durchs Land, und ich habe festgestellt, daß viele Männer Waschlappen sind. Aber der hier hat Mumm. Die meisten Männer lassen sich von dem Titel *Miss America* abschrecken, darum hast du nur selten Gelegenheit, mit jemandem auszugehen. Dies ist eine davon. Wenn ich du wäre, würde ich sie wahrnehmen."

Ich seufzte und blickte sie an. Wenn ich die Einladung dieses Typen nicht annehmen würde, würde sie mir das immer wieder vorhalten. „Okay, Bonnie. Ich werde es tun."

„Gut." Bonnie strahlte. „Du mußt dich auch mal amüsieren, Heather, du bist immer viel zu ernst." Sie ging zum Telefon.

Bonnie rief in Johns Büro an. Der Anrufbeantworter war eingeschaltet. Ich tat so, als würde ich nicht zuhören, als sie laut und deutlich in den Telefonhörer sagte: „Hier spricht Bonnie Sirgany, Reisebegleiterin der *Miss America*. Heather hat Ihren Brief bekommen und würde sehr gern mit Ihnen ausgehen. Wir werden Sie anrufen, wenn wir in die Nähe von Washington kommen."

„Bonnie", sagte ich, nachdem sie aufgelegt hatte. „Das *sehr gern* hättest du auch weglassen können. Das klingt ja so, als wäre ich auf der Suche nach einer Beziehung. *Interessiert* hätte doch vollkommen ausgereicht."

Bonnie lachte nur.

Danach kamen wir noch zweimal nach Washington, doch jedesmal hatte John keine Zeit. Das erste Mal mußte er geschäftlich nach Kalifornien fliegen, beim zweiten Mal entschuldigte er sich damit, daß er zur Hochzeit eines Freundes eingeladen sei. Ich nahm das nicht persönlich; ich war nicht an ihm interessiert, und es machte mir nichts aus. Doch Bonnie war entschlossen, ihrer *Miss America* eine Verabredung zu verschaffen, und blieb dran. Beim dritten Versuch schließlich klappte es. John sagte, er hätte Zeit.

Miss America 1995 würde ihre erste Verabredung haben.

Leider konnte Bonnie es nicht miterleben. Mickey hatte sie bereits abgelöst, aber ich glaube, Mickey war genauso aufgeregt über diese Entwicklung wie Bonnie. John rief Mickey an, um die Einzelheiten abzusprechen. Als er fragte, ob ich einen Leibwächter oder so etwas brauchte, schnurrte Mickey: „Sie braucht nur Sie!"

Das Rendezvous

John führte mich in das romantische Dachrestaurant des Hotel Washington, von wo aus man auf die Rückseite des Weißen Hauses sehen konnte. Als unsere Hors d'oeuvres kamen, neigte John den Kopf, um Gott für das Essen zu danken.

Ich war froh, daß er den Kopf neigte, denn ich wollte nicht, daß er meinen skeptischen Gesichtsausdruck bemerkte. War er wirklich Christ, oder war das Ganze nur Show? Viele Leute wußten von meinem Glauben, weil ich zu dem Lied „Via Dolorosa" getanzt hatte. Manchmal versuchten Männer, eine Frau zu beeindrucken, und gaben vor, eine ihrer „Vorlieben" zu teilen, darum bat ich, als John den Kopf wieder hob: „Erzählen Sie mir, wie Sie Christ geworden sind."

John blickte mich erstaunt an. „In Ordnung", sagte er und schluckte. Und dann erzählte er mir, wie es dazu gekommen war, daß er Jesus als seinen Herrn angenommen hatte.

Wenn er mir gesagt hätte, er würde regelmäßig zur Kirche gehen oder für das Rote Kreuz spenden, hätte ich gegähnt und wäre, Kopfschmerzen vortäuschend, zum Hotel zurückgekehrt. Ich konnte meine Zeit nicht mit oberflächlichen Beziehungen vergeuden. Aber John gab mir eine ehrliche und aufrichtige Antwort, also blieb ich. Fünfzehn Minuten lang erzählte er mir von seinem Bekehrungserlebnis, und dann konnten wir endlich mit dem Essen anfangen. Ich hatte eine kurze Geschichte hören wollen, keinen Roman! Ich war halb verhungert!

Nach den Hors d'oeuvres besuchten wir ein anderes Restaurant, das Red Sage, und genossen ein hervorragendes Abendessen. Gegen Ende der Mahlzeit entschuldigte sich John. Ich wartete mehrere Minuten, dann begann ich mich zu fragen, wo er wohl hingegangen war.

Viele Gedanken gingen mir während ich wartete durch den Sinn! Vielleicht hatte ich ihn irgendwie in Verlegenheit gebracht, und er wollte sich davor drücken, mich in mein Hotel zurückzubringen. Vielleicht hatte ihn auch meine Frage nach seinem Glauben abgeschreckt. Vielleicht stand er aber auch in einer Ecke und trieb die Wetteinsätze seiner Freunde ein: „Natürlich schaffe ich es, daß *Miss America* mit mir ausgeht!"

Es war eine peinliche Situation. Ich saß ganz allein an einem Tisch, und die Leute beobachteten mich (zumindest hatte ich den Eindruck). Um etwas zu tun zu haben, holte ich einen Stift aus meiner Tasche und begann auf ein Stück Papier zu kritzeln. Ich malte einen Baum und Gras, aber noch immer kein John in Sicht. Ein ganzes Jahr lang war ich kaum mehr als nur wenige Augenblicke allein gewesen, und ein seltsames Gefühl beschlich mich. Wenn er nun gar nicht zurückkam?

Ich malte ein Haus. Kein John. Ich malte Fenster und einen Schornstein, aber John tauchte nicht auf. Ich malte Vögel, trank Eistee und winkte schließlich einen Kellner heran, um jemanden zu haben, mit dem ich sprechen konnte. Meine Befürchtungen verwandelten sich nun in Verärgerung, und als John schließlich wieder an den Tisch zurückkehrte, war ich ziemlich wütend.

„Wo haben Sie so lange gesteckt?"

„Kein Grund zur Sorge", erwiderte er lächelnd. „Wirklich kein Grund zur Sorge."

War er im Waschraum gewesen? War er vielleicht krank? Er sagte nichts, und mir kam der Gedanke, daß es ihm vielleicht zu peinlich war und er deswegen keine Erklärung dafür gab. Ich ließ die Angelegenheit auf sich beruhen.

Als er mich zum Hotel zurückbegleitete, wandte er sich mir zu und sagte: „Ich würde sehr gern noch einmal mit Ihnen ausgehen. Sind Sie damit einverstanden?"

Wie aus der Pistole geschossen kam meine Antwort: „Sicher!" Ich weiß nicht, warum ich das gesagt habe. Ganz bestimmt hatte ich keine Lust, ihm eine weitere Gelegenheit zu geben, mich in einem Restaurant sitzen zu lassen.

Mickey war noch auf und wollte jedes kleinste Detail hören. „Ein ganz normaler Abend", erklärte ich achselzuckend. „Aber er hat sehr lange Zeit auf der Toilette verbracht."

„Heather", sagte Mickey und sah mich streng an. „Du hast ihn bestimmt zu Tode erschreckt."

„Habe ich nicht. Ich habe gar nichts getan."

„Heather, ich kenne dich. Du bist derart offen, daß du die Leute manchmal erschreckst."

In diesem Augenblick entdeckte ich den Brief, den jemand unter der Tür hindurchgeschoben hatte. Ich hob ihn auf und öffnete den Umschlag:

Liebe Heather,
ich wußte, wir würden einen wundervollen Abend verleben,
darum nahm ich mir die Zeit, diesen kurzen Brief zu schreiben.
Zuerst einmal möchte ich Ihnen danken, daß Sie mich zurückgeru-
fen haben. Jeder kleine Junge träumt davon, einmal eine Miss Ame-
rica kennenzulernen. Vielen Dank auch für Ihren freundlichen Brief
und das signierte Bild. Seltsam, ich glaube, ich wußte irgendwie,
schon bevor ich Ihnen begegnete, daß Sie Christ sind. Sie sind ein so
wundervolles Beispiel für alle, die in ihrem Leben große Hindernisse
zu überwinden haben, und Sie haben gezeigt, daß eine Behinderung
auch zu etwas Gutem führen kann. Sie haben wirklich bewiesen,
daß Gott auf wundersame Weise wirkt.
Vielen Dank für den wundervollen Abend. Ich hoffe, wir bleiben in
Verbindung.
Herzliche Grüße,
John McCallum

Die zweite Hälfte des Briefes war in einer anderen Tinte geschrieben worden. Zwei oder drei Tage später, als ich mit John am Telefon

sprach, fragte ich ihn, was er so lange im Waschraum gemacht habe.

„Im Waschraum?" fragte er lachend. „Ich war nicht im Waschraum.
Ich saß an einem anderen Tisch und habe den Brief zu Ende geschrieben."

€in dringend benötigter Freund

John war es, der mir neue Denkanstöße gab, als ich meine Amtszeit
beendet hatte. Helen Keller hatte geschrieben, ihr Freund Samuel
Clemens hätte ihr immer das Gefühl gegeben, ein Mensch zu sein.
„Er wußte, daß wir nicht mit Augen und Ohren denken", schrieb sie,
„und daß unsere Fähigkeit zu denken nicht an unseren fünf Sinnen
gemessen wird. Er dachte an mich, wenn er sprach, und er behandelte
mich wie ein fähiges menschliches Wesen. Darum habe ich ihn
geliebt . . ." (Keller, *Midstream*, S. 66.)

So empfand ich auch für John. Viele Männer, die ich während meiner Amtszeit als *Miss America* kennengelernt hatte, sprachen ständig
über Behinderte und die verschiedensten Formen von Behinderungen, und diese Gespräche vermittelten mir das Gefühl, tatsächlich
behindert zu sein. Sie dachten wohl, ich wollte immer nur über Themen sprechen, die mit Behinderungen im Zusammenhang standen?
Aber ich bin doch in erster Linie ein Mensch! John erkannte das, und
er hat nie über meine Gehörlosigkeit gesprochen. Er wußte, daß ich
die Natur liebte, darum gingen wir spazieren, wir unterhielten uns
über Gott und Jesus, und wir sprachen über Politik und die Regierung.
Er gab mir das Gefühl, ein Mensch zu sein, nicht ein gehörloser
Mensch. Er behandelte mich wie er jedes andere Mädchen behandelt
hätte, und das gefiel mir.

Ich empfinde genau wie jeder andere Mensch auch. Meine Gehörlosigkeit ist kein wesentlicher Teil meiner Persönlichkeit; manchmal
fühle ich mich sogar überhaupt nicht behindert. Ich lebe in der realen
Welt und kann alle ihre Vorzüge genießen.

Nach dieser ersten Verabredung wurde John ein wirklicher Freund
für mich. Er half mir mit regelmäßigen Telefonanrufen und Faxen
über diese letzten schwierigen Monate hinweg. Was hätten wir nur

ohne Faxgerät gemacht! Offensichtlich verwandte er sehr viel Zeit auf seine mutmachenden Nachrichten, und sie haben ihr Ziel auch immer erreicht und mich aufgebaut.

Zu unserer dritten Verabredung kam John überraschend nach Philadelphia. Man hatte ihm meinen Reiseplan zugeschickt, darum wußte er, wo wir uns aufhalten würden. Ich stieg aus dem Flugzeug, und da stand er mit einem Strauß Blumen in der Hand. In seiner blauen Jacke, der beigen Hose und den blankgeputzten Schuhen sah er aus wie ein seriöser Politiker. Und wenn er gehofft hatte, umarmt zu werden, so wurden seine Erwartungen enttäuscht.

Bonnie umarmte ihn herzlich, während ich neben ihr stand und versuchte, meinen Neid zu verbergen. Ich mochte ihn sehr, auch wenn er ein Politiker war, aber ich wollte meine Gefühle nicht zeigen. Ich mußte zuerst sicher sein, daß er an Heather Whitestone interessiert war und nicht einfach nur mit der *Miss America* ausgehen wollte.

Als John uns danach noch einmal vom Flughafen abholte, wartete er mit einem Schild am Flugsteig, wie es manche Fahrer hochhalten, die einen Fahrgast abholen sollen, den sie nicht kennen. Auf seinem Schild stand: BITTE UMARMEN. Dieses Mal lachte ich, und er bekam seine Umarmung.

Als meine Aufgabe immer anstrengender und schwieriger wurde, dankte ich Gott, daß er mir John geschickt hatte. Zu Beginn meiner Amtszeit als *Miss America* war ich so stark gewesen, voller Energie, Glauben und Hoffnung, bereit, die Welt mit meinem Herzen und meiner Krone zu beeinflussen. Doch im Laufe der Zeit brach ich innerlich zusammen. Ich war entschlossen, mir wieder die Zeit zu nehmen, im Wort Gottes zu lesen und zu beten, doch ich war so entmutigt und enttäuscht, daß ich es einfach nicht schaffte. Wenn ich ins Hotel zurückkehrte, ließ ich mich einfach nur noch ins Bett fallen. Ich konnte es allein nicht schaffen.

Und an diesem Punkt trat John in mein Leben.

John liebte Gott von ganzem Herzen, und ich wußte, wenn ich weitermachen und etwas Positives bewirken wollte, brauchte ich die Kraft, die John mir geben konnte. In Prediger 4 heißt es: „So ist's ja besser zu zweien als allein; denn sie haben guten Lohn für ihre Mühe. Fällt einer von ihnen, so hilft ihm sein Gesell auf. Weh dem, der allein ist, wenn er fällt! Dann ist kein anderer da, der ihm aufhilft."

Wir hatten noch nicht über eine Ehe gesprochen, aber ich verließ mich immer mehr auf Johns Freundschaft. Ich wußte, daß er sich sehr stark für die Politik interessierte – ein Gebiet, das ich nicht mochte, außerdem mißtraute ich den Politikern. Darum konnte ich mir auch nicht vorstellen, die Frau eines Politikers zu werden. So blieben wir also weiterhin per Telefon und Fax in Verbindung, und wenn unser Terminkalender es zuließ, gingen wir miteinander aus. Während der ersten sechs Monate unserer Freundschaft hatten wir eine rein platonische Beziehung.

Mir fiel es schwer zu glauben, daß John sich tatsächlich in mich verlieben könnte. In den letzten Monaten meiner Amtszeit als *Miss America* war ich in keiner guten Verfassung, und wenn ich mit John zusammen war, ließ ich häufig meinem Frust freien Lauf. Einmal hatten wir einen kleinen Streit, und ich dachte schon, damit sei unsere Freundschaft beendet. Doch John blieb an meiner Seite und verzieh mir meinen Ausbruch. Ich war verbittert, wütend und erschöpft, aber er versicherte mir, er hätte trotzdem mein eigentliches Wesen erkennen können.

Ich war erstaunt, daß er mir so schnell verzieh. Ich dachte, Liebe müßte sich über einen langen Zeitraum hinweg bewähren, doch er stellte keinerlei Forderungen an mich, er verzieh mir einfach. Das beeindruckte mich. Monatelang hatte ich ihn auf Armeslänge von mir ferngehalten. Er war mein Freund, aber nicht mehr, und ich hatte mich gegen alle Gefühle abgeschirmt. Ich wollte nicht zuviel riskieren. Und wenn er nach meinem letzten Auftritt auf der Bühne von Atlantic City plötzlich das Interesse an mir verlor?

Und dann schrieb er mir: „Ich habe mich in Dich verliebt." Bei diesem Eingeständnis blieb mir die Luft weg. Ich wußte nicht, ob ich mich freuen oder schockiert sein sollte. Die Freude überwog, aber ich war unsicher, ob es das richtige Gefühl war oder nicht. Ich war dankbar, daß Gott mir einen so netten gläubigen Mann geschickt hatte, aber ich hatte John von meinen Gefühlen noch nichts gesagt. Ich vermißte ihn schrecklich und wollte ihn wiedersehen, aber ich wagte nicht, ihm zu sagen, wieviel er mir bedeutete.

„Komm doch nach Atlantic City", sagte ich am Telefon zu ihm. „Der Abend wird dir gefallen. Ich weiß nicht, wieviel Zeit ich für dich haben werde, aber ich denke, du wirst viel Spaß haben. Und ich würde mich freuen, dich im Publikum zu wissen. Das würde mir bei meiner Aufführung sehr helfen."

John kam tatsächlich nach Atlantic City. Wir hatten nicht viel Zeit füreinander. Nur meine Familienmitglieder und die Leute von der *Miss-America*-Organisation wußten, daß John für mich schon mehr geworden war als nur ein Freund. Wir hatten noch immer nicht ernsthaft über eine gemeinsame Zukunft nachgedacht, doch allein das Wissen, daß er da war, bedeutete mir sehr viel.

Nachdem ich meinen Titel schließlich abgegeben hatte, kam ich nicht mehr so häufig nach Washington D.C., darum sahen wir uns seltener. John erzählte mir, er würde überlegen, nach Atlanta zu ziehen, weil ich nun häufiger in Birmingham sein würde und es leichter sei, von Atlanta nach Birmingham zu kommen als von Washington. Ich war damit einverstanden.

Und dann zogen sich die Gewitterwolken am Himmel zusammen.

Das Ultimatum

Einen Monat, nachdem ich wieder Heather Whitestone, die Privatperson, geworden war, flog ich nach Washington D.C., um bei einer Veranstaltung zu sprechen, die unsere Kongreßabgeordneten mit der Problematik der Gehörlosen in unserem Land vertraut machen sollte. Die Organisatoren hatten sich sehr viel Mühe mit der Vorbereitung dieses Kongresses gegeben. Ich hatte meine Rede gut ausgearbeitet und darauf geachtet, mich nur auf Tatsachen zu stützen. Die Organisatoren hatten an jeden Senator und Abgeordneten eine Einladung geschickt, und ich freute mich darauf, über die Vorteile der Früherkennung von Gehörschäden zu sprechen.

Ich war beeindruckt von der Größe des Kongresses. Viele Redner standen auf dem Programm, Ärzte, ein ehemaliger professioneller Baseballspieler mit einem Gehörschaden, ein bekannter gehörloser Schauspieler und andere wichtige Leute. Jedem von uns war mit Rücksicht auf den vollen Terminkalender der Kongreßabgeordneten fünf Minuten Redezeit eingeräumt worden. Ich war bereit und freute mich auf die Veranstaltung, doch ich wurde bitter enttäuscht, als klar wurde, daß in Washington nur wenige Leute an dem Thema interessiert waren.

Einige Abgeordnete kamen, blieben fünf Minuten, sahen sich einmal um und gingen dann wieder. Einer schickte einen Angehörigen seines Stabes, der ihn vertreten sollte. Die überwiegende Mehrheit jedoch kam überhaupt nicht. Ich verlor meinen Respekt vor Politikern im allgemeinen und betrachtete es als reine Zeitverschwendung, meine Rede vor dem Kongreß zu halten. Keiner der Leute, die wir erreichen wollten, war da, und alle wußten es.

Ich war noch immer wütend, als ich anschließend zu meinem nächsten Termin nach North Carolina fuhr. Von dort aus telefonierte ich mit John und sagte zu ihm: „Sieh mal John, ich weiß, du träumst davon, in der Regierung zu arbeiten, aber diese Leute – also gelinde gesagt, sie stinken. Ich weiß nicht, wie du an der Seite von solchen Menschen Gott dienen kannst. Ich glaube nicht, daß du in die Politik gehen solltest."

Nach diesem Ausbruch herrschte Stille am anderen Ende der Leitung. John war nicht meiner Meinung – er sagte kein einziges Wort. Plötzlich erfaßte mich eine verrückte, irrationale Angst. Ohne es auch nur zu merken, hatte ich ihm ein Ultimatum gestellt: entweder dein Traum oder ich.

„Wenn du nicht hinter mir stehen kannst", sagte John schließlich mit leiser, ruhiger Stimme, „dann können wir uns nicht mehr sehen. Ich möchte nicht, daß eine Frau mir den Traum zerstört, den Gott mir gegeben hat."

Ich wußte nicht, was ich tun sollte. Ganz langsam hatte ich mich mit dem Gedanken an eine Heirat angefreundet, und ich hatte versucht, mir vorzustellen, die Frau eines Politikers zu sein. Aber wie konnte ich die Frau eines Politikers werden, wenn ich die Politiker nicht ernst nehmen konnte? Ich hatte den Eindruck gewonnen, daß den meisten alles egal war; sie respektierten die Arbeit anderer Leute nicht. Gerade hatte ich in Washington wieder den Beweis dafür erlebt.

Theresa Hawkins, die junge Dame, die mich jetzt auf meinen Reisen begleitete, sah meine Tränen und schlug einen Spaziergang am Strand vor. Wie betäubt folgte ich ihr nach draußen, und lange Zeit gingen wir schweigend nebeneinander her.

Gott gab Theresa die richtigen Worte ein. Nachdem wir eine Weile gegangen waren, bückte sie sich plötzlich und hob einen schwarzen Stein und eine zerbrochene Muschel auf. „Sehen Sie diesen Stein?"

sagte sie und hielt ihn mir hin. „Und diese zerbrochene Muschel? Sehen Sie sich die Wellen an, Heather. Stellen Sie sich vor, die Wellen würden unablässig auf Sie niederkrachen. Die Muschel ist zerbrochen, weil sie schwach ist, aber dieser Stein ist stark, und die Wellen konnten ihn nicht zerbrechen. Vielmehr haben sie ihn poliert, ihn glatt und glänzend gemacht. Im Gegensatz zu der Muschel hat der Stein keine rauhen Kanten."

Ganz plötzlich wurde mir klar, was sie mit ihrem Beispiel sagen wollte. Die zerbrochene Muschelschale war wie ein Mensch, der Jesus nicht hatte, der Stein stand für Menschen wie mich und John, denn Jesus selbst hatte gesagt: „Ich bin der Fels." Der Stein konnte anderen Schönheit und Freude bringen, weil er sich hatte bearbeiten und polieren lassen. Weil er sich so hatte gebrauchen lassen, wie Gott es für richtig ansah. Dieser Stein gehörte zu Gott. Er hatte kein Recht, seinen eigenen Weg zu gehen, und ich auch nicht.

Noch am selben Abend rief ich John an und entschuldigte mich. Ich erzählte ihm von dem Stein, und noch während ich sprach, wurde mir klar, daß ich ihn heiraten würde. Und ich erkannte, daß ein Streit ein Paar entweder zusammen- oder auseinanderbringt. Als ich John um Vergebung bat, sagte er mir, er brauche Zeit, um über alles nachzudenken.

Ich fühlte mich schrecklich. Ein Jahr lang hatte ich in der Öffentlichkeit immer wieder verkündet, wie wichtig es sei, seinen von Gott gegebenen Träumen zu folgen, und John hatte mir von seinem Traum berichtet. Und dann, in einem Augenblick der Wut, hatte ich gesagt: „Vergiß diesen Traum. Diese Menschen verletzen meine Gefühle." Wie eine verwöhnte Prinzessin hatte ich versucht, John zu kontrollieren, hatte sogar versucht, Gottes Plan für John zu manipulieren.

Ich bat auch Gott um Vergebung. Mein ausgeprägter Wille und meine Eigensinnigkeit waren wieder einmal an die Oberfläche gekommen.

Mehrere Tage lang hörten wir nichts voneinander. In dieser Zeit des Schweigens wurde mir klar, daß John der Mann war, der richtig für mich war, der Mann, den Gott mir bestimmt hatte. Aber ich mußte vertrauen und Geduld haben. Als John dann endlich zurückrief, um die Angelegenheit zwischen uns in Ordnung zu bringen, wurde unsere Liebe zueinander tiefer. Aus Freundschaft war Liebe geworden.

Wir wußten, daß unsere Liebe sich noch würde bewähren müssen, aber wir setzten unser Vertrauen und unseren Glauben auf Gott. John sagte mir: „Ich werde dich nicht aufgeben, nur weil es schwierig werden könnte. Ich liebe es, Hindernisse zu überwinden. Und ich vertraue Gott."

Der Heiratsantrag

Im November, nur zwei Monate, nachdem ich meinen Titel abgegeben hatte, waren John und ich wieder einmal gemeinsam in Washington. Ich hatte dort etwas zu erledigen, und John holte mich in meinem Hotel ab. Bevor wir zum Abendessen gingen, schlug John vor, bei Newts Büro vorbeizufahren, damit er sich noch einige „Hausaufgaben" abholen konnte.

„Ich wußte gar nicht, daß du Hausaufgaben aufbekommst", erwiderte ich lachend. Ich fuhr mit ihm zu Newts Büro und folgte ihm auf den Balkon des Kapitols. Von dort konnten wir das George-Washington-Denkmal unter dem sternklaren Himmel sehen.

„John, du hast mich angelogen", neckte ich ihn. Mir kam da so ein Verdacht. In diesem Gebäude hatten wir uns schließlich kennengelernt . . .

„Komm her und setz dich", sagte er und deutete auf eine Bank. Wir setzten uns, aber John verhielt sich irgendwie seltsam. Einige Minuten lang plauderten wir über belanglose Dinge, dann stand ich auf und sagte, ich hätte Hunger.

„Nein, setz dich", sagte er und zog mich wieder neben sich. Er schien irgendwie aus der Fassung gebracht, nervös und überaus angespannt zu sein, aber er sagte noch immer nichts.

„John, ich habe es ernst gemeint. Ich habe wirklich Hunger", sagte ich und stand wieder auf. Dieses Mal erhob auch John sich, und wir gingen zur Balkontür. Während wir noch miteinander sprachen, nahm er plötzlich meinen Arm und drehte sich zu mir herum. Seine nächsten Worte hätte ich auch verstanden, wenn ich sie nicht von seinen Lippen hätte ablesen können.

„Heather", sagte er, „ich liebe dich von ganzem Herzen. Ich möchte den Rest meines Lebens mit dir verbringen. Willst du mich heiraten?"

„Ja." Ich war zu aufgeregt, um zu weinen.

John holte einen wunderschönen Verlobungsring aus seiner Tasche und steckte ihn mir an.

Mit der Festlegung eines Hochzeitsdatums ließen wir uns zunächst noch etwas Zeit. Wir waren zwar davon überzeugt, daß Gott uns zusammengeführt hatte, aber mir war noch nicht so ganz klar, wie ich als verheiratete Frau mein Studium zu Ende bringen sollte. Andererseits liebten wir einander und wollten nicht noch zwei oder drei Jahre mit der Hochzeit warten.

Nachdem wir alle Möglichkeiten gegeneinander abgewogen hatten, beschlossen wir, am 8. Juni 1996 zu heiraten. Ich hatte die Wiederaufnahme meines Studiums ohnehin verschoben, weil ich viele Vortragstermine hatte und außerdem an diesem Buch arbeitete. Auf diese Weise würden wir Zeit haben, uns zunächst aneinander zu gewöhnen, und außerdem würde ich mein Buch fertigstellen können, bevor Gott uns in eine neue Richtung führte. Aber trotz dieser Wendung in meinem Leben habe ich noch immer vor, mein Studium zu beenden.

Im April 1996, also noch während unserer Verlobungszeit, bat die Zeitschrift *People* uns um ein Interview. Normalerweise werden nur bekannte oder berühmte Persönlichkeiten von dieser Zeitschrift interviewt, Personen, die durch etwas Außergewöhnliches aufgefallen sind.

Warum wollte diese Zeitschrift nun sechs Monate, nachdem ich meinen Titel abgegeben hatte, ein Interview von mir haben? Der Grund war, daß John und ich nicht miteinander schliefen. Es ist doch seltsam, daß die Leute so etwas berichtenswert finden, nicht?

In dem Artikel „Der Keuschheit verschrieben" beschreiben sie folgendermaßen unsere Freundschafts- und Verlobungszeit. „In einer Zeit, wo es ganz normal ist, daß junge Leute miteinander schlafen, verhalten sich Whitestone, 23, und McCallum, 26, vollkommen entgegengesetzt", heißt es darin. „Sie sind beide wiedergeborene Christen, und für sie bedeutet ‚ins Bett gehen' noch immer, ein wenig Schlaf zu bekommen."

Als ich als Teenager begann, mir über Jungs Gedanken zu machen, träumte ich viel von meinem zukünftigen Mann. Ich würde ihn lieben, und ich wollte mich ihm mit Leib, Seele und Geist schenken. Darum beschloß ich, auch wenn viele Altersgenossen bereits Sex hatten, selbst rein zu bleiben. Ich wollte sogar meine Küsse für meinen zukünftigen Mann aufsparen.

Vermutlich halten mich viele jetzt für hoffnungslos altmodisch. Es stimmt, ich habe ein sehr behütetes Leben geführt. Ein großer Teil der häßlichen Realität des täglichen Lebens ist gar nicht in meine stille Welt eingedrungen. Ich habe die meisten schmutzigen Witze im Fernsehen nicht mitbekommen, und normalerweise höre ich dem Reden der Menschen in Restaurants und in Einkaufszentren nicht zu.

Auch in anderer Hinsicht bin ich behütet aufgewachsen. Ich bin nicht seit meinem ersten Jahr an der Uni regelmäßig mit Jungen ausgegangen, aber ich wußte, meine Altersgenossen tranken Alkohol und hatten Sex. So wollte ich mein Leben nicht führen.

Noch in der Highschool habe ich das Buch *The Dating Dilemma* (Das Dilemma wechselnder Freundschaften) von Bob Stone und Bob Palmer gelesen. Dieses Buch hat mir klargemacht, daß Gott uns als Mann und Frau geschaffen und uns dann mit sexuellen Wünschen beschenkt hat. Diese Wünsche sind keine Sünde, aber der Mißbrauch unserer Sexualität ist falsch. Gott möchte, daß wir mit dem Sex bis nach der Hochzeit warten, weil Männer und Frauen ihn erst dann richtig genießen können, ohne Schuldgefühle, ohne Furcht oder Angst vor Krankheit.

In der Bibel steht, daß die Liebe gute Eigenschaften entfaltet. „Die Liebe ist langmütig und freundlich, die Liebe eifert nicht, die Liebe treibt nicht Mutwillen, sie bläht sich nicht auf, sie verhält sich nicht ungehörig, sie sucht nicht das Ihre, sie läßt sich nicht erbittern, sie rechnet das Böse nicht zu, sie freut sich nicht über die Ungerechtigkeit, sie freut sich aber an der Wahrheit, sie erträgt alles, sie glaubt alles, sie hofft alles, sie duldet alles" (1. Korinther 13,4–7).

Ich wollte diese vollkommenste Art der Liebe.

Darum hatte ich auch David Bush, mit dem ich zum Highschoolball gegangen war, gebeten, mir zu helfen, mein Keuschheitsversprechen zu halten. Darum habe ich mir sechs Monate Zeit genommen, ehe ich John geküßt habe. Und darum hatten wir beschlossen, vor der Ehe keinen Sex miteinander zu haben.

Nachdem ich mich in John verliebt hatte, merkte ich, daß ich jetzt für eine dauerhafte Bindung bereit war. Ich wollte nicht mehr unbedingt zuerst meine Ausbildung beenden und einen Beruf ergreifen.

Irgendwie hatte ich bis dahin die Vorstellung gehabt, daß man, wenn man heiratet, bevor man sich eine Karriere aufgebaut hat, nicht intelligent und erfolgreich sein könnte.

Aber wenn Gott mich so führte, daß ich John heiraten sollte, wie konnte ich dann die Weisheit des Planes Gottes in Zweifel ziehen? Jeder von uns hat es doch in der Hand, Einfluß auszuüben. Noch mehr als die Politiker können wir die Zukunft unseres Landes mitgestalten, indem wir seine Kinder erziehen. Ich denke, die Möglichkeit, Einfluß zu nehmen auf ein Kind, das wiederum Tausende andere beeinflussen kann, ist eine sehr verantwortungsvolle Aufgabe.

Ohne die Bemühungen meiner Mutter wäre ich nicht da, wo ich heute bin. Ich würde nicht die Natur lieben, wenn nicht der Einfluß meines Vaters gewesen wäre. Und wie sich die Kreise auf dem Wasser ausbreiten, wenn ein Stein hineingeworfen wird, breiten sich diese Kreise bis in die Ewigkeit hinein aus und üben einen Einfluß auf Gott allein weiß wie viele Menschen aus.

Beim Bibellesen wurde mir vor kurzem klar, daß Gott Abram (der später Abraham genannt wurde) einen Sohn versprach. Doch er mußte fünfundzwanzig Jahre warten, bis sich dieses Versprechen erfüllte. Warum hat Gott so lange gewartet? Nicht nur, um Abram als Vater für Isaak vorzubereiten, sondern um Abram als Vater für ein ganzes Volk vorzubereiten: für das Volk Israel. Manchmal bereitet Gott uns durch sein Schweigen auf etwas vor – er lehrt uns zu warten, im Glauben und in der Hoffnung und in der Liebe zu wachsen.

Ich weiß nicht, was die Zukunft für mich bereithält. Wenn ich mein Leben betrachte, erkenne ich, daß ich durch meine Amtszeit als *Miss America* einige Menschen beeinflußt habe, doch irgendwann wird die Welt vergessen, was ich als *Miss America* gesagt oder getan habe. Aber meine Familie – die ich mit John gründen werde – wird sich immer des Erbes erinnern, das ich ihnen weitergegeben habe. Zukünftige Generationen sollen sich an meine guten Ratschläge erinnern, aber vor allem sollen sie sich an meine Liebe erinnern. Das ist der Einfluß, den ich ausüben möchte.

Mein Herz lernt wieder zu tanzen

„Heather, woran messen Sie Erfolg?"

Diese Frage wurde mir gestellt, als ich an diesem Buch arbeitete. Sie überraschte mich, und über die Antwort mußte ich erst einmal nachdenken.

Mit dreiundzwanzig hatte ich vieles erreicht, was die Welt „Erfolg" nennt: Ich habe in der Schule gute Noten gehabt, war eine gute Tänzerin, hatte gelernt zu hören und zu telefonieren, hatte vier Miss-Wahlen gewonnen, bevor ich zur *Miss America* gekrönt wurde. Als *Miss America* habe ich so viele Auszeichnungen bekommen, daß ich damit ein ganzes Zimmer füllen konnte. Ich reiste noch immer quer durch das ganze Land und fuhr die neusten Sportwagen. Aber es gab eine Zeit, in der allein der Gedanke an all diese Dinge mich deprimierte. Keines davon ist mir zugefallen, und ich habe für alles einen hohen Preis gezahlt. Als ich einmal darüber nachdachte, wieviel Zeit und Freiheit ich für das alles geopfert habe, erschien es mir nicht mehr als Nutzen, sondern eher als eisernes Gewicht um meinen Hals. Je mehr ich erreichte, desto mehr fühlte ich mich den Leuten verantwortlich, die zu mir als ihrem Vorbild aufblickten.

Wie messe ich also Erfolg? Es gibt wirklich nur einen Weg. Alle Dinge, die ich geschafft habe, haben sich gelohnt, wenn ich dadurch im Leben anderer etwas Gutes bewirkt habe. Mit Wahrheit, Liebe, Ehrlichkeit und Hoffnung.

Während meiner Amtszeit als *Miss America* war ich so erschöpft und beschäftigt, daß ich häufig das, was ich bei anderen bewirkte, nicht mehr sehen konnte. Aus Briefen und Bemerkungen erkannte ich, daß ich tatsächlich einen Einfluß ausgeübt habe, aber damals war mir das nicht klar. Und jetzt, da ich nicht mehr *Miss America* bin, möchte ich auch weiterhin im Leben anderer etwas bewirken, indem ich das tue, was Gott mir zu tun aufträgt.

An dem Abend, als ich meinen Titel weitergab, hat Gott mir gesagt, er sei mit mir noch nicht fertig, und kaum ein Monat verging, bevor ich bemerkte, daß es noch immer offene Türen gab, durch die Gott mich führte. Ende November, genau zwei Monate, nachdem ich Shawntel Smith zur *Miss America* 1996 gekrönt hatte, zog ich einen Fliegeranzug an und startete in einem F-16-Kampfflugzeug von der *Wright-Patterson Air Force Base*. Der einstündige Flug, eine Gefälligkeit der 178. Kampftruppe in Springfield, Ohio, gehörte zu einem Experiment, bei dem ein „Lärmreduzierungshelm" getestet werden sollte. Dieser Helm filtert Außengeräusche heraus, damit die Piloten trotz des Lärms des Düsenjets den Funkverkehr hören können. Diese Technologie zur „Lärmreduzierung" wird nicht nur Piloten helfen, sondern könnte in der Zukunft auch bei der Herstellung von Hörgeräten Verwendung finden.

Ich flog aber nicht nur in einer F-16 mit; während meines dortigen Aufenthalts traf ich auch behinderte Kinder aus dem Bezirk Dayton und beantwortete ihre Fragen. Ich erkannte allmählich, daß die *Miss America* nicht das Ende meiner Traumreise gewesen war – die Arbeit, die ich unter dem Schutzschild der Krone begonnen hatte, würde weitergehen. Vielleicht konnte Gott mich noch immer gebrauchen, um die Kluft zwischen der Welt der Hörenden und der Gehörlosen zu überbrücken. Ich war noch immer bereit, seinem Plan für mein Leben zu folgen, wohin mich dieser Weg auch führen würde.

Ich habe der *Miss America* vieles geopfert – meine Zeit, mein Leben, meine Privatsphäre. Aber John machte mir Mut, das, was ich verloren hatte, zurückzugewinnen. Er erinnerte mich daran, wie wichtig es war, sich täglich Zeit für Gott zu nehmen, in der Bibel zu lesen und zu beten. Und er erinnerte mich daran, daß alles, was sich mir in den Weg stellen würde, mit Liebe überwunden werden könnte. Anstatt zu beten, daß meine Kritiker versagen möchten, sollte ich für ihren Erfolg beten. Vielleicht würden sie durch mein Beispiel und Gottes bedingungslose Liebe in mein Herz sehen und erkennen können, daß ich nur das Beste für gehörlose Menschen wollte, eigentlich für *alle* Menschen . . .

Aus 1. Korinther 13 lernte ich, daß ich, auch wenn ich perfekt mit meinen Lippen sprechen und mit meinen Händen Zeichen geben könnte, andere jedoch nicht liebte, nur sinnlosen Lärm machen und bedeutungslose Zeichen geben würde. Und wenn ich Weisheit hätte und alle Geheimnisse der Erde kennen würde, wenn ich jedes Problem in bezug auf Gehörlosigkeit und Behinderung lösen könnte, aber andere nicht lieben würde, wäre meine Erkenntnis wertlos. Und wenn ich Glauben hätte, daß ich die Blinden sehend und die Gehörlosen hörend machen könnte, ohne Liebe würde das niemandem etwas nützen. Wenn ich mein Leben für die Behinderten aufopferte und vor Königen und Präsidenten tanzen würde, ich könnte damit zwar prahlen, aber wenn ich keine Liebe für andere hätte, wäre alles wertlos.

Vor nicht allzu langer Zeit hielt ich wieder einmal einen Vortrag in der *Green Valley Elementary School*. Ich bin jetzt ja eine ehemalige *Miss America*, und ich hatte wirklich gedacht, daß mein Name seinen Glanz verloren hätte. Darum rechnete ich nicht damit, daß die Schüler bei meiner Ankunft genauso aufgeregt sein würden wie beim ersten Mal.

Aber ich hatte mich geirrt. Ein kleiner Junge in der Klasse, die ich besuchte, errötete und sagte mir: „Eigentlich sollten Männer nicht in Ohnmacht fallen, aber ich glaube, mir passiert das jetzt!"

Gott zeigt mir, daß man nicht *Miss America* zu sein braucht, um etwas für die Menschen zu tun. Man kann immer anderen Menschen seine Liebe zeigen, seine Bereitschaft, etwas in ihrem Leben zu bewirken.

Als ich meine Amtszeit als *Miss America* beendete, hatte ich gelernt, daß diese Arbeit, für die ich meine Zeit, mein Talent, meine Gesundheit und meine Kraft opferte, bedeutungslos gewesen wäre, wenn ich sie nur als einen Job betrachtet hätte. Ich mußte meine Aufgabe erfüllen, weil ich die Kinder, die darauf warteten, mich zu sehen, die jungen Mädchen, die sich nach einem Vorbild sehnten, den hörgeschädigten Mann, der sich so sehr eine feste Anstellung wünschte, die Mutter, die sich fragte, ob ihr gehörloser Sohn die Schule schaffen würde, aufrichtig liebte. Ich mußte sie alle lieben, sonst wäre meine Arbeit als *Miss America* bedeutungslos. Ich wäre sonst nur ein lächelndes Gesicht, ein Mädchen mit einer Kristallkrone auf dem Kopf.

Aber wenn ich Gottes Liebe an andere weitergeben konnte, bot ich etwas an, das viel kostbarer ist als Diamanten, viel kostbarer als die Sterne am Himmel . . .

Ein Rohdiamant

Zu Beginn des Jahres hatte ich den Eindruck, daß die Krone der *Miss America* wie ein Rohdiamant war, den ich gefunden hatte. Mir war ein wertvoller und seltener Stein anvertraut worden. Was würde ich daraus machen? Ich war nicht sicher. Ich mußte ihn schneiden, polieren und die rauhen Kanten abschleifen. Vor allem mußte ich damit rechnen, daß der daraus entstehende Diamant genaustens auf die kleinste Unvollkommenheit untersucht werden würde. Und während des Schneidens, Polierens und Untersuchens mußte ich funkeln und das Licht widerspiegeln, das von oben auf mich herabfiel.

John schickte mir einmal ein Fax, in dem er aus Oswald Chambers' Buch *Mein Äußerstes für sein Höchstes* zitierte: „Die Leute, die uns beeinflussen, sind nicht die, die auf uns einreden, sondern die, die ihr Leben wie die Sterne am Himmel und die Lilien auf dem Feld führen, vollkommen einfach und unbeeinflußt. Das ist ein Leben, das uns formt."

Ich betete, daß ich Gottes herrliches Licht widerspiegeln möge, als ich eingeladen wurde, bei der Weihnachtsvorführung in Robert Schullers Crystal Cathedral mitzuwirken. Ich tanzte zu *The First Noel* (Das erste Weihnachten), einem meiner Lieblingsweihnachtslieder. Bei dieser Vorführung hatte ich das Gefühl zu schweben. Ich brauchte nicht nachzudenken, nichts zu analysieren, mir keine Sorgen zu machen, ich bewegte einfach nur meinen Körper und tanzte zum Lob Gottes, genau wie an jenen Abenden, als ich als Kind um den Weihnachtsbaum getanzt war.

Nach Weihnachten fingen John und ich dann an, unsere Hochzeit zu planen. Das Datum hatten wir auf den 8. Juni festgesetzt, und wir ließen uns auf der St.-Simons-Insel, einer kleinen Insel vor der Küste Georgias, trauen. Die Trauung fand in der Christ Church, einer kleinen, um 1800 erbauten Kirche im engsten Familien- und Freundeskreis statt. Nach der Trauung zogen wir uns um und fuhren auf einem Tandem über die Insel!

Unsere Flitterwochen verbrachten wir auf Nevis, und ich kann aufrichtig sagen, daß diese Woche die glücklichste, entspannendste Woche war, die ich in den vergangenen zwei Jahren erlebt habe! Ich liebe den Strand ganz besonders, und John und ich genossen unsere gemeinsame Zeit. Es war ein wundervoller Anfang unserer Ehe.

Ich nahm mir die Zeit, über die Entscheidung, die ich getroffen hatte, nachzudenken. Nicht alle Frauen würden meinen Entschluß, im Alter von dreiundzwanzig Jahren zu heiraten, gutheißen. Doch das interessiert mich nicht. Ich habe beschlossen, meinen Erfolg an dem zu messen, was ich für andere Menschen habe tun können. Was ist am Ende eines Lebens wirklich wichtig? Das habe ich mich oft gefragt, nachdem ich nun meinen Titel abgegeben hatte. Ich weiß nicht, was die Zukunft bringen wird, aber ich weiß, daß ich mich gemeinsam mit meinem Mann bemühen kann. Zusammen können John und ich mehr tun, um das Leben der Menschen positiv zu beeinflussen, als jeder von uns allein tun könnte.

Der wichtigste Grund für dieses Buch ist, daß ich anderen Mut machen möchte, nach dem Positiven in ihrem Leben Ausschau zu halten. Die meisten Leute werden mich immer als eine der *Miss Americas* respektieren, darum möchte ich, wenn ich Vorträge halte, die positiven Dinge im Leben feiern. Als *Miss America* habe ich so viele kostbare Gelegenheiten versäumt, weil ich mich vor anderen verschloß und statt dessen lieber meine Wut, meine Verletzungen und meine Depressionen nährte. Das hätte ich nicht tun sollen – und Sie sollten es auch nicht tun.

Die Gelegenheiten des heutigen Tages werden nie mehr wiederkommen. Und wir dürfen unser Leben nicht damit vergeuden, die Vergangenheit zu bedauern, denn das Heute ist genauso wichtig wie das Gestern – wenn wir es nur ergreifen.

Das Rezept für das tägliche Leben

Mein Anliegen als *Miss America* war das STARS-Programm. Wenn ich auch noch immer davon überzeugt bin, daß diese fünf Punkte für Schüler und Menschen mit einer Behinderung sehr hilfreich sein können, so gab es doch während meiner Zeit als *Miss America* dunkle Zeiten, in denen ich zu erschöpft war, um eine positive Haltung zu entwickeln. Die Erfüllung meines Traumes laugte mich aus, ich arbeitete sehr, sehr hart, und meine Schwächen und die Hindernisse schienen unüberwindlich groß zu sein. Ich brauchte eine neue, eine andere Philosophie, neue Antworten auf die Herausforderungen des Lebens.

Nach viel Gebet, Nachdenken und Gesprächen mit gläubigen Freunden stellte ich ein anderes Fünf-Punkte-Programm auf und nannte es das „Rezept für das tägliche Leben". Dieses Fünf-Punkte-Programm entwickelte ich zur Ehre Gottes. Ihr sollt nicht glauben, ich hätte mich immer genau an diese fünf Punkte halten können. Ich bin ein Mensch, und darum mache ich Fehler. Aber Gott ist vollkommen, er versagt nie. Und die folgenden fünf Prinzipien sind dem Wort Gottes entnommen:

1. *Nehmen Sie sich Zeit, still zu werden.* Auch wenn Sie früh aufstehen oder abends ein wenig länger aufbleiben müssen, nehmen Sie sich Zeit für sich. Nehmen Sie sich Zeit zum Beten und Nachdenken. Wenn Sie merken, daß Sie diese Zeit nicht finden, ordnen Sie Ihre Prioritäten neu, denn wir alle haben vierundzwanzig Stunden am Tag. Das Leben ist zu kurz, um es zu vergeuden, während wirklich wichtige Dinge unbeachtet bleiben. Meine Krönung zur *Miss America* scheint mir erst gestern gewesen zu sein, dabei sind seither schon fast drei Jahre vergangen. Nehmen Sie sich die Zeit zum Nachdenken. Machen Sie einen Spaziergang, schließen Sie sich in Ihrem Zimmer ein, legen Sie Ihre dringende Arbeit beiseite, und schließen Sie die Augen. Denken Sie nach und beten Sie.

2. *Verlieren Sie Ihren Traum nicht aus den Augen.* Rodgers und Hammerstein hatten recht, als sie sagten: „Wenn ihr keinen Traum habt, wie kann euer Traum dann in Erfüllung gehen?" Wie langweilig oder eintönig Sie Ihre Aufgabe auch finden, nehmen Sie sich die Zeit, davon zu träumen, wie Sie es besser machen können. Einige Ihrer Träume sind vielleicht zu phantastisch, andere wieder mehr praktisch. Ich träumte davon, vor einer jubelnden Menge zu tanzen, ich träumte von einem eigenen, gemütlichen Heim, ich träumte von einem Mann, der mich liebt, ich träumte von einem kleinen Hund. Aber noch immer träume ich davon, das Leben anderer Menschen zu beeinflussen, ihre Herzen anzurühren.

Durch Geld und Ruhm kann das nicht erreicht werden. Aber mein Herz kann andere anrühren. Und das können auch Sie.

3. *Umgeben Sie sich mit positiven Menschen.* Denken Sie an das kleine Samenkorn, aus dem ein großer Baum wächst. Positive Menschen pflanzen ein kleines Samenkorn des Glaubens, das zu einem wahr gewordenen Traum heranwächst. Wasser hilft einem Baum zu wachsen, und dieses Wasser ist die Liebe und der Respekt Ihnen selbst gegenüber. Positive Menschen verteilen den Dünger der Ermutigung. Sie werden Sie aufbauen und Ihnen Mut machen, nach den Sternen zu greifen! Negatives Denken ist wie eine Erkältung – ansteckend und leicht zu bekommen. Eine positive Haltung ist genauso ansteckend, aber man muß sich etwas mehr Mühe geben, sie zu erlangen. Mir gefällt in diesem Zusammenhang ein Satz von Helen Keller: „Halte dein Gesicht in den Sonnenschein, dann kannst du den Schatten nicht sehen." Denken Sie daran, während Sie sich mit positiven Menschen umgeben, daß auch Sie selbst nach dem Positiven suchen!

4. *Vergeben Sie die Verletzungen und die Wut der Vergangenheit.* Ich glaube, mangelnde Vergebungsbereitschaft ist heute das größte Problem der Menschen. Wir machen andere für unsere Fehler verantwortlich, wir deuten viel zu schnell mit dem Finger auf die, die uns verletzt haben. Ich habe erfahren, daß ich aufhören mußte, anderen die Schuld für meine Ausbrüche zu geben und anfangen mußte zu vergeben, weil in einem verbitterten Herzen die Freude keinen Raum hat. Vergebung bedeutet, das Recht aufzugeben, auf den, der einen verletzt hat, wütend zu sein oder zurückzuschlagen. Ohne Vergebung wird sich das Unkraut des Zorns im Garten Ihres Herzens ausbreiten und alle Freude, alle Liebe und allen Frieden ersticken. Gehen Sie zu demjenigen hin, der Sie verletzt hat, und bieten Sie ihm Ihre Vergebung an. Wenn er sie nicht annehmen will, haben Sie zumindest den Versuch gemacht. Lassen Sie die Vergangenheit hinter sich und gehen Sie weiter. Auch Helen Keller hatte einmal etwas über das Weitergehen zu sagen: „Wenn sich eine Tür des Glücks schließt, öffnet sich eine andere, aber oft starren wir so lange auf die geschlossene Tür, daß wir die neu geöffnete Tür übersehen." Vergessen Sie die Verletzungen und Enttäuschungen der Vergangenheit, und sehen Sie nach vorn. Sie werden

vielleicht erstaunt sein, welche Türen Gott für Sie öffnet, wenn Sie nur auf seine Stimme hören . . . mit Ihrem Herzen.

5. *Lieben Sie sich selbst so, wie Gott Sie liebt.* Ein kleines Mädchen schrieb mir einmal, es hätte gehört, daß ein Mensch nicht gleichzeitig sich selbst und Gott lieben könnte; doch es gibt einen Unterschied zwischen dem selbstsüchtigen Eigennutz und dem Begreifen, daß wir vor Gott wertvoll sind. Als ich *Miss America* war, habe ich mich nicht besonders geliebt. Die Kritik der Leute verletzte mich. Wenn auch Tausende von Menschen mir nette Dinge sagten, so blieb bei mir immer nur das Negative haften. Ich war verletzt und zornig. Weil sich aber niemand gern in der Nähe von negativen Menschen aufhält, war ich auch nicht mehr gern in meiner Nähe. Und dann trat John in mein Leben und erinnerte mich daran, daß Jesus mich liebt. Und schließlich erkannte ich, daß John mich liebt. Und wenn ich mich dieser Liebe auch nicht würdig fühlte – ich konnte zuerst nicht einmal daran glauben –, lernte ich zu vertrauen. Und Gott und John waren treu. Sie machten mir ein kostbares Geschenk – mein Selbstwertgefühl.

Vorträge in Übersee

Anfang 1996, kurz vor meiner Hochzeit mit John, wurde ich nach Taiwan eingeladen, um zum Thema Gehörlosigkeit eine Reihe von Vorträgen zu halten. Ich war noch nie in Asien gewesen und freute mich über die Gelegenheit, nach Übersee zu reisen. Meine Reise wurde von der Citibank unter dem Motto „Mit deinem Herzen kannst du die ganze Welt hören" gesponsert. Gemeinsam mit der Stadt Taipeh förderte die Bank das Früherkennungsprogramm von Gehörschäden. Wo immer ich hinkam, begrüßten mich die Leute mit der Gebärde für „Ich liebe dich", und so fühlte ich mich sofort zu Hause.

Taiwan ist ein wunderschönes und sehr modernes Land, doch als ich mit den gehörlosen Taiwanern in Kontakt kam, dachte ich, ich sei ins neunzehnte Jahrhundert zurückversetzt worden. Die vorherrschende Meinung dort ist noch immer, daß gehörlose Menschen zu vielem nicht fähig sind, und darum führten nur wenige gehörlose Taiwaner ein normales Leben oder hatten mehr als eine zweitklassige Ausbildung. Ich besuchte eine Gehörlosenschule, in der zwar Computer vorhanden waren, doch die Schüler spielten darauf nur Computerspiele. Ich fragte, ob sie denn Schreiben gelernt hätten, doch man sagte mir, die gehörlosen Schüler würden behandelt, als wären sie lernbehindert.

Ich war schockiert. Ich sprach über mein STARS-Programm (ein Übersetzer übersetzte mich in die Gebärdensprache), doch die Schüler starrten mich verwirrt an, so als würden sie mich nicht verstehen. Dann fragte ich: „Wie viele von euch haben schon einmal von Helen Keller gehört?" Und von fünfhundert Schülern hoben nur drei oder vier die Hände.

Sie hatten keine Vorbilder! Ich war sprachlos vor Erstaunen. Seit ich meinen Titel abgegeben hatte, engagierte ich mich in Birmingham in der *Helen Keller Eye Research Foundation*. Ich bin der Meinung, daß alle blinden und gehörlosen Menschen Helen Kellers Geschichte kennen sollten. Auf dieser Reise sprach ich auch in einer staatlichen Highschool für normal hörende Mädchen, und als ich dort fragte, wer Helen Keller kannte, hoben fast alle Mädchen die Hand. Warum wußten die gehörlosen Schüler, für die es doch so wichtig gewesen wäre, nichts von Helen Keller?

Der Gedanke an diese Nachlässigkeit machte mich fast rasend. Helen Keller war mein ganzes Leben lang mein Vorbild gewesen; ihr Beispiel hatte mir Hoffnung gegeben. So viele ihrer Gedanken haben mir Mut gemacht, meine Träume zu verwirklichen.

Schon bald begann ich zu verstehen, warum keiner der gehörlosen taiwanischen Schüler je von Helen Keller gehört hatte. Sie leben noch immer in einem Zeitalter, in dem Gehörlosigkeit mit einer geistigen Behinderung gleichgesetzt wird. Sie staunten darüber, daß ich ein lebendiges, denkendes und vernünftiges menschliches Wesen war. Während einer Fragestunde in einer Highschool stand ein Mädchen auf und fragte: „Glauben Sie, daß Sie einmal ganz normal werden heiraten können?"

Verwirrt antwortete ich: „Mein Verlobter betrachtet mich als Person, nicht als eine Behinderung."

Man muß den Taiwanern allerdings zugestehen, daß sie sich um eine Änderung der Situation bemühen. Ich lernte Joanna Nichols kennen, die sich in den Vereinigten Staaten im Bereich der Ausbildung gehörloser Menschen weitergebildet hat. Um die Ausbildung ihrer gehörlosen Tochter selbst in die Hand nehmen zu können, lernte sie akzentuiertes Sprechen, Gebärdensprache und beschäftigte sich mit Akupädiatrie. Sie möchte nicht nur im Leben ihrer Tochter etwas bewirken, sondern sich für die Gehörlosen im allgemeinen einsetzen. Gemeinsam mit der Citibank hatte sie deshalb auch angeregt, mich nach Taiwan einzuladen.

Heute hegen viele Eltern gehörloser Kinder große Erwartungen für deren Zukunft. Ich mache mir allerdings Sorgen, daß Eltern, die mich sehen oder hören, zu der Meinung gelangen, ihre Kinder würden, wenn sie anfangen mit ihnen zu üben, sofort sprechen können. Ich möchte Eltern Hoffnung vermitteln, aber diese Hoffnung sollte realistisch sein.

Ich hoffe, Eltern erwarten von ihren gehörlosen Kindern nicht, daß sie sofort perfekt und grammatikalisch korrekt sprechen können. Sie werden langsam vorankommen, aber ihre harte Arbeit wird Früchte tragen. Nur erwarten Sie nicht zuviel. Genießen Sie jeden Augenblick mit Ihren Kindern, weil das Leben kurz ist. Gott hat Ihnen dieses kostbare Kind nicht anvertraut, damit Sie vierundzwanzig Stunden pro Tag beschäftigt sind. Gott hat Ihnen dieses gehörlose Kind gegeben, weil es Ihre Liebe braucht. Kinder brauchen viel mehr Ihre Liebe als Erfolg.

Ein Zitat hat mich in diesem Zusammenhang immer sehr stark beeindruckt: „Einige Menschen beschweren sich darüber, daß Gott den Rosen Dornen gegeben hat, während andere ihm dafür danken, daß es neben den Dornen auch Rosen gibt." Wie wahr das doch ist! Wir müssen lernen, die guten Dinge in unserem Leben zu erkennen und Gott dafür zu danken.

Diese Botschaft brachte ich auch den Taiwanern. Sie waren immer sehr nett, sehr großzügig und freundlich. Die Mädchen in der staatlichen Highschool schenkten mir Blumen und einen Teddybären, und sie konnten es kaum erwarten, bei mir ihr Englisch auszuprobieren. Mir wurde wirklich eine Menge Respekt, Liebe und Freundlichkeit entgegengebracht. Sie waren begierig meinen Vortrag zu hören und stellten die typischen Fragen, die wohl alle Mädchen auf der Welt interessant finden; so wollten sie alles über meinen Verlobten erfahren und wie es war, *Miss America* zu sein. Ein Mädchen jedoch erstaunte mich mit seiner Frage: „Wenn Sie nur einen Tag lang hören könnten, was würden Sie machen?"

Diese Frage traf mich total unvorbereitet, so daß ich in diesem Augenblick antwortete, daß ich vermutlich versuchen würde, so viele unbekannte Wörter wie möglich zu hören, weil es so schwer ist, neue Wörter korrekt auszusprechen, wenn man sie nicht hört.

Doch wenn man mir heute dieselbe Frage stellen würde, würde ich vermutlich antworten, daß ich den Tag mit John am Strand verbringen und seiner Stimme lauschen würde. Die Angelegenheiten des Herzens sind mir mittlerweile wichtiger geworden als die des Verstandes.

Das Leben ist eine Reise, und Gott nimmt jeden Menschen bei der Hand, der ihn um seine Hilfe bittet und seinem Traum folgt. Er hat es zugelassen, daß ich mein Gehör verlor, und ich bin dankbar für seine Weisheit. Meine Gehörlosigkeit hat mich Disziplin gelehrt, und mein Herz hat mich tanzen gelehrt.

Wenn ich Disziplin und das Tanzen nicht gelernt hätte, hätte ich mich nie an einer Miss-Wahl beteiligt – und sie auch nicht gewonnen.

Wenn ich nicht *Miss America* geworden wäre, hätte ich John nicht kennengelernt. Ich würde auch dieses Buch nicht schreiben.

Ich kann Gott nicht kritisieren. Und wenn ich wählen könnte, wer ich sein möchte, so würde ich mich dafür entscheiden, Heather Whitestone McCallum zu sein. Ich bin glücklich, daß ich so bin, wie Gott mich geschaffen hat. Ich habe noch immer Träume – ich würde gern Eistanz lernen und regelmäßiger tanzen –, aber mein Leben gehört Gott. Ich gehe den Weg, den er mich führt.

BEWEGENDE BIOGRAFIEN

C. W. Stafford:

SCHREI IM WIND

Aus dem Leben
einer Indianerin

Die Indianerin Crying Wind wächst
bei ihrer Großmutter unter elenden Verhältnissen in
einem Reservat auf. Als sie schließlich an der Armut und
der Hoffnungslosigkeit ihres Lebens verzweifelt,
beschließt sie eines Tages, sich umzubringen.
Doch dann lernt sie Christen kennen – und gerät erneut
in eine tiefe Krise. Denn nun beginnt in ihr ein verzwei-
felter Kampf zwischen dem liebenden Gott der Bibel und
den alten indianischen Gottheiten, von denen ihre Großmutter so oft erzählt hat.

Ein spannendes Lebenszeugnis, das in eindrucksvoller
Weise schildert, wie Gott ein Leben verändern kann.

Taschenbuch, 240 Seiten, Bestell-Nr. 815 675

BEWEGENDE BIOGRAFIEN

C. W. Stafford:

LIED IM WIND

Aus dem Leben
einer Indianerin

Die Fortsetzung der ungewöhnlichen Biografie
von Crying Wind.

Nach ihrer Bekehrung muß sich die junge Indianerin in
der neuen Welt zurechtfinden, ihre Einsamkeit überwinden und eine Aufgabe für ihr Leben finden. Doch als
sie einen weißen Mann heiratet, hören die Sorgen nicht
auf. Denn Crying Wind will einfach nicht an das Glück
glauben – bis sie die Chance erhält, selber als Missionarin
zu mexikanischen Indianern zu gehen.

Eine faszinierende Lebensgeschichte, die von Gottes
unbegreiflicher Nähe in unserem Leben erzählt.

Taschenbuch, 240 Seiten, Bestell-Nr. 815 676

BEWEGENDE BIOGRAFIEN

C. W. Stafford:

TANZ IM WIND

Die Fortsetzung der
ungewöhnlichen Lebens-
geschichte der Indianerin
„Schrei im Wind"

Endlich hat Schrei im Wind ein weiteres Buch verfaßt,
in dem sie beschreibt, was seither passiert ist. Lesen Sie
von ihrem Leben mit ihrem Mann Don und den vier
Kindern „Kleine Antilope", Schneewolke", „Verlorener
Hirsch" und „Frühlingssturm" und den Herausforderungen und Abenteuern, vor die sie in ihrem turbulenten
Alltag immer wieder gestellt werden.

Mit erfrischendem Humor berichtet Schrei im Wind von
lustigen und absurden Erlebnissen, läßt aber den Leser
auch an den dunklen Zeiten ihres Lebens und an ihren
Träumen und Wünschen für die Zukunft teilhaben.

Mit vielen Fotos!

Taschenbuch, 160 Seiten, Bestell-Nr. 815 500